内蒙古师范大学文学院学术著作出版基金资助

语文教师文本解读教学化研究

张　钧◎著

中国社会科学出版社

图书在版编目(CIP)数据

语文教师文本解读教学化研究 / 张钧著 . —北京：中国社会科学
出版社，2015.4

ISBN 978 - 7 - 5161 - 6098 - 5

Ⅰ. ①语…　Ⅱ. ①张…　Ⅲ. ①语文教学 – 教学研究　Ⅳ. ①H19

中国版本图书馆 CIP 数据核字 (2015) 第 086850 号

出 版 人	赵剑英
责任编辑	任　明
特约编辑	李晓丽
责任校对	周　昊
责任印制	何　艳

出　　版	中国社会科学出版社
社　　址	北京鼓楼西大街甲 158 号
邮　　编	100720
网　　址	http：//www. csspw. cn
发 行 部	010 – 84083685
门 市 部	010 – 84029450
经　　销	新华书店及其他书店

印刷装订	北京市兴怀印刷厂
版　　次	2015 年 4 月第 1 版
印　　次	2015 年 4 月第 1 次印刷

开　　本	710 × 1000　1/16
印　　张	14. 25
插　　页	2
字　　数	241 千字
定　　价	55. 00 元

序

在国庆节期间，内蒙古师范大学李瑛教授发来信息，交给我一个任务，让我给她的学生张钧博士即将付梓的《语文教师文本解读教学化研究》写一个序言。李瑛教授是内蒙古师大语文课程与教学论这个学科的开拓者，也是全国语文教育界颇有学术影响的著名专家。所以，我虽然感到自己不能胜任，但还是接受了这个任务，并随即收到张钧博士寄来的书稿。这部书稿是张钧博士在北京师范大学读博期间完成的博士学位论文，以语文教师的文本解读知识和文本解读教学知识为研究基点，深入探讨受这些知识直接影响的教师文本解读教学化的心理过程，以切实改变语文教师现有的模式化和超文本化的文本解读教学行为，为语文教师文本解读教学化拓出的是新思路和新方法，既具创见性的理论价值，又具实践应用性意义。应该说，这部书稿的理论视野开阔，富有自己独到的思考和见地，是一部颇具建构性和开拓性的理论专著，读来使人感到富有探究的深度和力度。作者以其新鲜性思想、创见性观点、开阔性思辨和深层性透视，多层面地拓展了语文教师成长与发展的研究新领域，能够开启我们广大语文教师文本解读教学化的思维智慧。从这个意义上说，这部专著又可说是给课改一线的中小学语文教师提供的是富有唤醒性、对话性和启发性的教学读本。

语文教师文本解读教学化的研究，作为一个开创性的新课题，主要是以文本解读教学主体理论为基点，打破过去的那种对象化和概念化文本解读与教学模式，建构全新的语文教师文本解读教学化的理论与方法，旨在为语文教师提供文本解读教学化的新思维、新视点、新思路和新方法。这也正是广大中小学语文教师在教学实践中早已触摸到的一个牵动着语文教学生命的课题，它直接关系到语文教学与课程改革的功效，因为语文教学要确立正确的价值观、创新观和方法论，就离不开语文教师文本解读教学化的理论和方法。按照哲学解释学原理来说，解释学并非只是简单的认识论问题，而是人的主体性的基本存在方式。无疑，它也是语文教学文本解读活动的内在特征。以哲学解释学为基本方法，对语文教师文本解读教学活动、文本解读教学现象做出具有主体立场的解释，这是语文教师文本解读教学化理论建构与创新的一个基本途径。所以说，解释学主体论应该说是语文教师文本解读教学化理论研究与实践探索的第一方法，也是张钧博士的这部书稿对语文教师文本解读教学化研究的重要意义所在。

首先，是对语文教师文本解读教学化的透彻阐释，将教学实践层面的文本解读区别于一般的学科研究层面的文学解读，这为我们细化语文教学文本解读研究、更好地表述相关问题打开了一个新的视角和思路。如作者将教师的文本解读置于课程层面进行研究，以教师的文本解读能力和文本解读教学能力为主要研究对象，用"教学化"这一概括，将学科领域的知识内容化为课程内容的过程，显然具有独到的理论创见。作者指出："文本解读知识的性质决定了，在文本解读知识的创造中，在文本解读课程建构中必须给语文教师赋权。"不同的教师对于同一文本会获得不同的理解进而形成不同的教学实施方案，这种教学内容和过程的"千人千面"，不是教学的失误，而是语文教学的特色，特别是对于文本解读来说，是读者与作者双向交流的过程，每一个读者都会因为自己的知识积累、情感、经历、素养等方面的不同而有不同的理解。在语文教学中，文本解读的主体有学生也有教师。在明确"语文教师在文本解读教学化过程中的主体地位"的基础上，作者着重透彻论述了教师文本解读教学化的本质、文本解读知识和文本解读教学知识之间的关系以及教师文本解读教学化在语文课程建构中的重要意义，这对语文教师文本解读教学化实践，显然开启的是思维智慧的大门。

其次，利用实证研究和理论研究相结合的方法，研究语文教师文本解读知识和文本解读教学知识各自包含的层面及其在文本解读教学化中的功用，并同时论述阐释了两者之间的关系，特别是还重视对一线教师的访谈内容的叙述和例证分析，这拓开了一条宽阔的研究路径。如，在实证研究方面，结合对有经验的教师和新手教师的访谈记录，论证了语文教师文本解读教学知识的重要性。语文教师应具备较强的学科层面的文本解读能力，语文教师文本解读的深度会直接影响教师对文本的判断。但是，即使语文教师的文本解读学识素养较好，也往往不一定能达到理想的文本教学效果，进而提出了"体现语文教师专业属性的是文本解读教学知识"的观点。在文本解读理论研究方面，在借鉴施瓦布学科知识的划分方法的基础上，作者分别论述了语文教师文本解读内容知识、实体知识、句法知识以及对文本解读知识的知识；又依据舒尔曼学科教学知识的研究等，将文本解读教学知识划分为四个方面，并对有经验的教师和新手教师文本解读教学化知识作了比较。研究方法选择得当，运用灵活，为充分的论证问题找到了给力的研究工具。俗话说"磨刀不误砍柴工"，恰当的研究方法的选择和运用，是保证研究顺利进行并取得实效的保障，有理有据的理论建构和文本解读教学化的真义揭示才是令人信服的。

再次，对语文教师文本解读教学化的心理过程的研究，深入论述了语文教师文本解读教学化的心理操作、心理监控和心理加工模式和水平等问题，这显然更是在一个全新的视域下对文本解读教学化所作的建构性探讨。如在舒尔曼的研究的基础上，结合教师文本解读教学化推理的实际情况，构建了"文本解读教学化推理模型"，从理解、准备、选择、适应和剪裁等方面分析"一个人如何将自己理解的学科内容转化为学习者的思想和动机"。通过对有经验的语文教师和新手教师之间的对比分析，对他们在文本解读教学化过程中的心理过程进行了透视，试图"建立一种理想化的文本解读心理过程"。这种对语文教师文本解读教学化认识能力的研究，对促进语文教师的专业化发展具有重要的现实意义。为何新手教师和有经验的教师之间在文本解读教学化能力方面存在差异？为何有的教师文本解读能力很强但文本解读教学效果并不是很好？我们都想寻找答案，从语文教师文本解读教学化的心理过程方面进行研究，无疑是一个既创新又切实的研究思路。从心理学的角度来研究语文教学的问题，可以使我们的语文教学研究更加科学化。如何利用心理学的知识来分析语文教师和学生文本解读的心理过程以及教师将文本解读知识和教学知识转化为课程内容的心理过程，是一个需要我们高度关注并深入开拓的研究课题。张钧博士在这部书稿中对这个课题的探讨，拓开了一条新路，我们应该给予充分的肯定，他给我们当下的语文教育和课改研究拓开一个新的领域。

作为一个年轻的学者，张钧博士对语文教育研究拥有一种开拓精神，这很重要，特别是能在众所纷纭的各种学术观点之外冷静地思考一些根本性、关键性的问题，这更重要。在提倡尊重学生的主体地位、抵制传统的接受式教育的背景下，目前对教师在语文课程内容构建、文本解读教学实施等方面的作用及其重视程度有所降低，仿佛重视学生的主体性之后教师的主体作用就不重要了。其实，对于中小学语文教学来说，教师依然是保证教学质量的关键因素。教师的教学素质水平直接影响教学的效果。对于语文教师来说，良好的文学解读能力和文学解读教学能力是教学能力和教学素养构成的重要组成部分。张钧博士在语文教师文本解读教学化的研究中抓住这一重要的问题，并以创见性的建构、宽阔的理论视野、踏实钻研的态度，对这一问题做了如此深入的探讨，表现了一个青年学者求知爱真、扎实坚毅的学术气度。我们相信在不久的将来会看到作者更让人可喜的研究成果，为语文教育研究拓展新的领域，进一步促进语文教育和课程改革的深化发展。

以上所述，写的是自己的一点阅读感受，其中定有不少浅陋之处，请作者和读者批评指正。

曹明海

2013 年 12 月于山东师范大学

摘　要

文本解读课程植根于语文教师中文学科层面的文本解读。在教学情境中，在多种因素的影响下，语文教师需要将自身中文学科层面的文本解读转化为文本解读课程，即"语文教师文本解读教学化"。依据对文本解读、教学化和文本解读教学化的概念界定，文本解读课程本质上是实践性课程，语文教师在文本解读教学化过程中居于关键地位。"语文教师文本解读教学化能力发展"是文本解读课程建构的核心问题，"语文教师文本解读教学化知识"和"语文教师文本解读教学化心理过程"是以"教师"为中心的文本解读课程研究的具体内容。

文本解读知识和文本解读教学知识是构成文本解读教学化知识的核心要素。文本解读知识是语文教师文本解读教学化的学科知识，语文教师文本解读知识是课堂文本解读课程属性的决定性因素。文本解读教学知识是语文教师用于将自身拥有的文本解读知识转化为文本解读课程的专业知识，是最适合教学的文本解读知识，体现着语文教师的专业属性。语文教师文本解读知识和文本解读教学知识是相互影响和相互促进的关系。

文本解读教学化心理过程是语文教师心理监控下的一系列心理操作，不同的语文教师会在文本解读教学化心理模式和心理水平方面表现出差异。语文教师文本解读教学化心理操作应该包含以下内容和阶段：理解、组织、表征、选择、适应和裁剪。语文教师文本解读教学化心理监控在计划与准备、控制与调节、评价与反馈方面有重要意义，语文教师文本解读教学观念对文本解读教学化心理监控有特殊的影响。语文教师文本解读教学化心理模式与语文教师的文本解读知识、文本解读教学知识和认知操作习惯密切相关。语文教师文本解读教学化心理操作在效率、精确性和问题表征的深度方面表现出不同的水平。

有经验教师和新手教师文本解读教学化能力的比较研究验证了文本解读教学化知识理论和文本解读教学化心理过程理论。在实证研究中发现的问题为课题的后续研究提供了重要的现实依据。

语文教师文本解读教学化是在与情境的互动中发生的，语文教师文本解读教学化需要外在因素的支持。营造良好的语文教师文本解读课程建构环境与有效实现文本解读课程建构诸要素的价值，是语文教师文本解读教学化有效性的保障。

关键词：语文教师　文本解读　教学化　教师知识　心理过程

Abstract

Text-interpretation in the form of course roots from Chinese teacher's text-interpretation in the form of discipline. In the teaching situation, under the influence of many factors, Chinese teacher need to transform their text-interpretation form discipline to course, that is the Chinese teacher's Text-interpretation Teachinglize. Based on the definition of the Text-interpretation, Teachinglize and Text-interpretation teachinglize, the property of text-interpretation course is practical, The Chinese teacher plays a key role in text-interpretation teachinglize. The core issue of text-interpretation curriculum construction is developing of Chinese teacher's text-interpretation teachinglize ability, the knowledge and mental process of Chinese teacher's text-interpretation teachinglize are the research of teacher-centered text-interpretation curriculum construction.

Text-interpretation knowledge and pedagogical text-interpretation knowledge are the core elements of Chinese teacher's text-interpretation teachinglize knowledge. Text-interpretation knowledge is the subject knowledge source of Chinese teacher's text-interpretation teachinglize, and is the decisive factor of text-interpretation course property. Pedagogical text-interpretation knowledge which embodies the property of the Chinese teacher's professional, is used for transform the Text-interpretation knowledge from discipline to course, and is most suitable knowledge for text-interpretation teaching. Text-interpretation knowledge and pedagogical text-interpretation knowledge influence each other and promote each other.

Text-interpretation teachinglize mental process are series of Chinese teacher's mental operations under the control of mental monitoring, the differences of Chinese teacher's Text-interpretation teachinglize mental process show off in Chinese teacher's Text-interpretation teachinglize psychological model and level. Chinese teacher's text-interpretation teachinglize mental operations should include comprehension, organization, representation, selection, adaption and tailoring to characteristics. Text-interpretation teachinglize mental monitoring is very important in "planning and preparation", "control and regulation", "evaluation and feedback". Chinese teacher's teaching concepts affect the Text-interpretation teachinglize mental monitoring particularly. Text-interpretation teachinglize psychological model closely related to Text-interpretation knowledge, pedagogical text-interpretation knowledge, and cognitive operations habits. The mental operations would show different levels in efficiency, accuracy and the depth of the problem representation.

A comparative study on experienced and novice teacher' Text-interpretation teachinglize ability verified the theoretical study of the knowledge and mental process of Chinese teacher's text-interpretation teachinglize. Problems in Chinese teacher's text-interpretation teachinglize that have been found provide an important practical basis for follow-up study.

Chinese teacher's text-interpretation teachinglize occur in the interaction of teachers and teaching situations, and need the support of external factors. Creating a good environment for Chinese teacher's text-interpretation teachinglize, and effective realization the value of the various elements of text-interpretation curriculum construction is the guarantee of Chinese teacher's text-interpretation teachinglize.

Key Words: Chinese Teacher; Text-Interpretation; Teachinglize; Teacher's Knowledge; Mental Process

目　录

第一章

绪　论

第一节　研究缘起

文本解读是当下语文课程的重要内容，文本解读教学的有效性是语文教学有效性的重要保证。根据学科属性，实现学科知识向学科课程的有效转化是课程与教学研究的核心内容，经典课程理论将如何依据学科知识组织儿童的学习经验作为课程研究的核心，① 后现代课程观则强调教师根据自身知识结合具体的课堂话语情境构建课堂课程内容，② 二者共同强调将学科意义上的学科知识如何转化为学校课程实施层面学生的经验和履历，即学科知识教学化，作为课程研究的重要内容。文本解读课程建构的核心也是如何将学科层面的文本解读转化为课程层面的文本解读，即本文所讨论的"文本解读教学化"。由于学科属性的差异，不同学科课程建构的影响因素也不同，课程建构方式也不尽相同。国内语文教育研究的学者也重视从语文学科的性质出发进行语文课程的建构与实施。③④ 文本解读教学化也必须要考虑以下问题：文本解读是什么，中文学科视野下的文本解读与语文课程视野下的文本解读之间是什么关系；在处理中文学科视野下的文本解读和语文课程视野下的文本解读之间的关系过程中有哪些影响因素，这些因素分别发挥什么作用；语文文本解读课程应该如何建构。而当

---

① 泰勒：《课程与教学的基本原理》，罗康、张阅译，中国轻工业出版社 2008 年版，第73—115 页。

② ［日］佐藤学：《课程与教师》，钟启泉译，教育科学出版社 2003 年版，第 3—14 页。

③ 刘淼：《当代语文学学科体系的建构》，《语文建设》2005 年第 3 期。

④ 张燕玲：《从百年语文教育变革看语文教育的本质》，《当代教育与文化》2009 年第11 期。

下的文本解读课程研究在解决上述问题中陷入了困境。

当前的文本解读课程一直采取的是课程开发的范式。在课程开发的文本解读课程研究范式下，文本解读课程建构是一套经由课程专家研究出的程序。根据这套程序，文本解读课程开发是在教育管理机构的领导下，语文学科专家和语文课程专家根据社会要求，决定文本解读的教育目标，然后教材编制部门根据制定的文本解读课程标准开发文本解读教材，进而将教材推广到课堂，最后通过课程评价来对文本解读教学进行测定。在这种课程范式下，课堂层面的文本解读课程实际在一定程度上是规定了的程序实施过程。语文教育的实践证明，课程开发范式下的文本解读课程建构存在如下问题。首先，由于中文学科及语文教学领域对"文本解读"本身的认识不明确，使得课程开发研究中文本解读课程内容的确定缺乏学科知识方面的支持，导致追求固定文本解读课程内容的程序开发方面陷入困境。其次，由于学生文本解读学习的复杂性，语文课程研究领域对文本解读学习目标的把握并不明晰，导致文本解读课程开发缺乏文本解读素养目标方面的有效依据，文本解读课程内容目标方面的确定也同时存在难度。最后，在课程开发范式下勉强建立的文本解读课程开发程序与实际的文本解读课程实施之间相去甚远，使得课程专家研究的文本解读课程理论在语文教师的课程实践中得不到有效的落实，文本解读课程实践对文本解读课程理论建构的反馈意义也有限。面临文本解读课程上述困境，语文课程与教学研究领域首先应该对课程研究方法论本身进行反思。

本书认为，如果要推进文本解读课程研究应该从以下不可分割的两方面着眼：一方面要在中文领域文本解读本质属性研究基础上明确语文教学领域"文本解读"的本质属性与"文本解读课程"的性质；另一方面要着眼于语文教师对现有的文本解读课程开发范式进行修正。本书在研究中发现，语文教育研究文献中"文本解读"这一指称指代的意义并不一致，往往是与文本解读相关的不同意义的混合体，而且语文教育研究领域关于文本解读这一概念的使用和理解有别于中文学科学术研究领域。通过归纳语文教育研究领域文献中文本解读的相关意义可以看出，"文本解读"一词分别代表了中文学科视野下的文本解读、教师教学形态的文本解读、学生学习形态的文本解读几个方面。中文学科层面的文本解读表现为学科专家提出的文本解读理论与实践，语文教师在中文学科层面的文本解读。对文本解读本质属性认识不清楚代表着语文教学及研究领域对文本解读课程属性认识不清，这制约着语文教育研究的发展。同时，课程建构是在一定的社会历史条件下，在多种因素共同作用下实现的，这些因素一般包括学科专家、心理学专家、课程专家、教师、学生等，不同学科结构下的课程建构过程中，这些因素所起的作用也不同。在语文课程改革实施过程中，语文教育研究与实践领域日益重视语文教师在课程建构中的重要价值。本书认为，语文教师在中文学科视野下的文本解读向课程形态的文本解读转化过程中具有关键性的作用。语文课程层面的文本解读既是指语文教师教的文本解读，也是学生学的文本解读。语文教师身上同时存在两种文本解读形态，一是作为学科层面的文本解读，一是为了教学的课程层面的文本解读，对语文文本解读教学具有直接意义的是课程形态的文本解读。课程形态的文本解读植根于语文教师学科层面的文本解读，在文本解读教学情境中，在多种因素影响下语文教师需要将自己学科层面的文本解读转化为课程层面的文本解读，即本研究所指的"语文教师文本解读教学化"。语文教师学科层面的文本解读转化为课程层面的文本解读正是语文教师依据自己的文本解读建构课堂教学情境文本解读课程的过程。课程形态文本解读有效性一方面与语文教师学科层面的文本解读水平有关，语文教师学科层面文本解读向课程层面文本解读的转化也至关重要。特级教师陈日亮就认为："他（这里指的是语文教师）不懂做第二遍的'解读'，即进入课程的'教学文本解读'，有着从'教'与'学'切入的深度和广度，更具体生动地体现文本、学生、教师三方互动而创生的解读语境。这样，每一篇课文和每一节课真正应该'教什么'才能落到实处。"① 但是，当下在语文教师文本解读课程建构方面的研究同样是薄弱的。

综合以上的分析本研究认为，由于当下语文教育领域缺乏对学科视野下的文本解读本质属性的深入研究，所以对文本解读课程的属性的认识不够深入，同样语文教育研究和实践领域并没有很好地处理文本解读课程建构中的各种影响因素之间的关系，所以严重影响了文本解读课程建构和实施的有效性。作为文本解读课程建构的关键性因素，语文教师在文本解读课程建构中应该发挥什么作用，应该如何发挥作用以及如何保证语文教师文本解读课程建构的有效性的问题研究在当下具有重要的现实意义。

---

① 陈日亮：《如是我读：语文教学文本解读个案》，华东师范大学出版社2011年版，第2—3页。

　　语文教师中文学科层面文本解读是文本解读教学的基础，是高等师范院校汉语言文学专业"语文学"① 教育的重要内容，而语文教学研究应该更为关注如何促进语文教师中文学科层面文本解读向课程层面文本解读的转化。② 基于语文教师的学科层面文本解读向课程层面文本解读转化的重要意义，本研究将语文教师学科层面文本解读向课程层面文本解读转化作为研究关注点。在语文教师文本解读教学化研究问题和研究内容确立之前有必要对语文教育领域"文本解读"这一概念进行清晰地界定。

第二节　核心概念的界定

　　本研究在语文教师文本解读教学化过程中首先要面对的问题就是对语文教育领域"文本解读"这一概念的界定；"教学化"这一概念的界定；以及"文本解读教学化"这一概念的提出。本研究的进一步展开建立在以上概念的研究基础之上，这些概念也是本文理论基础的重要组成部分。

一　文本解读

　　"文本解读"一词高频率地出现在语文教学领域发生在新课改之后。在 20 世纪末的语文性质的大讨论前，语文教育领域对文本的解读倾向于"作者—文本"指向，还原作者原意和对作品自身进行分析是主要的行为和指向，当时语文教育领域称之为"课文分析"或者"备教材"。这种文本读解的指向下，如果操作方式的不当，有的教师容易采用"肢解"分析的方法进行课程层面的文本解读，这种弊端首先在文学文本的教学中显现出来。如果这种情况发生，学生在文学作品的阅读学习中感受不到文学作品的整体形象，无法获得情感的熏陶和审美的体验，严重束缚了学生的文学审美想象。随之，语文新课标也强调在阅读中重视学生的"情感体验"。这时，文学理论中以读者为中心的解读指向研究为文学教育中的文本解读提供了理论指导，一时间文本解读成为语文教育领域出现频率很高的概念。

---

① 刘淼：《当代语文学学科体系的建构》，《语文建设》2005 年第 3 期。
② 同上。

　　本书在研究中发现，语文教育研究文献中"文本解读"这一指称指代的意义并不一致，往往是与文本解读相关的不同意义的混合体，而且语文教育研究领域关于文本解读这一概念的使用和理解有别于中文学科学术研究领域。通过归纳语文教育研究领域文献中文本解读的相关意义可以看出，"文本解读"一词分别代表了中文学科视野下的文本解读、教师教学形态的文本解读、学生学习形态的文本解读几个方面。中文学科层面的文本解读表现为学科专家提出的文本解读理论与实践，语文教师在中文学科层面的文本解读。例如，孙绍振的"文本细读"和钱理群的"名作重读"就属于中文学科层面学科专家的文本解读理论与实践研究。语文教师对文本意义的探讨也属于中文学科层面的文本解读。例如，一位语文老师对自己的文本解读感想有这样的陈述："……然而当我仔细阅读课文时，却发现其中有很多疑点没有解决，有很多东西远不是那么容易理解的。于是便反复阅读、理解字里行间茨威格要表达的情绪，再由此拓展去查阅有关托尔斯泰和茨威格的资料，这才渐渐解开了某些词语背后的谜。"[①] 教师教学形态的文本解读可以在语文教师的课堂教学中表现出来，例如，一位语文教师的教学实录：

　　"师：但是此时的玛蒂尔德却带着'激动'的心情，'自豪'的笑容，主动上前打招呼，心态平和坦然，她为什么会这样？

　　生：她还清债务了，心情愉快激动。

　　师：对。更主要的是她的性情和以前比怎样？

　　生：不那么虚荣、自卑了，变得真实、自信了。

　　师：对。十年的艰辛，她形象虽然苍老了，粗糙了，但精神却饱满了，自信了，乐观了，由一个外在形象美的女性转化为内在精神美的女性。

　　丢项链还断送了什么？拯救了什么？丢项链之后她的家庭和婚姻和以前比怎样？

　　生：更牢固，更美满。丢项链虽然断送了她安逸的生活，但拯救了她的家庭。

　　师：是的。丢项链，还使她获得了比项链更宝贵的东西——夫妻真

_____

　　① 黄玉峰：《既雕既琢，复归于朴——〈世间最美的坟墓〉教学札记》，《语文学习》2005年第1期。

情，她们的婚姻因此更牢固、更美满。罗瓦塞尔先生对她的体贴、疼爱，特别是在丢项链后的表现让人感佩：大祸临头，他没有对妻子责备、抱怨，而是积极解决问题，先是沿街寻找了一夜，接着四处借钱，买回真的钻石项链赔偿，之后努力工作，拼命挣钱，偿还债务。他与妻子相濡以沫，共渡难关，无怨无悔，默默承受。他的所作所为，一般人难以做到。他虽然很平庸，没有什么丰功伟绩，但对妻子的理解、体贴和疼爱，终于使妻子懂得什么是人生最可宝贵的，什么是爱，懂得了她最初向往的那些东西，就像福雷斯蒂埃太太的项链，每一颗都是假的，而用十年辛苦换来的夫妻真情，每个环节都是真的——所以说丢项链虽然断送了她安逸的小康生活，但拯救了她的家庭和婚姻。"①

　　以上例子中，语文老师在课堂上的表达就属于教学形态的文本解读，同时教学实录里学生对语文教师文本解读的经验和理解、学生与老师的对话就是学生学习形态的文本解读，在具体的阅读教学中语文教师教学形态的文本解读和学生学习形态的文本解读往往是同一的。本研究将对具体的语文教学实践中教师教的文本解读和学生学的文本解读的统一体称为"文本解读课程"。

　　从研究文献中可以看出，语文教育领域对于文本解读这一概念的理解和运用还是混乱的，并没有对学科层面的文本解读、语文课程层面的文本解读进行有效的区分，没有厘清学科层面的文本解读与语文课程层面的文本解读之间的关系。作为中文领域的重要学科内容，文本解读固有的属性决定着文本解读课程的属性，由于语文教育领域对学科层面文本解读属性的认识不清，虽然有关文本解读课程的观点众多，但很少有观点能从学理的高度去对文本解读课程实践进行有效的指导，这影响了语文教学中的文本解读课程实施的有效性。例如，当下语文教育中出现的文本解读课程内容选择和确定方面的随意性和盲目性、文本解读课程实施策略与方法缺乏针对性等方面问题的出现，都与对文本解读本质属性的认识不清有关系。所以，本研究首先对语文教学领域的"文本解读"这一概念进行界定。

　　首先，本研究从语言学的层面来看人们对文本解读的一般性理解。对"解读"一词进行界定的有两部词典：《现代汉语词典》和《现代汉语新

---

① 张超、管然荣：《语文课堂上的"探究"应该探究什么》，《中学语文教学》2009 年第9 期。

词语词典》。《现代汉语词典》的解释是："①阅读解释；②分析、研究；③理解、体会。"[①]《现代汉语新词语词典》的解释是："分析和阅读，看懂较难看懂的文字内容。"[②] 本研究认为，《现代汉语词典》的释义较为全面地概括了"解读"一词的一般含义。但在言语的层面，使用者在不同的语境中从不同的侧重点实现其语言层面的意义。

　　本研究这里所探讨的文本解读专指选入语文教材中的课文解读，是语文教育教学语境中的文本解读。语文教育领域的"文本解读"与诠释学、文学批评、文学研究视域中的文本解读概念有着天然的联系，但又是扎根于语文教育教学使用语境的概念。这样，语文教育教学中的文本解读概念在多种学科谱系的影响下，在自己的话语体系中形成了独有的内涵。为了更好地理解文本解读这一概念，并对概念进行清晰的阐述，本研究首先对与概念相关的背景知识进行介绍。

　　语文教育领域引入文本解读这一术语主要受到哲学诠释学和文学理论关于文本解读研究的影响。文本是解释学和哲学解释学的核心概念之一，最早指的是《圣经》和古希腊、罗马的经典，实质上就是指付诸文字的书面材料。狄尔泰对文本的概念进行了延伸，使得文本不仅仅局限于付诸文字的书面材料，只要是精神的客观物化形式都可以称之为文本。海德格尔和伽达默尔等人对文本的内涵也提出了自己的观点，海德格尔认为文本是作为人的"此在"本身。伽达默尔则认为文本不只是作为一种客观的表现或者表达存在，文本本身的内容已经是加入作者对于客观的理解，文本是比纯粹的客观表现和表达更多的东西。[③] 利科尔把文本作为其解释学的核心概念，"用任何书写固定下来的任何话语"是利科尔对文本内涵的界定，书写固定是文本本身的构成要素。因为有书写这样的固定形式文本具有了开放性的特点，并且成为有着固定结构类型和风格的意义整体，所以文本不能分解为构成它的句子。利科尔认为文本的功能在于它是我们通过文本理解我们自己的中介。[④] 接受美学认为文本是指由作家创造的同读

　　① 中国社会科学院语言研究所词典编辑室编：《现代汉语词典》，商务印书馆 2007 年版，第 700 页。

　　② 林志伟、何爱英：《现代汉语新词语词典》，商务印书馆 2005 年版，第359 页。

　　③ 洪汉鼎：《理解与解释——诠释学经典文选》，东方出版社 2001 年版，第 25—26 页。

　　④ 保罗·利科尔：《解释学与人文社会科学》，陶远华等译，河北人民出版社 1987 年版，第 148—149 页。

者发生关系之前的作品本身的自在状态，是以由召唤性的语言符号结构组成的文字符号的形式，是储存着多种多样审美信息的硬载体，是独立于接受主体的感知之外的一种永久的语言符号存在。①

在哲学解释学的语境中，解读的核心含义就是理解、解释。在传统解释学时期，对于经典的解释、理解和应用三位一体是解读的核心含义；作为本体论的解释学认为对于文本的解释和理解是人的存在方式；作为实践哲学的解释学认为对于文本的解释和理解决定着人类的存在和活动。可见哲学解释学是从本体论和实践论的角度对理解和解释作为人的存在和对人的存在的规定来研究的。哲学解释学对于解读的研究直接影响了人文学科对于"解读"的理解。和本研究密切相关的领域就是文学文本解读的研究。

波兰现象学家英加登在《对文学的艺术作品的认识》一书中对"认识文学作品的各种态度"做了研究。他认为人们出于不同的阅读目的可以分为不同的文学阅读态度：消遣的目的、审美的目的、研究的目的。英加登认为以消遣为目的的阅读中人们一般不会去关心他们从文本中获取了什么，可以排除在文学阅读之外，"只有研究群众性艺术消费的心理学或社会学才对他们感兴趣"。② 文学阅读必须要研究的是出于审美和研究为目的的阅读态度。英加登通过一些例证研究指出，出于审美为目的的阅读是一般读者的普通阅读状态，读者在其中获得的是个体的审美体验及过程。③ 英加登认为，出于研究为目的的文学阅读态度则属于"前审美认识"中的"文本解读"。④ 对文学作品进行研究的"前审美认识"是为了发现文学作品之所以成为一部艺术作品的特征和要素特征。在英加登看来文学研究有两方面的任务：一是，理解和揭示文学艺术作品中的艺术价值；二是，认识和研究文学审美活动过程中作品呈现的是什么价值，后者实现的条件是在审美经验中形成文学的审美对象。"文本解读"的意义就在于努力探寻文学作品的艺术价值，可以为文学价值的实现寻求合理性的

①　伊瑟尔：《阅读活动——审美反应理论》，金元浦等译，中国社会科学出版社1991年版，第155页。

②　[波]英加登：《对文学的艺术作品的认识》，陈燕谷译，中国文联出版社1988年版，第179—183页。

③　同上书，第183—227页。

④　同上书，第242—310页。

解释，即发现文学作品的艺术价值如何形成，分析出文学作品何以发挥出永恒艺术魅力的原因。英加登的观点区分了文本解读和一般形态上的阅读，这为本文区分文本解读和一般意义上的阅读提供了理论基础。当代文学文本解读领域，文本的解读有三个指向，指向于作者、指向于文本和指向于读者。在哲学解释学和接受美学没有对中国文学理论研究产生影响之前，中国的文学解读主要指向于作者和文本。① 文本解读指向于作者，探寻作者的原意是中国传统文本解读的思路，"以意逆志"就是这样解读指向的典型代表。作者中心论的文本解读主要采用实证主义、作者传记和社会——历史批评等研究方法。以文本为中心的文本解读是在俄罗斯形式主义、英美新批评和结构主义等文学思潮的影响下形成的文本解读指向，这种指向的文本解读以文学作品自身作为理解的根据、前提和旨归。在后结构主义、哲学解释学、接受美学和现象学等思想的影响下，中国当代文学文本的解读开始出现向"读者中心论"的转向，注重读者在文本解读中的主体地位，强调读者与文本之间的对话与交流，文本解读是通过读者的体验、理解和建构文本意义的过程。②

哲学解释学探讨的是决定人类存在和活动的问题，在哲学解释学的视域中文本是作为展示存在世界的载体出现的。哲学解释学对于文本内涵的阐释对本研究的意义在于，对文本解读行为理解的认识论和方法论指导，为语文教师文本解读教学价值的实现提供了哲学启示。文学理论中关于文本解读的研究主要是研究怎样对一部作品做出文学的解释并在学理上证明其解释就是文学的解释。③ 文学理论中的文本解读的研究对文学文本的解读提供了具体方法论的指导，这对于理解阅读课程具有重要的意义。但是，本书的研究所关乎的对象并不是形而上的哲学层面的文本，也不局限于文学文本本身，而是具体的多种体裁形式的文本形态。本研究通过描述的方式归纳一般意义上的文本解读的内涵：文本解读是读者出于研究为目的的阅读形态，文本解读区别于一般意义上的阅读；文本解读作为一种心理行为是获得文本意义和艺术审美价值，并为其寻求合理性解释的心理策略与方式；文学文本解读就是在相关研究的

---

① 曹明海：《当代文本解读观的变革》，《文学评论》2003 年第 6 期。

② 龙协涛：《中西读解理论的历史嬗变与特点》，《文学评论》1993 年第 2 期。

③ 蒋济永：《文本解读与意义生成》，华中科技大学出版社 2007 年版，第 1 页。

基础上，试图探寻文学作品的艺术价值，并为文学价值的实现寻求合理性，即发现艺术价值如何形成，分析出文学作品何以发挥出永恒艺术魅力的原因；非文学作品的文本解读试图探寻文本的意义及文本的言语构成，为文本意义的实现寻求合理性，即发现文本的客观意义如何形成，分析出其指称功能如何实现。

具体到语文教学实践情境中文本解读的意义又有了新的内涵。本研究对语文教育领域文本解读具体内涵的界定采取结合词典释义、哲学解释学与文学文本解读理论研究，扎根于语文教育教学领域中文本解读具体言语意义语境，对概念进行抽象概括的策略。在语文教育研究领域对文本解读使用较多的话语场域有作为学科专家的文本解读学术研究和作为语文教师的文本解读实践两个方面。但是，从语文教育研究中有关文本解读的论述中可以看出，文本解读这一概念界定是模糊的，是多种意义的混合。从概念涉及的范畴看，本研究认为语文教育研究领域的文本解读涉及几方面的内容：作为一种阅读心理行为；作为一种认识结果；作为一种教学方法；作为课程内容。

作为一种阅读心理行为的文本解读意义与一般意义上的文本解读内涵相接近，指的是读者对于文本的解释性阅读，侧重于认为文本解读就是个体经历的解读文本的认识过程。例如，在语文教育研究领域研究文本解读的两位代表性人物曹明海和蒋成瑀分别是这样界定文本解读的。曹明海认为，"解读是人类带有普遍意义的行为"，"是一种寻求理解和自我理解的活动，它不只是对客体把握的技术性（方法论）问题，也是主体存在的基本方式"①。蒋成瑀则认为，"读，是文本理解的起点，侧重于文字、结构以及作者写作背景等的研究，尽量读出文本原意；解，是以文本释义为起点，侧重于文本意义的辨析、评判以及潜在意义的发掘，要求读者有创造性的发挥"。② 这些代表性的观点把文本解读看作是个体的一种心理活动，这种认识过程和一般意义上的阅读不同，具有解释的属性。

作为一种认识成果的文本解读指向于文本解读后获得的认识，把个体经过文本解读后对于文本意义的认识和理解看作是文本解读的内涵，这里的认识包含对于文本解读本身的认识，也包括对具体文本的解读认识。例

---

① 曹明海：《文学解读学导论》，人民文学出版社 1997 版，第 19 页。
② 蒋成瑀：《读解学引论》，上海文艺出版社 1998 年版，第 59 页。

如，孙绍振、钱理群、王富仁等人的文本解读研究都是以具体文本的解读认识进行展现的。还有很多具体文章的解读成果等也表现了这种观点。孙绍振在文本解读研究者中比较有代表性，他提出文本解读受到读者、作者和文本三方面的相互制约，要从三个方面进行文本的解读。孙绍振认为文本解读的"第一层面是显性的，按时间、空间顺序，将外在的、表层的感知连贯，包括行为和言谈的过程；第二层次是隐秘的在显性感知过程以下，是作者潜在的'意脉'的变化、流动过程；第三层次是文体形式的规范性和开放性，还有文体的流派和风格"①。孙绍振认为当下语文教育文本解读的问题在于只流于文本表层，而不能达到"意脉层"和"文体层"。同时，孙绍振还针对中学语文课本中的课文进行了具体的微观分析，得出了自己的认识，这里的认识孙绍振是以"文本细读"这样的词来指代的，可以看出研究者心目中认为文本解读的认识就是文本解读的内涵，其中包括对具体文本的认识，也包括对文本解读本身的认识。另外，很多语文教师在语文教育教学研究类杂志发表的对具体课文的解读都是以"文本解读"来命名的，例如，《〈边城〉的文本解读》②、《〈孔乙己〉文本解读》③、《背叛与搞鬼——对〈宋定伯捉鬼〉的文本解读》等。这些研究都探讨的是文本解读的认识成果。

作为一种教学方法的观点认为语文教师课堂教学中如何进行文本解读表达本身就是一种教学策略与方法。这样的认识可以在如下文章题目中体现，例如：《文本解读的三种视角》④、《文本解读的三个维度》⑤、《文本解读的三种切入法》⑥、《文本解读宜从细节进入》⑦、《语文文本解读策略初探》⑧ 等。这些文章普遍认为语文教师课堂教学中的文本解读角度、方法、策略等就是依据文本而确定的文本解读教学方法。

作为课程内容的观点认为文本解读是语文课堂上语文教师教的文本解

---

① 钱理群、孙绍振、王富仁：《解读语文》，福建人民出版社 2010 年版，第 7 页。
② 何国勇：《〈边城〉的文本解读》，《文学教育》2010 年第 2 期。
③ 郭建强：《〈孔乙己〉文本解读》，《文学教育》2010 年第 12 期。
④ 罗昆霞：《文本解读的三个视角》，《语文教学通讯》2009 年第 11 期。
⑤ 李玉山：《文本解读的三个维度》，《天津教育》2010 年第 11 期。
⑥ 胡敏刚：《文本解读的三种切入法》，《语文教学通讯》2008 年第 5 期。
⑦ 徐刚：《文本解读宜从细节进入》，《文学教育》2008 年第 6 期。
⑧ 王艳萍：《语文文本解读策略初探》，《广西教育》2011 年第 2 期。

读与学生学习的文本解读的统一体。这方面的文章很多，提炼这些文章的观点，可以归纳为以下几个方面：语文教师课堂教学中的文本解读要以学生的文本解读学习为基点；师生课堂教学中文本解读的边界和容量要适当；师生课堂文本解读的多元性与确定性的平衡；师生课堂文本解读的内容选择；教师课堂文本解读的预设与生成关系的处理；课堂文本解读内容的进展等。

　　综观语文教育研究领域关于文本解读的研究，这些研究从不同的侧面触及了具有语文教育属性的文本解读内涵，但是研究缺乏系统性与语文教学领域文本解读本质属性的思考。本研究认为，在已有的一般意义上的文本解读概念界定基础上，需要理清以上所述几种文本解读理解的关系，对语文教学领域的文本解读进行全方位的界定，这样能清楚地认识语文教育领域文本解读的本质。

　　在儿童的学习方面存在着认知过程、认识过程和理解过程方面的论争，这些方面的讨论也在文本解读教学中有所表现。本书认同文本解读学习是认识过程，① 不仅包括现有的文本解读知识的获取，也包括学生根据自身的主体特征在文本理解的基础上建构自身文本解读知识的过程。在文本解读教学中，一般意义上的文本解读是语文教师及其学生两个主体经历的认识过程，语文教师的文本解读心理过程目的就是为了获得文本解读的认识，在课程建构中直接发挥作用的是语文教师经过文本解读后的认识，而不是文本解读的心理过程本身；学生方面专指为学习而进行的文本解读认识过程。作为教学方法的文本解读本质上还是文本解读认识的一部分，作为一种教学方法的文本解读应该成为文本解读课程内容的重要方面。

　　所以，本研究认为，在语文教育领域文本解读在不同的主体和不同的阶段方面表现出不同的内涵。作为语文教育研究领域中的一种公共的学术行为，文本解读就是一种以研究为目的的解释性阅读行为，并在此基础上得出文本解读认识成果②。在语文教师为主体方面具有两种文本解读形态，一种是其作为文本解读心理行为的基础上建构自己文本解读知识体系

---

① 王本陆：《教学认识论三题》，《教育研究》2001 年第 11 期。

② 本研究认为知识是主体和客体相互作用中所得出的认识结果，文本解读知识就是文本解读者和文本相互作用的过程中形成的结果性认识，具体的阐释请详阅本书的第四章第一节部分。

的过程；一种是文本解读课程建构和实施过程。在学生方面，文本解读是作为一种经验而存在的，是与文本、已有的文本解读认识及语文教师展开对话的文本解读经验和履历。教师在文本解读基础上建构文本解读知识、教师在阅读课堂的文本解读建构实施过程与学生在课堂上文本解读的经验和履历是语文教育领域文本解读的本质特征，其中语文教师课堂教学的文本解读过程与学生文本解读的学习过程理论上是同一的。把语文教师通过文本解读建构文本解读知识的过程作为语文教学领域文本解读的内涵成分之一，是因为，虽然语文教师开始接触课文经历的本质上是一般意义上的文本解读心理行为，但是不能否认的是语文教师从一开始进行课文的解读就有教学目的性，这种目的性的实现必须以自身的文本解读知识结构的建构为基础，因为没有人可以教自己不知道的知识。语文教师的文本解读知识通过语文教师的文本解读来建构，在不断地对课文文本的解读中得到刷新，并作为语文教师文本解读课程建构的基础。在阅读教学中学生方面的文本解读是语文教师为学生组织的阅读学习经验或履历，是在语文教师文本解读教育情怀观照下的文本解读实践过程。

为了便于行文，本书用"文本解读"指代一般意义上的文本解读心理行为；用"文本解读知识"指代在文本解读基础上建构的文本解读知识体系；"文本解读课程"指代在课堂情境中语文教师教的文本解读和学生学习的文本解读的统一体。

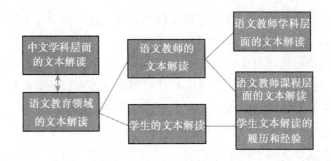

图 1.1　不同形态文本解读及其关系示意图

二　教学化

"教学化"这一概念服务于将学术领域的学科知识转化为学校教学中的学科课程。不同时期对教学化的理解是不同的，对"教学化"理解代表性的观点有杜威（Dewey）的"心理化"理论、布鲁纳（Bruner）的

"转换"理论、施瓦布（Schwab）的"翻译"理论和舒尔曼（Shulman）的"转化"理论。为了厘清"教学化"研究的谱系，本书将各个时期代表性观点进行集中梳理。

杜威将学校课程看作是课程改革的核心。杜威的心理化理论在其《儿童与课程》、《学校与社会》等文章中有集中的讨论。杜威的心理化理论的提出想克服的是儿童的不成熟、待发展与社会目标、意义、价值和成人的经验之间的矛盾。在杜威"心理化"理论提出之前，在课程研究中存在两种对立的观点，一种是"学科中心主义"，一种是"儿童中心主义"。学科中心主义认为儿童是不成熟的个体，儿童的经验是狭窄的因而需要拓展，教育的意义就在于使儿童抛弃自己的经验，走向学科中心的逻辑，课程就是逻辑段落的教科书，教学就是教科书的实施。儿童中心主义则认为儿童是教育的起点、中心和目的，只有儿童才是教育的标准，一切学科的知识的价值应以服务于儿童生长的需要来衡量，所以必须以儿童的立场确定教学的质和量，而非以教材为代表的学科知识。杜威既反对学科中心，又反对儿童中心，杜威认为以往分门别类的科目是许多年代的科学发展的产物，而不是儿童学习的经验。儿童与课程之间有明显的偏差与对立。因此，"有必要把各门学科或只是分支的教材恢复到经验之中，必须恢复到他所抽象出来的原来的经验之中"。① 杜威的心理化的核心问题是将学科知识转化为学校的教学内容，心理化根本上是课程任务。杜威认为学生的经验是学科知识转化为学校课程知识的原点，而不是学科领域的内容。杜威认为教材应该依据学习者的经验编写，而不是依据学科的逻辑结构，这样教师就可以直接依据课程开展工作。但是杜威认为不可能有完美的根据儿童经验编写的教材，所以教师需要将自己理解的学科知识材料转化为特定情境下的特定学生的经验。杜威认为必须把学科知识心理化，转化为直接的和个人的经验。杜威认为任何学科和科目都有两个方面，一个方面是科学家作为一个科学家而言；一个方面是教师作为一个教师而言。这两个方面不是冲突的，但又不是直接的完全相同的。② 对于科学家而言，教材只不过代表的是一定的真理，可以找出新的问题，制定新的研究，并贯彻落实，达到经过检验的结果；而对于教师而言他所关心的是代

① 杜威：《民主·经验·教育》，彭正梅译，上海人民出版社 2009 年版，第 29 页。
② 同上。

表经验发展的某一阶段或状态的科学的教材。他的问题是引发学生作为一种生动的和个人的经验。因此，教师考虑的应该是将教材变成学生经验的一部分；儿童可以利用的经验有什么因素与教材有关；怎样利用这些因素；他自己的学科知识怎样可以帮助解释儿童的需要和行动，并确定儿童所处的环境，以使他的发展获得适当的指导。所以教师考虑的不是教材，而是把教材作为全部的和生长的经验中相关的因素来考虑的。教师这样看待教材就是教材的"心理化"。因为教师在"心理化"中的关键地位，所以在杜威看来，心理化既是课程问题也是教学问题。

布鲁纳的"转换"理论与美国 20 世纪 60 年代的课程改革紧密相连。因为，当时的苏联在太空竞赛中取得领先，美国的教育对以杜威为代表的儿童中心课程理论提出质疑，美国教育开始关注系统的学科知识的教育。其中，美国教育关注的就是学校教育中学生的科学技术能力的发展，这样才能让美国在世界上处于统治地位。基于这样的背景，布鲁纳提出了自己的课程理论观点。布鲁纳转换理论基于这样的假设，他相信学校教育中的知识来源于该学科的知识；另外，他坚持要建立学校教学层面的课程，一个学科的知识需要经过转换成表现为各种表征模式的学科知识。[①] 这里表征的学科知识指的是构成一个学科领域或者具体学科结构的基本概念及其联系。布鲁纳认为任何基本的思想都可以用和学生智力发展阶段紧密相连的三种形式来表征：一系列动作、一系列图像（或者图示）或一系列符号（或者逻辑表述）。[②] 布鲁纳认为将特定主题的学科观念转换成合适的表征是学校课程发展的关键。布鲁纳认为学科观念向学校教学科目转换的任务要由学科专家和心理学家来共同完成，而不是作为个体的在课堂教学中的老师。学科专家要负责将本学科关键的观念进行组织，而心理学家的任务是决定这些知识该用何种形式去表征。布鲁纳对于教师的工作要求就是尽量地接近于组织的材料，教师的教学就是一种传达这些材料的"技术"。[③] 布鲁纳和杜威一样认为教学化根本上属于课程任务，但是与杜威的心理化理论不同的是布鲁纳认为教学化的出发点是学科领域的知识内容，而杜威认为教学化的起点是儿童的经验。

---

① Bruner, J. S. (1966), *Toward a Theory of Instruction*, *Cambridge*, MA: Harvard University Press.

② Ibid. .

③ Ibid. .

　　施瓦布也参与了 20 世纪 60 年代美国的课程改革运动，所以他对学校课程中的学科知识的组织非常重视，并且阐述了自己的观点。他关于"翻译"的理论观点在《实践：翻译成课程》一文中进行了集中论述。像布鲁纳一样，施瓦布认为，翻译是根本上的课程理念，翻译的理念是课程发展的核心。[①] 施瓦布认为，学科领域的知识是学校课程内容的来源，这和布鲁纳的认识是一样的，但是和布鲁纳不一样的是施瓦布"翻译"的起点是学生的理解而不是对于学科知识的认识。[②] 施瓦布认为，学科知识向学校学科内容知识的转化不是靠教师独立完成的，而是需要学科专家、课程专家和教师在不断地对实践和复杂的课程因素的审议基础上共同完成的。翻译是为了发展一种理想的课程计划，这个课程计划的发展需要考虑以下因素：学科内容、学习者、教师和环境。施瓦布设想中的课程一方面认为学科知识是课程的来源，一方面还要兼顾学习者和环境。这种课程包含实践和理论两个部分。实践部分受到理论的指导和约束，实践课程的组织和选择受到经济、社会、政治和个人需要的影响。[③] 理论部分关注列入课程结构和课程内容的方方面面。根据儿童心理发展的不同阶段，学科知识的复杂性也应该不同。在最初的年级阶段，课程应该呈现的是简单的学科知识问题，随着年龄的增长课程给学生呈现学科知识的容量、难度和频率就要相应地增加，在高中阶段给学生呈现的是对学科知识不同的理解、不确定的范例以及体现本学科特征的本质性问题，或者说原始和第一手材料将取代间接的叙述。施瓦布认为，建立这种理想中的课程计划也要照顾到老师的需要，需要教师参与其中并给予支持。施瓦布也期望教师的工作能和教学材料建立紧密的联系。

　　晚近对学科知识向课程内容转化进行研究具有重要影响的是舒尔曼。舒尔曼在其"教学推理模型"（pedagogical reasoning model）中提出了转化理论。舒尔曼同意传统的教学化理论观点：由于学校教育要建立学校层面的学科，还要考虑到学生的课程学习，所以将学科领域的知识转化为适

---

① Schwab, J. J. (1973), The Practical: Translation into Curriculum, *School Review*, 81, pp. 501－522.

② Ibid. , 81, 504－505.

③ Schwab, J. J. (1978), Education and the structure of the disciplines. In I. Westbury & N. Wilkof (Eds.), *Science*, *Curriculum*, *and Liberal Education*, Chicago: University of Chicago Press, pp. 229－272.

合学校教学领域的知识是首要的、复杂的课程问题。传统的转化问题解决需要一个专业的群体参与其中，这个群体包括课程理论研究者、课程专家、学科专家和具体执行教学的教师。但是舒尔曼及其同事认为"转化"本质上是由教师独立完成的一项教学任务。舒尔曼及其同事转化理论的提出和美国 19 世纪 80 年代教师专业化改革密不可分。舒尔曼同样认为转化的起点是学科知识，教师首先掌握的也是学科知识，但是这种知识和学科专家掌握的知识在本质上是没有区别的，具有教师专业性质的知识是在课堂教学中教师教的知识和学生学的学科知识。① 但是关键的问题是教师如何将自己掌握的学科知识转化为教学形态的知识，也就是教师教的知识和学生学的知识。舒尔曼及其同事认为"学科教学知识"是促进这种转化的关键。② 舒尔曼及其同事认为教师拥有的"学科教学知识"可以使教师拥有的学科知识转化为课程而具有教学力量，并且适于不同背景和能力特征的学生学习的知识。舒尔曼认为转化过程是由教师关于学校、学生、学校课程教学和学校环境的知识和信念呈现和塑造的。舒尔曼的转化理论允许教师将课程作为独立于已有文本和材料的独立存在。

舒尔曼认为以往的教学研究并没有对教师的学科知识如何转化为学生理解的知识进行专门的研究，这是导致教师教育缺乏学科特色的主要原因。舒尔曼认为教师的教学认知是和其特定的学科背景密切联系的。舒尔曼认为教学的本质就是将特定的学科知识"转化"为儿童可以理解的学科知识的一种活动。如何将特定的学科知识转化为学生可以理解的学科知识是教师认知过程的核心。舒尔曼等人提出的"转化"理论包括 6 个方面相关成分整合和序列：理解、准备、表征、选择、适应和裁剪（见表 1-1）。③

表 1-1 舒尔曼转化理论简表

成分	内容
理解	对教学目的、教学主题内容、学科内外不同观点的理解

---

① Shulman, L. S. (1986), Those who understand: Knowledge growth in teaching, *Educational Researcher*, 15 (2), pp. 4-14.

② Shulman, L. S. (1987), Knowledge and teaching: Foundations of the new reform, *Harvard Educational Review*, 57 (1), pp. 1-22.

③ Ibid.

成分	内容
准备	对文本的批判性理解和分析、对教学材料的整合和重构、课程内容进展、明晰目的
表征	对课程内容的一系列表达策略和方法，含类比、隐喻、举例、演示、解释、刺激等
选择	决定在什么样的教学形式和方法中进行课程内容的表征，含合作学习、对话教学、引导式教学、发现学习、任务教学、综合性学习等
适应、裁剪	考虑学生的特点，包括学生的观念、前理解、错误观念、困难、语言、文化、动机、社会背景、性别、年龄、能力、智力、兴趣、自我认知和注意力等

通过以上关于教学化谱系的梳理可以看出，杜威、布鲁纳、施瓦布和舒尔曼都认为课程的核心是将学科知识转化为教学形态的知识，虽然大家研究出发点和起点不同。这些观点的不同之处主要集中在转化的出发点和实施转化的主体方面。施瓦布和杜威强调学生的心理是转化的开始，而布鲁纳和舒尔曼强调学科知识是转化的来源。施瓦布和布鲁纳强调实施转化主体的多元化，而杜威和舒尔曼更强调教师在转化中的重要作用。虽然这些代表性人物对于教学化所持的观点方面存在着差异，但是都是围绕着"学科领域的知识如何转化为学科课程"这一核心问题展开的。在国内语文教育领域引入"教学化"这一概念对语文课程问题进行探讨的有王荣生等，主要的研究领域为"教材教学化"的问题。本研究将教学化界定为，将某一学科领域的知识内容转化为学校及课堂相应主题下课程内容的过程。

三　文本解读教学化

本研究认为，文本解读教学化这一概念的界定应该结合两方面来考虑，一方面是文本解读本身的特点，一方面就是文本解读教学化中的各因素的作用。也就说，本书研究的继续深入还需要在"教学化"的层面上对文本解读进行深入的研究，来得出文本解读教学化的内涵，而不是一般学科知识教学化的意义。在此基础上，通过对影响文本解读教学化的各因素的分析，本研究提出文本解读教学化的应然路径和实践取向的理论观点。

不管文本解读教学化的起点是在哪里，文本解读作为课程内容这一点是确定的。强调学科知识结构和学科课程之间的密切联系是"学科中心课程理论"的观点。布鲁纳认为传授学科知识有几点好处："掌握结构，有助于理解诸多特殊的现象，使学科更容易理解；有助于更好地记忆科学知识，因为除非把一件事情放进构造得好的模式里，否则就会忘记；有助于促进知识技能的迁移，达到举一反三、触类旁通的目的；有助于缩小高级知识与初级知识之间的差距。"① 施瓦布认为学科结构对教育有双重意义："教育工作者在设计课程和准备教材时就必须考虑学科结构，否则课程计划可能被错误地实施，教材可能被误教；一定要把学科结构深入到课程的各个方面，使其成为课程的实质，否则就把学生引入歧路。"② 布鲁纳强调的学科结构是基本概念、基本原理及其内部的联系，这里的学科结构更强调共识的知识认识。施瓦布作为另一位学科结构的代表人物，其对知识结构的观点是"规定了学科的研究对象范围，并控制其探究方法的外加概念"。③在这样的观念下，施瓦布的学科结构包括以下内容：（1）学科知识范围，及构成学科内容的基本概念、原理及其联系；（2）探究学科知识的程序和方法；（3）对探究所获得的学科知识做出的种种解释，学科结构就是三个要素之间的相互关系。在布鲁纳的学科结构观下，学科课程是共识的，学校课程来源于固定的知识结构形式，学校课程学习以理论知识学习为主。在施瓦布的知识结构体系下，学科知识是相对稳定和流动的，学校课程来源于"实践性学识"，强调建立实践性课程。对我国的基础教育，二者的观念都产生了很大的影响。本研究认为，采用什么样的学科结构观和课程建构取向还要根据学科知识的特点决定。那么，文本解读知识的结构具有什么样的特点就对文本解读教学化具有重要的影响。虽然，现在新课标倡导以学生为中心进行文本解读教学，但是学科知识的结构还应该被尊重，文本解读知识的固有属性是文本解读教学化首先要考虑的问题。不同学科知识特点，其建构的学科课程特点也不同，在其中发挥作用的课程要素也不同。由于对学科科学性和严谨性的追求，像基础教育阶段的数学、物理学、化学、生物学等课程领域学科知识向课程转化过程中发挥主导作用的应该是大学里最精干的学科专家研究团

① ［美］布鲁纳：《布鲁纳教育论著选》，邵瑞珍等译，人民教育出版社1989年版，第35—37页。

② ［美］IanWestbury，Neil J. Wilkof：《科学、课程与通识教育：施瓦布选集》，郭元祥、乔翠兰主译，中国轻工业出版社2008年版，第53—225页。

③ 同上。

体。这些学科的公共知识和个人知识之间的关系特点是，作为一般的知识学习者在学科专家面前处于明显的弱势，作为学科教师在公共知识面前也不处于主导地位，参与知识创造的能力和机会也有限。而像语文、艺术、音乐等课程领域参与知识创造的群体是广泛的，可以是学科专家、可以是爱好者、可以是教授这些课程的教师、甚至学生在文本解读中也可能有学科知识创生的可能性，这些课程的学问创造与批评拥有最为广泛的学术研究团体。当下，基础教育阶段，从大的方面讲文本解读可以分为实用文体和文学文体的文本解读。目前来说，其实真正的文本解读教学化过程中问题较大的是文学文本解读的教学化。实用文体文本解读公共知识研究相对成熟，而文学文本由于其开放性，在教学化过程中问题较多，文本解读课程建构的困难之处也在于此。文本解读知识属于"人文学科"的知识，拥有广泛的学术研究群体的可能性，从不同的角度去进行文本解读会得出不同的文本解读知识和观点，所以研究者常常发出这样的感叹"文章理解是无止境的"，同时也有这样的现象"好像人人都可以对文章说几句自己的理解"。文本解读知识方面更多地体现出了施瓦布所讲的知识结构的流动性的特点，不同时代或者同一时期不同研究者对同一文本会持有不同的文本解读认识，文本解读知识体现出极强的"实践"① 属性。在语文课程领域，文本解读知识来源是广泛的，学科专家、语文教师、学生的文本解读知识都有可能成为文本解读课程内容的来源，已有的文本解读认识和在具体情境中临时产生的文本解读认识都是文本解读课程内容的重要来源。文本解读教学中的经验已经证明了文本解读知识这些特点，文本解读课程中出现的诸如文本解读的边界、文本解读的度等文本解读课程问题是和文本解读知识属性密不可分的。要处理这些问题就需要从文本解读知识属性出发，提高文本解读课程建构的有效性。由于文本解读作为一种特殊的学科知识，决定了文本解读教学化中各个要素发挥不同的作用。

当下文本解读教学化过程中有几个关键因素：教材、学生、环境、课程专家、学科专家、教师。如果实现文本解读教学化的有效性，那么就要对这些因素到底在文本解读课程建构中应该发挥什么作用，需要什么条

① Schwab, J. J. (1978), Education and the structure of the disciplines. In I. Westbury & N. Wilkof (Eds.), *Science, Curriculum, and Liberal Education*, Chicago: University of Chicago Press, pp. 229 – 272.

件，事实上发挥了什么作用进行分析。文本解读教学化过程中，教材理论上应该是学科知识在学校层面上的组织，是学科专家与教参编撰者的劳动成果，但是在文本解读课程中教材却起不到这样的作用。文本解读课程并不是"教教材"的课程，由于可以从教材中获得的文本解读知识的多元性和开放性，严格意义上"用教材教"的课程也不能算作是教材对于文本解读教学化的作用。学生作为文本解读教学化的主要受益者，是文本解读教学化过程中必须要了解的，对于学生文本解读学习的了解本应该是心理学家在文本解读过程中应该承担的工作，但是，文本解读学习心理研究目前还很薄弱。把握学生的文本解读心理在文本解读这种学科知识结构不强的知识教学中较为困难，主要表现在文本解读的个性化太强，对于学生的文本解读学习的理解也具有极强的个体针对性，所以心理学家的理论研究成果往往因为脱离具体的特定主题、情境和具体的学生，在文本解读教学化中不能起到理想的具体作用。文本解读教学化发生在社会环境、学校环境和课堂情境中，这些情境因素会影响文本解读教学化。正如日本课程研究的著名学者佐藤学所言"教与学这一活动，是通过无数的冲突与妥协才得以实现的，它绝不是作为理想环境中的纯粹的过程展开的。"[①] 但是，不可否认的是在文本解读教学化过程中，环境作为一种客观存在，在很多时候是不以人的意志而发生改变的，即使想优化文本解读课程建构的环境也不是短时间的事情。对现实教学情境把握最为准确的还是语文教师，而学科专家、心理学家和课程专家真正地去研究与具体学科教学相结合的教学情境很少。当下的课程专家在文本解读教学化过程中处于尴尬的地位，他们既是课程标准的制定者，但是又没有为文本解读教学化提供课程内容标准。由于文本解读知识的特殊性，学科专家在文本解读知识生产的主导地位并不像科学学科中那样显著，同时即使学科专家建构了科学的文本解读知识体系，也由于缺乏学生、情境、教师和课程等知识，在将学术性材料转化为课程内容方面也有缺陷。语文教师也是文本解读教学化中的要素之一，因为文本解读课程实施最终要靠语文教师，语文教师的知识、观念、人格和政治文化倾向对文本解读教学化产生重要的影响，但是语文教师作为转化中的关键因素是以理想化的知识、观念、人格、认知操作和政治文化为前提的。

---

① ［日］佐藤学：《课程与教师》，钟启泉译，华东师范大学出版社 2003 年版，第 139 页。

　　文本解读教学化理想化的状态是，在以上诸要素集体审议文本解读课程基础上进行文本解读教学化，然后由语文教师实施文本解读课程。但是，结合文本解读知识的特征和当下语文教育的实际，在文本解读课程建构中进行课程审议不符合实际情况也不现实。本研究认为，在语文教材已经编选好的情况下，而语文学科本身没有构建起（也不可能构建起）系统的公共文本解读学科知识的背景下，语文教师在语文文本解读知识向教学形态文本解读转化的过程中具有核心的作用。而且，本研究本着教师不可能教自己不知道的知识的理念，认为文本解读知识向教学形态文本解读转化的过程起点还是语文教师自身拥有的文本解读知识。同时语文教师具体的文本解读教学化过程还要受到其他方面因素的影响。

　　所以，本研究将"文本解读教学化"界定为，在一定的教学情境中，在学生、课程标准、教材等因素的影响下，教师将自己拥有的文本解读知识转化为教师实际教学中教的文本解读与学生学的文本解读经验或履历的过程。从这个意义上说，文本解读教学化本身就成为语文教师的一项重要的能力，语文教师文本解读教学化既是课程问题，也是教学问题。

第三节　　研究目的和问题

一　研究目的

　　从外在表现看，语文教师文本解读教学化是语文教师建构文本解读课程的认识过程，每一位语文教师的文本解读教学化都要接触一个主题下的文本，经历一系列的心理加工，结束于课程的实施与反思。但是从不同的角度理解语文教师文本解读教学化，研究内容、理论与方法会有不同的表现。从本体论的角度讲，语文教师文本解读教学化是语文教育情境中客观存在的现象，因为没有语文教师不进行文本解读教学化。语文教师文本解读教学化作为一种现象存在是在大的语文教育背景下发生，并受到多种因素的影响，在多种力量共同作用下的教师行为表现。如果将语文教师文本解读教学化作为一种现象进行研究可以从哲学和社会学的角度入手，研究的主要问题是语文教师文本解读教学化是什么、为什么以及怎么样的问题。如果从这样的角度研究语文教师文本解读教学化，那么就是从外部对语文教师文本解读教学化行为做出规定性的要求。根据当下文本解读教学化研究面临的问题，这样的研究和语文教师文本解读教学化实践相去甚远。

本书的研究重点不在于对语文教师文本解读教学化行为做出规定性的要求，而重在从认知心理学层面对语文教师文本解读教学化能力进行研究。本书认为，语文教师文本解读教学化是语文教师在具体的文本解读教学情境下解决文本解读课程问题的实践能力。依据上文研究，当下语文教师在文本解读教学化过程中起着关键性的作用，那么语文教师文本解读教学化的有效性很大程度上取决于语文教师文本解读教学化的能力。本书研究的目的就在于从心理学角度揭示语文教师文本解读教学化的能力特征，揭示语文教师文本解读教学化的心理规律，以及发掘语文教师文本解读教学化能力发展的要素。

二 研究问题

语文教师文本解读教学化的有效性取决于语文教师文本解读教学化的能力水平，在不同的心理学理论指导下对教师能力的研究有不同的研究范式。在行为主义心理学理论指导下，语文教师文本解读教学化的能力主要是语文教师文本解读教学化的行为能力，语文教师文本解读教学化是一系列的行为技术。行为主义心理学指导下的教师能力研究范式不能对语文教师行为背后的支持性因素进行有效的揭示，也不能解释各个能力行为之间的关系，因而对教师能力的解释力是有限的。认知心理学研究的发展为语文教师能力研究提供了新的研究思路，根据教师的认知能力模型理论，教师能力的强弱取决于教师掌握的知识及知识的运用能力，教师的教学过程就是运用以往的知识和经验，并在教学实践情境中不断地进行自我调整的过程。教师认知能力模型强调以知识为基础的教师注意、判断、决策、组织及思维在能力发展中的作用。教师认知能力模型对教师能力结构和发展机制进行了有效阐释，对教师教育具有重要的意义。

本研究采用教师认知能力模型的研究范式与方法对语文教师文本解读教学化能力进行研究。以20世纪80年代中期为界，课程研究范式由"课程"转向了"教师"。当前的以"教师"为轴心的课程研究围绕教师认知过程和教师知识两个密切联系的领域展开。以"教师"为轴心的课程研究认为，教师不是"导管"或者"邮递员"，而是在具体的课程实践中享有参与课程开发权利的"反思性实践家"。以"教师"为轴心的课程研究主要集中在教师认知研究领域，依据教师认知能力模型，语文教师文本解读教学化能力就是语文教师运用以往的知识和经验，在具体的文本解读教学情境进行的一系列认知心理过程。所以，教师知识和教师认知过程成为教师研究两个主要的领域。本研究在已有的语文教师能力研究基础上，借鉴当前教师认知能力模型的研究成果，将本研究的核心问题确定为：语文教师在文本解读教学化过程中，需要什么知识来保证文本解读教学化的有效性；有效的文本解读教学化需要语文教师执行什么样的心理过程。①

第四节　研究意义

一　本研究的理论意义

（一）完善语文课程与教学理论框架

当今语文课程改革面临着困境，其中重大课题就是如何处理国家语文课程、学校语文课程与课堂情境语文课程之间的关系与矛盾，这个问题在文本解读课程方面表现得尤为明显。②③ 语文教师学科层面的文本解读向课程层面的文本解读的转化过程本质上就是语文教师建构课堂文本解读课程内容的过程，作为语文课程的具体实施者，语文教师是解决当前语文课程改革中主要矛盾的核心因素。所以，对语文教师文本解读教学化的研究在解决文本解读课程应该如何建构以及如何提高文本解读课程建构有效性等问题过程中具有重要的价值。语文教师文本解读教学化的研究对于有效课堂文本解读课程的建构，对于语文课程改革具有重要的现实意义。

当前的语文课程研究大多是从以下几个要素展开的：语文课程的性质（功能）、语文课程的理念（取向）、语文课程资源、语文教材和语文课程评价。课程开发范式下的文本解读课程研究一方面积累了很多的经验，例如：文选系统的编排、相应习题系统编排、背景材料的提供、学生文本解读学习特点长期的探索等。这种典型的课程开发范式下的语文课程理论研究有以下弊端。首先，由于中文学科及语文教学领域对"文本解读"本

---

① 本书在具体研究内容的确定部分对相关问题做了详细的阐述。

② 李海林：《语文教学内容研究的进展、问题及策略》，《中学语文教学》2010 年第 10 期。

③ 王荣生：《确定教学内容：不应是问题的问题》，《中学语文教学》2010 年第 9 期。

身的认识不明确，使得课程开发研究中文本解读课程内容的确定缺乏学科知识方面的支持，导致追求固定文本解读课程内容的程序开发方面陷入困境。其次，由于学生文本解读学习的复杂性，语文课程研究领域对文本解读学习目标的把握并不明晰，导致文本课程开发缺乏文本解读素养目标方面的有效依据，文本解读课程内容目标方面的确定也同时存在难度。最后，在课程开发范式下勉强建立的文本课程开发程序与实际的文本课程实施之间相去甚远，使得课程专家研究的文本解读课程理论在语文教师的课程实践中得不到有效的落实，文本解读课程实践对文本解读课程理论建构的反馈意义也有限。文本解读课程研究和课程开发往往是在一个封闭式的理论研究循环系统内进行，并没有对课程实践进行深刻的反思，所以逐步走入课程研究的困境。事实上，课堂形态学生的阅读经验是学生与文本传达内容之间的认知关系、课堂个体间沟通交流的人际关系、学生先前经验和现有经验之间相互对峙的反思关系三个维度上的展开过程。这种三维关系被当代课程理论界认为是"认知、社会和伦理"三位一体的关系。这种对于课程的理解揭示了课堂教学中课程的真实形态，阅读课程可以看作既是学生多层认知的过程，也是学生社会、伦理实践过程。[①] 当下语文阅读教学在追求"认知、社会和伦理"的课程形态过程中首先遇到的困难就是有效课堂阅读课程的建构问题，也就是当下语文教育领域讨论较热烈的"教什么"的问题。语文阅读教学中的文本本身不是教学内容更不是文本解读课程，国家课程标准中规定的阅读素养目标在课堂情境中要靠语文教师的课程建构来实现其价值。语文教师建构的课程成为以教材文本为中介实现文本解读教学价值的决定性因素。语文教师何等程度的课程层面的文本解读决定着阅读课堂教学的有效性，语文教师文本解读教学化的过程是语文教师建构阅读课程的核心。目前来说，以往的语文课程研究中缺乏系统的语文教师文本解读教学化理论与实证研究，基于教师课堂实践的阅读课程建构研究还很薄弱。本书语文教师文本解读教学化的研究可以丰富语文课程研究的范式，着力解决语文教师文本解读课程建构的相关理论问题，以语文教师文本解读教学化为突破口完善语文课程理论。

语文教师文本解读教学化既承担着文本解读课程建构的任务，同时也

---

① ［日］佐藤学：《课程与教师》，钟启泉译，华东师范大学出版社 2003 年版，第 223—226 页。

作为体现语文教师专业特色教学实践能力形态出现。从这个意义上说，语文教师文本解读教学的有效性取决于语文教师文本解读课程建构的有效性。以往的语文教师研究更多是对于语文教师文本解读课程与教学实施规定性的要求，并没有有效地揭示语文教师在文本解读课程建构中的作用，也没有对语文教师文本解读课程建构有效性进行研究，更没有对语文教师文本解读教学化能力发展的支持性条件进行探讨，这对于语文教师具体的文本解读教学实施指导意义有限。根据本研究对语文教师课堂教学实践的实地观察，不同的语文教师对于相同的文本会有不同的文本解读课程建构和实施内容与方式，同一语文教师对同一文本的教学在不同的班级文本解读教学实施也不尽相同。如果只对语文教师学科层面或课堂层面的文本解读行为结果进行研究，是不能揭示为什么语文教师的文本解读教学有着这样那样的差异，是什么因素导致语文教师的课堂文本解读教学形成差异。这些共同影响因素的探寻对于语文文本解读教学有效性研究的意义相对于教学形态文本解读实施行为本身的研究意义更为深远。对于这些共同的影响因素的发掘必须走入语文教师文本解读教学化的认知层面去探寻。只有这样才能回答语文教师在课堂上为什么这样进行文本解读教学而不是那样进行文本解读教学的问题，从而有针对性地提高文本解读教学的有效性。

（二）完善语文教师专业发展理论

语文教师专业发展理论研究已经成为新课改中语文教育研究的热点。以往对语文教师研究主要从任务分析的角度对语文教师的行为素养目标进行规定性的描述。语文教师素养结构成为语文教师专业发展研究的主要内容。但是本书在研究中发现，现有的语文教师专业发展理论没有对语文教师素养的来源、运行机制及影响因素等问题进行深入的理论和实证研究。在语文教师文本解读方面更多的研究集中在对语文教师阅读教学准备和课堂教学中的文本解读教学行为做出结果性的要求，并没有对于语文教师学科层面的文本解读向课程形态的文本解读转化的过程、支持性条件和影响因素进行有效的揭示。缺失情境、过程及教师认知的文本解读教学化研究对语文教师文本解读教学化实践的指导意义是有限的，对语文教师教学形态文本解读教学化能力发展也缺乏指导意义。语文课程与教学研究承担着促进语文教师的专业发展的责任，语文课程与教学研究成果应该是语文教师教育课程的核心内容，并对语文教师的专业发展产生积极有效影响。但是现有的阅读课程与教学研究往往是和语文教师阅读教学实践脱节的。这种结果的造成与当前的语文教师研究范式密切相关。

当下的语文教师研究是在"目的—手段"和"过程—结果"两种教学研究范式交互影响下向前推进的。在目的—手段范式的影响下，语文教师研究追求的是一套"合目的"的"手段"体系。而在过程—结果范式下的语文教师研究追求的是一套可以达到理想教学效果的"行为"系统。从已有的语文教师研究可以看出，语文教师素养理论的架构是以"目的—手段"为理论基础的，而在具体的素养测量中又掺杂着对语文教师的行为要求。这种范式下的语文教师研究成果主要以规范的文字体系说明了教师"应该做什么"、"怎么做"和"为什么"的结果性知识。在关于语文教师文本解读教学方面，这些结果性内容领域组成了现有语文教师文本解读教学化能力发展理论的平面结构框架。

而实际的阅读教学却是一个复杂、立体、多角度、过程性的综合体，语文教师原生形态的文本解读转化为课程形态的文本解读对学生的阅读学习产生影响是发生在复杂教学情境中的动态实践过程。以往的语文教师研究范式下的文本解读教学化研究理论来源于理论演绎，而行为指标来源于调查和实验，总体来说研究结果是防备情境的，防备教师认知的，其研究成果与实际的教学相去甚远。形成的语文教师素养体系既不能全面解释语文教师原生形态的文本解读如何转化为教学形态的文本解读进而影响学生阅读学习的实际状况，也难以对语文教师阅读教学实践进行直接、有效指导。教学和学习是文化和社会实践的一种形态，对于语文教师而言，文本解读教学化是在复杂的文化、社会背景中产生的旨在解决阅读教学中的复杂问题的持续不断的实践过程。要想改变文本解读教学研究的现状，研究者必须要把语文教师文本解读教学化当作"实践"来理解，而绝不仅仅是"技术"。如果还是沿着以往对于语文教师课程文本解读行为进行技术化要求的思路进行研究，对语文教师文本解读教学化能力发展的本质仍然无法探寻，这制约着对语文教师文本解读教学化能力发展的有效指导。所以，本书从语文教师认知的层面对语文教师文本解读教学化能力进行研究，并在此基础上提出语文教师文本解读教学化能力发展理论，对于深化语文教师专业发展理论研究具有重要的意义。

二 本研究的实践意义

（一）促进语文教师文本解读教学能力的发展

在具体的阅读教学中语文教师首先应该通过文本解读及公共文本解读

知识的学习构建自身在特定主题下的文本解读学识，然后通过自己的文本解读学识结合相关因素进行文本解读课程的建构和实施。但是当下的语文教师的文本解读课程建构和实施存在一些问题，语文教师要么是有经验教师教案的执行者，要么是学校教师集体备课教案的忠实执行者。① 语文教师如果要在阅读课堂中彰显其个体的教育信念和个人阅读生命体验，必须对专业自我进行反思，改变传统的文本解读教学化的思维方式，成为真正的具有个体生命价值的语文教师，只有这样的教师才能给学生以真正意义上的文本解读学习指导，促进学生文本解读素养质的提升。

本研究将对语文教师文本解读教学思维方式的转换产生积极的正面影响，促使语文教师真正实现从语文课程机械的执行者向语文文本解读课程的建构者和语文文本解读课程实施的决策者转变。首先，本研究可以使语文教师在文本解读教学中的角色定位更加清晰。长期以来照搬教参和有经验教师的文本解读内容和形式，不去理会自己的教学信念，那么这样的教师是没有自己的教学生活的教师，这样的教师很难成长为真正意义上文本解读教学专业人员。而事实上这样的语文教师在现实中不在少数。本研究可以让语文教师意识到，语文文本解读教学课堂是动态的、多元的和生成性的系统。教师必须具有高超的理解能力和教学机智，对文本解读课程具有选择和重组的判断和决策能力，针对具体的课堂文本解读教学情境有文本解读内容和形式的应变智慧，这样的语文教师是在真正的自我思维中生活着，体验和经历着真正属于自己的文本解读空间中构建起来的课堂阅读教学，并因此影响着学生的成长和发展。其次，本研究能够通过研究语文教师文本解读教学化机制，使得语文教师可以对照本研究的结论对自身文本解读教学化的认识和批判，提高语文教师的反思效果，使语文教师成为真正意义上的反思型教师，并因此强化自己是语文课程的建构者和语文阅读教学决策者的"专业形象"。如果关于语文教师文本解读教学化的研究成果可以成为语文教师教育的内容，那么语文教师的专业发展的初期就可以得到理论和实践的指导，这对于语文教师文本解读教学设计、教学实施和教学评价等具体的教学行为能力的发展具有重要的意义和价值。

（二）有利于提高文本解读课堂教学的有效性

语文教师课堂文本解读课程的建构和文本解读教学化能力的发展是有

① 赵洪琴：《教师文本解读存在的问题和思考》，《教学与管理》2009 年第 12 期。

效课堂文本解读教学的基本保障。本研究的核心问题就是从语文教师文本解读教学化能力研究的角度揭示语文教师文本解读教学化有效性问题。这些研究可以对语文教师文本解读教学化能力发展提出有效的指导，语文教师课堂文本课程建构和实施能力的提升可以提高文本解读课堂教学的有效性。

（三）有助于语文新课改的顺利实施

语文课程改革的关键性因素是语文教师。文本解读教学是语文课程改革中的重要内容，需要语文教师在其中发挥应有的作用。在文本解读教学中语文教师最突出的作用就是调节国家文本解读课程、学校文本解读课程与课堂文本解读课程之间的矛盾。语文教师只有成为语文课堂文本解读课程的建构者，语文文本解读课程实施的决策者，语文课程改革才能顺利的实施。在这个层面说，本研究对语文教师文本解读教学化的研究有助于语文新课改的顺利实施。

总之，语文教师的文本解读如何转化为课程形态的文本解读是语文课程与教学理论无法回避的中心问题。已有研究局限于对语文教师"文本解读"本身的研究，这无法满足语文课程与教学改革、发展的需要，对于语文教师专业发展的指导意义也有限。文本解读"教学化"是语文教师通过文本解读活动实现"育人"功能的决定性因素之一，因此本研究将语文教师文本解读教学化作为研究内容。

第二章

相关研究现状及本书研究设计

文本解读教学化作为多种因素共同参与下的文本解读课程建构过程，是学科层面文本解读向课程层面文本解读转化必须经历的过程。以往的语文课程与教学研究中虽然没有对文本解读教学化进行专门研究，但是在不同的课程理念下研究者对文本解读教学化的相关内容已有论述。本研究在文本解读教学化相关研究的基础上，进一步对本文提出的"语文教师文本解读教学化"这一研究内容确立过程进行阐释。

本书采用教师认知研究范式。教师认知研究领域教师知识和教师认知心理加工是不可分离的两个热点问题。教师知识的研究基点是，教师知识是教师心理过程发生和发展的基础，教师知识直接影响着教师的心理加工，并影响着教师教学行为。教师心理过程的研究主要是对教学实施中具体心理操作、心理模式与心理策略进行研究，是教师知识运用的具体过程。本部分研究将从教学研究范式转型的角度，对将语文教师文本解读教学化能力作为研究对象、将"语文教师文本解读教学化知识"和"文本解读教学化心理过程"确定为具体研究内容的原因进行进一步阐述。

第一节　相关研究现状

一　学科专家的研究

学科专家直接对语文教师学科层面的文本解读进行研究在语文教学公共学科知识的建构中起到了重要的作用。在学科专家对文本解读进行研究的群体中有的属于理论上的阐发，有的则属于具体文本的微观解读。

语文教育领域文本解读理论的研究侧重于从认识论的高度深层次思考文本解读的理论问题，着力为语文文本解读提供科学的方法论依据。语文教育研究领域文本解读的理论研究多数以专著的形式出现。山东师范大学的曹明海较早地引入文艺理论中关于文本读解的理论对语文教学中的文本解读进行理论研究。曹明海与宫梅娟合著的《理解与建构——语文阅读活动论》一书引入接受美学"读者为中心"的解读理论观点，试图改变传统语文教育领域以认识论为指导的文本解读观念。①在此之前，语文教育领域文本解读教学中普遍注重"作家—作品"文本解读模式，而《理解与建构——语文阅读活动论》一书认为应该把语文阅读研究的重心转向"文章—读者"的文本解读认知模式，将阅读活动作为一种"文章与读者"的对话过程来看待。虽然该书中除了进行论证时举的例子是语文教材中的文章外，书中的内容其实在讨论一般意义上的文学文本解读。但是由于该书引入了"读者中心"文本解读观来关照语文教育中的文本解读，对当时文本解读教学观念的改变产生了重要的影响。蒋成瑀的《语文课读解学》②通过隐喻的研究方法对文本读解进行了系统地描述性阐释。该书通过论证，将"辨体、结构、语言"确立为三种读解要素，集中梳理了中西方读解理论的历史变化过程，然后通过理论分析的形式讨论了这些解读理论对于语文教学中文本解读教学实践的指导价值与启示。《语文课读解学》一书虽然还是以中西方文学文本解读理论的介绍为主，但是对语文教育领域的文本解读还是具有一定的认识方法论方面的启示。曹明海主编的《语文教学解释学》③主要借鉴和运用"哲学解释学、本体论现象学和读者反应理论"建构了文学文本解读理论和方法，以构建的文学文本解读理论与方法为基础对语文教学中课文文本解释原理进行了集中阐述。该书对语文教学中的文本解读研究建立在对当前最新的文学文本解读基础理论独特阐释、发展和应用的基础上，对语文教学中文学类文本的解读实践具有较大的引领和启示价值。傅丽霞、张西久的《多维视角中的语文解读学》④也主要是运用西方的文本解读理论对语文教学中的课文进行解读，并力图建立具有当代特色的课文文本解读理论，并对以往以社会学为主要读解理论指导的课文解读进行改变。对语文教育领域文本解读理论进行研究的作品为语文教学中的文本解读观念的革新，语文教学中

① 曹明海、宫梅娟：《理解与建构——语文阅读活动论》，青岛海洋大学出版社 1998 年版。

② 蒋成瑀：《语文课读解学》，浙江大学出版社 2000 年版。

③ 曹明海：《语文教学解释学》，山东人民出版社 2007 年版。

④ 傅丽霞、张西久：《多维视角中的语文解读学》，山东教育出版社 2007 年版。

文本解读方法论的引导确实起到了重要的作用。由于 20 世纪末对于语文教育中"人文性"缺失的批评，西方以读者为中心的文本解读理论为语文教育带来了新的理念，其解读方式和方法确实对语文课程改革产生了重要影响。但是，虽然这些作品讨论的是语文教育中的文本解读，但是不可否认的是，这些作品更多的是理论的介绍或者是套用文本解读理论解读教材中的文学文本。而且这些作品主要以理论阐释为主，没有对具体文本的解读内容和方式做深入地研究，还没有在真正意义上与语文教育的实际相结合。

基于文本解读理论宏观上的研究对于语文教师具体文本解读理论与方法方面具有一定的指导意义，但对具体文本的解读方法研究是薄弱的；有感于语文教学中出现的脱离文本进行文本解读教学的现象，有一些研究者开始关注具体文本的微观解读，希望可以改变语文教学中文本解读理论和实践问题。微观文本解读领域的研究者以孙绍振、钱理群和王富仁等为代表。这些学者针对语文教学中文本的具体解读提出了自己的理论与实践观点。孙绍振对语文教学中文本解读的观点集中体现在他的作品《名作细读》和《解读语文》中。孙绍振试图沿着微观分析的思路，建立一种合理的文本个案的解读理论，提高中学师生的文本解读分析能力。孙绍振认为，中小学语文教学中虽然将大量时间用在了文本解读和分析上，但实际的效果却是"低效"和"无效"的，原因在于："第一，是陈腐的机械唯物论和狭隘的社会功利论；第二，是后现代教育理论中离开文本主体的绝对的读者中心论"①。孙绍振认为，"长期以来，我们的文本细读之所以水平不高，除了机械唯物主义的美学观念和狭隘功利观的影响之外，就是方法论的落伍和不自觉"。② 孙绍振认为虽然新时期引入很多西方的文艺理论，但是"由于流派更迭过速，宏观上尚且未能达于自洽，微观阐释和分析始终是极薄弱的环节。以至于前卫的理论日新月异，尖兵已经到达西方文论的前哨，而文本分析却停滞不前"。③ 孙绍振文本细读研究的目的就是要重新构建回到文学文本本身且言之有物的文本解读方法。孙绍振认为还原法和比较法是适用于具体文本微观分析的具有可操作性的文本解读

---

① 钱理群、孙绍振、王富仁：《解读语文》，福建人民出版社 2010 版，第 18 页。
② 孙绍振：《文本细读——微观分析个案研究》，上海教育出版社 2009 年版，第 109 页。
③ 同上。

方法。孙绍振认为对于单篇作品的分析，最基本的方法是还原法。孙绍振认为，虽然还原法对于单篇作品的分析是最具操作性和有效的，但对于一些经典作品的解读来说，由于经典的权威性会对读者造成一定意义上的堵截和蒙蔽，似乎除了文本这样的描写再没有别的表述的可能。要突破文本意义上的蒙蔽性，其中最有效的方法就是将相关的一系列文本放在一起进行"比较"解读。孙绍振将自己的文本解读定位在微观分析个案研究上，孙绍振也将自己的文本解读理论与方法称为"文本细读"。孙绍振想通过汉语文本微观分析的研究，建构一个深化、细化和程序化、可操作化的文本微观分析过程，这种思想在其代表性作品《名作细读》一书中有集中体现。孙绍振在《解读语文》一书的序言中提出，文本解读受到读者、作者和文本三方面的相互制约，所以要从三个层面进行文本解读。孙绍振认为文本解读的"第一层面是显性的，按时间、空间顺序，将外在的、表层的感知连贯，包括行为和言谈的过程；第二层次是隐秘的在显性感知过程以下，是作者潜在的'意脉'的变化、流动过程；第三层次是文体形式的规范性和开放性，还有文体的流派和风格"①。孙绍振认为当下语文教育文本解读的问题在于只流于文本表层，而不能达到"意脉层"和"文体层"。可以看出孙绍振从微观文本解读的方法论和实践层面进行了卓有成效的研究，不仅为语文教育中的文本解读提供了方法上的引导，更为语文教师提供了很多文本解读的案例和丰富的课程资源。另外，钱理群的《经典重读》和王富仁编写的"文艺学与中小学语文教学研究丛书"对具体文本的微观解读也进行了广泛的探讨，这些研究不但改变和深化了语文教育领域对于文本解读的认识，同时也为语文教师提供了丰富的课程资源。

学科专家对于文本解读研究在文本解读知识理论和实践前沿领域的探索，对于文本解读知识本质的认识和公共领域文本解读知识发展具有重要的意义和价值。文本解读知识作为文本解读教学化的知识结构基础，其属性的明确对文本解读课程的属性的正确理解有重要的意义。本研究文本解读教学化的研究就是建立在对文本解读知识属性揭示的基础上的。但是，同时本研究也认为，学科专家在文本解读教学化中是有局限的，因为学科专家不具备诸如学生的认知、课程知识、情境知识等素养条件。本研究认

---

① 钱理群、孙绍振、王富仁：《解读语文》，福建人民出版社 2010 版，第 7 页。

为，不管是宏观层面的文本解读理论研究还是微观层面的文本解读理论与实践研究，都是在中文学科层面探讨文本解读的问题，并没有真正进入课程与教学领域去探讨文本解读。学科专家的文本解读研究之于语文教师的意义在于扩展他们的知识，最终完善语文教师一般形态文本解读知识结构。本研究认为，语文教师一般形态文本解读能力和解读知识结构在语文教师文本解读教学化过程中具有奠基意义，但是语文教师一般形态的文本解读知识与语文课程中教的文本解读和学生学的文本解读还是不同的。语文教师自身完善的文本解读知识结构是文本解读教学的基础，因为教师不能教自己不知道的知识，但是文本解读知识并不是语文教师知识的特殊性，与学科专家相似的文本解读能力也不是语文教师文本解读能力的专业属性，语文教师的文本解读研究必须置于具体的课程与教学语境中。很显然将文本解读置于课程层面进行研究是学科专家文本解读研究方面所缺乏的。

二　教材编者的研究

语文教材通常被看作是沟通国家课程制度和课堂建构的课程的媒介，对教材的研究和教学参考书的编制研究就成为学科知识进入课堂教学视野的重要方面，所以在课程与教学研究中教材和教参是重要的内容。语文教学参考书对语文教材做了进一步的丰富和注释，是文本解读公共知识在语文教学领域的存在形式。教学参考书常常成为语文教师文本解读教学化过程中必不可少的凭借和影响因素。本书对语文教材及教材在语文教师文本解读教学化过程中的价值和局限进行简要地分析。

语文教材是课程开发的重要成果，是语文教育目的、语文教育目标、语文教育内容、语文教育实施建议、语文教育评价指向等方面的集中体现。语文教材的核心作用之一就是帮助语文教师进行文本解读教学化。语文教师通常都会借助语文教材中的选文、课前说明、课后习题系统和助读系统来帮助自己进行文本解读教学化。不可否认的是，好的语文教材确实可以帮助语文教师提高文本解读教学化的有效性。随着历史的变迁和课程理论的发展，语文教材编写理念也在不断地变化，在反映语文课程的本质，实现有效语文教学的凭借功能方面不断地发展。[①] 但是，由于文本解

---

① 顾振彪：《回望六十年中学语文教材改革的轨迹》，《语文建设》2009 年第 Z1 期。

读教学的特殊性，语文教材在文本解读教学化过程中也有局限性。首先，当下的文选型教材并不对文本解读知识进行直接呈现，而文本解读教学的内容是文本解读知识而不是文本解读本身，所以从文本到具体的文本解读课程还需要进一步的转化；其次，帮助语文教师进行文本解读教学化的辅助系统是被预设好的，与具体的教学情境和学生的文本解读学习实际往往不相符合，语文教师还需要结合具体的情况进行有针对性的调整；最后，语文教材虽然是文选型的，但是其中包含了听、说、读、写各方面的教育内容，课程内容方面的平衡也需要语文教师结合具体的情况进行决策。所以，再好的语文教材也只是凭借，语文教师需要在具体的教学情境中进行文本解读教学化的决策。

本书通过几个版本教学参考书的对比，对教参之于语文教师文本解读教学化的意义与局限进行探讨。

本书选择人教社全日制高中语文1998年版、2003年版和2004年版三种教学参考书进行比较说明。本研究对这些教学用书中关于文本解读的研究变化进行探讨。首先，从编排的内容板块方面，三个版本还是有较为明显的变化（具体内容见表2-1）。从表中可以看出，三个版本对于文本解读的表述发生了变化。1998年"课文说明"时期对于文本的解读更多的是从字、词、句、中心思想、段落大意到写作特色稳定有序地解释，并且有不容置疑的权威性，其中阐述的口吻是标准化的，几乎不给读者文本解读知识创造的空间。2003年和2004年课文解读的具体内容相差不大，但是鉴赏说明和课文研讨这一类提法可以看出教参对教师在处理这些内容方面的引导。如果说鉴赏还把语文教师置于仰视的位置的话，课文研讨就已经倡导语文教师积极参与文本解读知识的开发。从教学参考书其他内容的表述看，教学参考书给了语文教师很大的空间进行文本解读教学化。但是同时，也可以从中看到不足之处，首先就是即使是最近版本的教学用书在吸收最新的文本解读知识成果方面的力度还是不足，很多新的文本解读知识并没有进入教学用书编写者的视野中。教参对课文的解读也没有做到特别的精细化，更多地流于粗线条的课文分析。教参中很多文章虽然被冠以"课文研讨"，而事实上还是沿用以往课文说明的模式。从上述的分析结果看，语文教参并没有为"语文教师文本解读教学化"做好文本解读知识供给的准备，所以在教参编写的过程和结果方面都表现出适用的有限性。

表2-1　　　　　　　　　**人教版三个版本教学用书内容比较简表**

版本	内容
1998	单元教学要求、单元教学设计、课文说明、思考和练习参考答案、补充资料
2003	单元说明、课文鉴赏说明、解题指导、教学建议、有关资料
2004	单元说明、课文研讨、关于练习、教学建议、有关资料

　　由此可以看出，目前教师教学用书对于语文教师的帮助还是有限的，语文教学参考书并不能解决语文教师文本解读教学化的问题。抱着一本教参打天下已经为人们普遍所诟病。即使再完善的教学参考书，也需要语文教师在具体的情境中对文本解读课程进行建构。

三　课程专家的研究

　　文本解读一直是语文阅读教学的核心课程内容，只不过各个时期表达方式不同，赋予的内容和含义也不同。当代文本解读课程发展大体可以分为两个时期，一个时期是课文分析时期，再就是新课标颁布后的文本解读时期。虽然随着课程理念的变化，名称发生了变化，但是文本解读课程的地位没有改变。本书对教学大纲时代和课程标准时代课程专家与文本解读教学化的相关研究进行述评。

　　通过现有的研究资料可以看出，在教学大纲时代，文本解读被称作课文分析。在课文分析时期的"文本解读教学化"的核心词汇是"备教材、备学生、备教法"。本研究通过文献梳理的形式来介绍课文分析时期"文本解读教学化"的基本理念。殷伟认为："讲读课是提高阅读教学质量的中心环节，上好讲读课的要求是：把课文的中心思想讲清楚；把课文内突出的人物，主要的事实，先进的思想交代清楚；把课文的词语、文法讲解清楚；文章好，好在哪里，要注意什么；最后，使学生获得清楚的概念；但须注意，不要歪曲文章的原义，不牵强附会。"[1] 可以看出，研究者把课文分析看作是讲读课成功的关键因素。王世堪、章熊认为："把高等学校的学科内容改造成适合中学生吸收的知识营养，往往需要教师在实践中逐渐提高自己适应教学需要阅读能力。"[2] 他们认为"语文教师的阅读能力，绝不是简单地背诵一些文体知识，更不是程式化地划分段落和归纳主

---

① 殷伟：《切切实实提高中学语文教学质量》，《上海教育》1961 年第 9 期。

② 王世堪、章熊：《试谈中学语文教师的业务素养》，《北京师范大学学报》1982 年第 1 期。

题，而是一种文章的揣摩（这里就指课文分析）。"① 这一时期对于语文教师的课文分析能力非常重视，当时与课文分析相关的配套资料的大批量出版足以证明这一点。叶苍岑认为："语文教师阅读教学中要认真钻研教材，在通读教学的基础上，一是掌握本篇、本单元课文的字词句篇、语言和思想、形式和内容各方面有关的材料和知识；二是正确掌握本篇、本单元的作者情况、写作背景、语言风格、写作知识和有关参考资料；三是掌握本单元中各篇课文的共同点与不同点、相互间的联系与区别，从而明确本单元、本篇课文的教学重点与难点。同时，阅读教学中，还要进一步地了解学生，了解学生阅读能力的发展变化，了解学生实际阅读水平的个体差异。"② 朱绍禹在讨论语文教师备课问题时认为，语文教师的备课从三方面进行：熟悉教材、理解学生和研究教学方法。在熟悉教材中，他认为"需要教师花费大力气钻研一篇篇课文，内容包括：确定它在每一册课文与一个单元中的地位和作用；确定教学目标和要求；确定教学内容；根据教学目标，从教材与学生出发，确定教学过程；根据教学目标、内容和教材的分类，选取相应的教学方法；其他。"③ 以上研究基本上代表了课文分析时期"文本解读教学化"的相关理念。

在教学大纲时代，如果从"备教材、备学生、备教法"三个角度实现文本解读教学化需要具备一些条件：编写的教材理想地体现了文本解读课程的要求；语文教材理想地依据学生文本解读学习发展规律进行编制；已经有与教材内容成熟配套的文本解读教学方法供语文教师直接选择运用。但是，事实上这三个条件在当时并不能同时具备，而且在每一方面都存在突出的问题，那么语文教师就很难从"备教材、备学生、备教法"几方面有效地实现文本解读教学化。从语文教材的角度讲，当时的教材并不能将教学大纲中要求的各阶段阅读目标和内容进行全面的呈现，文选型的教材依据学生的心理发展规律进行文本解读知识的组织和呈现也有巨大的难度，而且具有语文学科特色的教学方法的研究一直没有满足语文教学的实际需要。所以，当时的语文教师解决阅读课堂课程内容分为三种状态：一种是"一本教参打天下"式的僵化形态；一种是语文教师发挥型

①　王世堪、章熊：《试谈中学语文教师的业务素养》，《北京师范大学学报》1982 年第 1 期。

②　叶苍岑：《中学语文教学通论》，北京教育出版社 1984 年版，第 607—608 页。

③　朱绍禹：《语文教育学》，中央广播电视大学出版社 1987 年版，第 337—339 页。

的随意形态；一种是教师参与式阅读课程建构形态。抛开语文性质的讨论，本研究认为教师参与式的阅读课程建构形态是当时最为合理的文本解读教学化形式。

新课改后，语文教育界普遍认为汉语母语阅读教育不能仅仅局限于教给学生掌握一种生活的工具，更重要的是要让学生在理解和诠释中让文本世界呈现在自己面前并且让自己走入文本世界，在这样的过程中让学生的阅读学习成为确立自己具有独特生命体验的真实存在并且形成对人之为人及真善美进行选择的实践智慧。基于这样的认识，语文教师在阅读教学中所要做的除了对学生进行阅读知识传授与阅读能力的训练外，还要通过自己与文本对话的所得去培育或引领学生形成情感、态度、价值观等语文教育研究领域认为人文性的因素。新课程提倡的阅读教学构想如果可以实现，将为学生阅读学习空间的扩展、阅读创造力的提升、阅读自由的释放及阅读个性的张扬创造可能。阅读课程的核心阅读教学内容并不是课文，而是语文教师对课文文本进行解读基础上获得的文本解读知识与体验，并在此基础上组织的学生文本解读学习经验及过程。

这一时期的课程专家关于语文课堂形态的教学内容建构研究中，包含着语文教师文本解读教学化的一些思考。其中具有代表性的观点是王荣生及其团队的相关研究。王荣生在其《语文科课程论基础》中提出区分"语文课程内容"、"语文教材内容"、"语文教学内容"三个概念。王荣生认为，语文课程内容是指语文教学"应该教什么"，语文教材内容是指语文教学"用什么去教"，语文教学内容是指语文教学"实际上需要教什么"，"实际上最好用什么去教"[1]。王荣生等认为，语文课程目标的最终达成，有赖于课程内容、教材内容和教学内容的解决，理想的状况是，"语文课程目标内容化、语文课程内容教材化、语文教材内容教学化"[2]。如果说，前两者分别由制定国家课程标准的专家、教材编撰者来完成的话，那么，"语文教材的教学化，则主要由语文教师来完成"[3]。以上观点便是王荣生重构语文教学内容的基本设想。王荣生认为，在目前中国语文教师普遍素质不高的情况下，应该主要通过教材的形式追求教学内容的确

---

① 王荣生：《语文科课程论基础》，上海教育出版社 2003 年版，第 318—408 页。

② 同上。

③ 同上。

定性，"语文课程研制者和教材编撰者应该承担起课程内容开发的责任。在我国语文教师专业化水平相对较低、语文课程与教学内容僵化和随意性过大并存的现实条件下，语文教材应该具体地呈现课程内容并把它系统地提供给教师和学生"。① 具体到具体的课堂形态的文本解读内容，也就是王荣生提出的教材内容教学化，王荣生等人持这样的观点："就阅读教学而言，语文课程内容的具体呈现，至少有以下三个方面。第一，对文本的合理解读。第二，在合理解读文本的前提下，'转个为类'，提炼出与文本体式相应的阅读态度、阅读方式和阅读技能，确定某篇课文阅读教学的核心课程内容。第三，核心课程内容较系统的展开。通过潜藏式的教学设计，引导学生整合与建构相应的阅读态度、阅读方式和阅读技能。"② 对于语文教师在"教材内容教学化"过程中的作用，王荣生等人持这样的观点："我们认为，语文教师不是对付教材的。作为教学专家的语文教师，应该面对学生，他备课的主要工作应该是研究他的学生、他的课堂，从而有效地帮助学生学习语文。语文教师的无可替代性，正是由于他面对的是几十个活生生的学生；也正因为如此，语文教师的工作必然带有创造性，也要求具有创造性。当课程内容转化为教学内容时，当教材转化为活生生的课堂教学时，当一个个学生具体地表现他们的学习状态时，正如数学等学科的教师一样，语文教师也始终有开发'教什么'的可能性和必要性。"③ 王荣生认为，解决阅读课堂上的文本解读教学内容问题，语文教师要做以下努力："直面'语文教学内容'的问题，审视自己的'学科教学知识'④，利用靠得住的课程资源，再假以时日，'语文教学内容'这一超级难题，终有化解的一天。"⑤ 总而言之，王荣生认为如果有了确定的文本解读教学内容，语文教师就不用花很多的精力在"教什么"的问题上，那样的话语文教师需要做的工作就是使用依据课程标准编制的，具有明确课程内容的理想化的语文教材来进行教学。

---

① 王荣生：《建设确定性较高的语文教材》，《语文建设》2007 年第 4 期。

② 同上。

③ 王荣生：《语文科课程论基础》，上海教育出版社 2003 年版，第 318—408 页。

④ 王荣生在这里对"学科教学知识"是这样界定的：即教师关于具体的教学内容的知识，以及如何对特定的内容实施教学的策略、方法，和评估学生学习成效的知识。这个概念和本研究所探讨的一般意义上的"学科教学知识"并不是同一个概念。

⑤ 王荣生：《语文教学内容问题的"面对"》，《中学语文教学》2010 年第 10 期。

　　王荣生等从课程层面涉及了语文教师文本解读教学化，揭示课程、教材、学科和教师等因素在文本解读教学化过程中的作用。他的观点对于语文教师文本解读教学化研究的意义在于，把文本解读当作课程资源来看待，语文教师的原初形态的文本解读知识建构是在自己的解读和有效课程资源利用上建构起来的。王荣生也看到了语文教师在文本解读教学化中的作用，其中重要的不是生产文本解读知识，而是研究他的学生和他的课堂。归纳以上观点，本研究认为现有课程专家的文本解读教学化相关研究还需要解决如下问题。

　　首先，课程内容和教学内容的关系。例如，王荣生认为课程内容是"应该教什么"而教学内容是"实际上需要教什么"、"实际上最好用什么去教"。经典课程理论和以"课程理解"为代表的后现代课程观都不是这样简单的定义课程的。现代课程理论研究基本上是围绕泰勒在《课程与教学的基本原理》中提出的四个基本问题进行运作的：学校应该达到什么教学目标；提供哪些教育经验才能实现教育目标；怎样才能有效地组织这些教育经验；我们怎样才能确定这些目标正在得以实现。[1] 在理解课程的视野内，"课程不再只被理解为纷繁杂陈的'学校材料'，而被视作'符号表征学科教学知识'"。[2] 很明显王荣生的语文课程观是以经典课程理论为理论基础的，那么课程内容就不是学科材料的简单的选择和剪裁，课程内容是融入学生学习经验的研究、表征方式、活动进程等综合因素构建起来的综合体系，那么真正课堂之上的课程内容是教学内容、表征方式和组织形式的复合体。所以，本研究认为王荣生等的"教学内容确定性"研究过程中还需要对课程内容与教学内容的关系继续深入的探讨。

　　其次，从文本解读属性出发进行文本解读课程建构。施瓦布在"学问中心课程"的研究中提出，不同学科的学问发挥作用的学术共同体组织是不一样的。在"学问中心课程"领域发挥主导作用的是大学里最精干的学术共同体，像基础教育阶段的数学、物理学、化学、生物学等。这些学科的公共知识和个人知识之间的关系特点是，作为学科教师在公共知识面前不处于主导地位，参与知识创造的能力和机会有限。而在施瓦布的

---

　　① 泰勒：《课程与教学的基本原理》，罗康、张阅译，中国轻工业出版社 2008 年版，第 1—115 页。

　　② 张华：《走向课程理解：西方课程理论新进展》，《全球教育展望》2011 年第 7 期。

学问中心观念中，像文学、艺术、音乐等是最远离"学问中心"的课程领域，这些课程的学问创造与批评拥有最为广泛的学术共同体，因为这些学问处于"学问"性质单薄的文化领域。在文本解读教学中，就目前的语文教材所选的课文特点看文艺类文本仍然占大多数，所以文本解读知识就属于学问的边缘文化领域。文本解读知识的性质决定了，在文本解读知识的创造中，在文本解读课程建构中必须给语文教师赋权。王荣生等人的研究中忽视了文本解读知识的性质，而总把语文学科课程和数学学科课程作比较来说明教学内容确定的重要性，这是忽视语文学科知识的本质的。

最后，课程制度和课程实践的关系。如果把课程理解为多重话语空间的话，语文教师的文本解读课程建构过程是几种关系相互影响下进行的。一是作为国家课程制度的课程标准，二是具体学校规定的教育目标和计划，而教材、教师指导书、具体的教学计划、语文教育教学类专著杂志、特级教师的成功案例、语文课程与教学研究专家、教育心理学家都不同程度地介入到了教师文本解读课程结构中。那么语文教师就是在"多重话语空间"[1] 中建构属于自己的课堂文本解读课程。语文课程标准只提出了学生阅读素养目标要求，而没有提出具体的阅读课程内容目标。虽然有教材和教学参考书等阅读课程载体的引导，但是在具体的教学情境中选择什么教学内容、设置什么样的教学任务及其课程进程的安排都需要语文教师自己建构。即便是再好的语文阅读教材，也是靠语文教师的文本解读和儿童赋予其意义的活动来实现价值的，可以说教师的课程成了教材功能实现的决定性因素。即使是同一阅读教材，也取决于语文教师、取决于课堂教学语境中产生何等程度的有价值的文本解读话语，这是根据经验就可以明确的事实。王荣生等人的研究将阅读教学情境简单化，努力建立一种课程制度，而语文教师就是课程制度的执行者，这样容易忽视语文教师的专业自主性和专业能力，与真实的文本解读教学情境有较大距离。

所以，本研究认为王荣生等人的研究将教学内容等同于课程内容进行确定，脱离了具体千变万化的教学情境。如果把语文学科和数学学科等科学学科相提并论来构建系统的课程内容体系，可能会因为忽视语文学科属性，造成与具体的教学情境相脱离而重新回到以往教学大纲对于文本理解的规定性时代，这与以儿童为中心的文本解读课程建构宗旨是

---

① ［日］佐藤学：《课程与教师》，钟启泉译，教育科学出版社 2003 年版，第 4 页。

不相符合的。所以，本研究认为还要还原到具体的教学实践情境中去考察语文教师文本解读教学化，继续深化语文教师文本解读课程建构的研究。

四　语文教师的研究

语文教师群体对于文本解读教学化研究表现在其经验总结、教学实录、教学设计和教学反思中。由于教师群体研究人员数量庞大，研究成果较多，本研究通过选择大量的研究文献中几篇代表性的文章进行介绍。本研究认为这些文章代表了当今语文教师对于文本解读教学化的观点和认识水平。

首先，本研究要通过一篇文章介绍来说明，语文教师对于文本解读的理解往往是课程形态的文本解读，也就是"教师教的文本解读与学生学的文本解读的统一"。文章的题目为《文本解读——语文教学之根》，作者认为语文阅读教学"就是指学生在教师的有目的的引导下，通过对文本的阅读，凭借自己的经验，当然也凭借教师提供的阅读规律和阅读技巧，'去体味、体验内中情味或情感，去寻绎文本语言背后的意蕴，最终得到自己对于文本的理解'，形成一定的语言文字素养。作为语文课程的集中体现，语文教材是一种客观存在的文本，如何解读文本就成了语文阅读教学首先要解决的问题，成为阅读教学的根本"。[①] 作者在文章中认为根据自己的经验，文章的理解应该把握几个方面：创设情境，引导学生愿意阅读文本；在历史背景下理解文本；立足生活体验理解文本；多元理解文本。从文章的内容看，这位老师指的文本解读就是课堂运行中的文本解读，是语文教师教的文本解读和学生学的文本解读的统一。这些可以通过文章中作者的举例论证看出。作者认为"生活经验是阅读的基础和理解的工具，因此，在阅读教学过程中，教师应该立足（学生）生活经验来（引导学生）理解文本。"[②] 文章中讲到：萧乾的《吆喝》，内容贴近生活，生动有趣。可如今的中学生对于"吆喝"相当陌生，这就为教学带来了难度。如何在教学中引发学生的共鸣，让学生与文本"对话"呢？通过阅读，各种相关的知识与生活体验被课文的信息激活，与文本意义发

---

① 冷群：《文本解读——语文教学之根》，《中国教师》2009 年第 11 期。

② 同上。

生碰撞，教师的引导和点拨至关重要。在上课之前，让学生搜集相关的语文资料，增加感性认识，要求学生根据当地条件，到集市上搜集、调查、整理当地的种种"吆喝"，激发学生对课文学习的兴趣，促进对课文的理解，加大阅读的总量。这也为学生在课堂上能侃侃而谈提供了保证。我们这里且不对这位老师的做法进行评价，但是可以证明的一点是，语文教师在课堂运行中的文本解读和一般意义的文本解读是不一样的，就是本文所说的教学化后的文本解读。但是，这位老师明显没有对一般形态的文本解读和课程形态的文本解读的区别和联系有自觉的认识。

接下来再来看一位老师关于文本解读的文章《从文本解读走向教学设计》。这篇文章认为语文教师的文本解读"就是教师对文本人文性（思想主旨、情感价值）和工具性（言语形式、表达方法）两个维度展开的分析理解与体会揣摩。文本解读能力的高下优劣，考量的是教师本体性知识的丰厚与肤浅，凸显的是教师文学鉴赏能力水平。"[1] 这篇文章认为语文教师的文本解读不能直接生成教学设计，"教师把解读之所得——意义的理解、生命的感悟、审美的体验、语言的品味等还原为教材解读，转化为适宜的教学内容，体现出文本解读的教学价值，实现文本解读与教学设计的对接。这才是教师更重要的专业的不可替代性"。[2] 文章认为教学设计应该聚焦以下几个方面：取舍与鉴选；整合与重构；精心设计问题；关注教学过程与方法设计，优化教学结构；依据文本体式创新教学设计。这篇文章代表了语文教师的另外的观点，并陈述了自己是如何利用文本解读进行教学设计的。文章已经意识到语文教师一般意义上的文本解读要想实现教学价值还需要进一步的操作，从一线的语文教师那里可以得到证明，语文教师那里确实存在着一般意义上的教学形态的文本解读形态，语文教师一般形态的文本解读要想实现教学价值就要转化为教学形态的文本解读。但是，可以看出语文教师对一般形态文本解读和教学形态文本解读之间的关系在认识方面还是模糊的，对于语文教师文本解读向教学形态文本解读的转化研究只是流于表面，并没有从教师微观心理层面和支持性要素方面进行深入的探讨。

本书再以一篇语文教师关于文本解读教学化的文章《教师的性别角

---

[1] 游泽生：《从文本解读走向教学设计》，《小学语文教学·会刊》2011 年第 2 期。
[2] 同上。

色在文本解读中的作用》为例进行语文教师关于文本解读教学化研究探讨①。文章的具体内容这里就不做介绍了，因为从题目上就可以一望而知。本书这里想说明的一点是，语文教师文本解读教学化过程是一个解决复杂问题的实践过程，是在复杂情境中的阅读课程建构过程，这个过程是教师主体与文本、学生、情境的互动中不断地判断、决策与反思的实践过程。从语文教师的研究文章中也可以清楚地认识到，这位教师作为文本解读教学化实践主体专业意识的觉醒，这也印证了威廉·F. 派纳等的"把课程理解为性别文本"②的理论。

通过对语文教育领域文本解读教学化相关研究的现状梳理可以看出，学科专家通过文本解读的本体研究对文本解读教学化的学科本体知识的建构具有巨大的贡献；而课程专家从课程层面对于文本解读进行探讨，将文本解读置于课程与教学关系中；语文教师对文本解读的研究更多的是从教学实际操作的角度进行的，并且研究属于个人经验总结类型，虽然缺乏系统性，但是也可以看出语文教师在实践情境中对于文本解读教学化的理解，为本研究进一步的理论和实证研究提供了大量的素材。

可以看出，学科专家的文本解读研究对学科知识研究和个体一般文本解读能力研究方面具有重要的价值。但学科专家的研究没有将文本解读置于课程与教学的层面上。课程专家的研究路向沿着解决现在语文教育中核心问题在运行，并且取得了很多有价值的研究成果，但是本研究认为目前来说有忽视语文教师作为文本解读教学化专业主体的倾向，更多地将注意力集中在教材的建设方面，这样容易造成脱离真实的阅读教学实际的情况，同时对于教学内容确定性的追求容易忽视教师和学生对于文本（尤其是文学文本）独特理解的局限。

本研究认为，从文本解读和文本解读知识本质属性出发，语文教师自己建构的文本解读课程才符合文本解读教学实际。因为文本解读课程建构的知识来源本身就与科学类课程是不同的。从对"教学化"研究的谱系分析中我们可以看出，如果以学科知识作为转化的起点，那么这个学科知识本身就有完整的体系，教师的转化是在一个较为完整的知识体系的操作层

---

① 谭小红：《教师性别在文本解读中的作用》，《教研天地》2010 年第 9 期。

② 威廉·F. 派纳：《理解课程——历史与当代课程话语研究导论》，张华等译，教育科学出版社 2003 年版，第 377—420 页。

面进行的，语文教师自身建构的学科知识体系和公共知识体系之间的结构差异较小，学科教师学科知识教学化的起点主要是对知识体系的学习和熟练。而文本解读课程却不同，语文教师文本解读的认识对象只能是独立的文章，文章和文章之间无论怎么设计也难以建立起系统的文本解读知识体系，这个起点方面就需要语文教师自己在文本解读基础上通过相关知识的学习去建构，而文本解读本身就是一个多元形态的理解综合体，其知识系统的不确定性和无限扩展性要求语文教师具有很强的文本解读知识驾驭能力。所以，由于文本解读教学的特质，文本解读教学中文本解读教学化过程注定是语文教师在自身文本解读知识建构基础上的文本解读课程建构过程，文本解读课程建构的有效性取决于语文教师文本解读教学化能力。

第二节　本书研究内容的确立

通过文本解读教学化研究现状的分析，本研究进一步确立了语文教师在文本解读教学化过程中的主体地位，以及语文教师文本解读教学化能力在语文课程建构中的重要意义。不同范式下的语文课程研究在内容、方法和程序方面都会表现出差异，本书将在以"教师"为中心的课程研究范式下进行。本书首先对以教师为中心的课程研究范式进行论述。

一　课程研究范式的转型

在课程领域，研究者将范式理解为规则、领域假设、理论、话语以及在特定历史时刻主导和形成一门学科的价值观集合。也就是说，范式就是一种一般的思想倾向或信念，指示了一门学科可能的研究方向，什么构成了该学科合法的知识，谁是该领域合法的代言人等问题。课程研究范式作为一种信念规定了课程研究的基本观点、基本理论和基本方法。由于研究范式为课程研究提供共同的理论基础，并形成课程研究的传统，这样就规定了课程研究的发展方向。当今世界课程研究范式在 20 世纪 70 年代—80 年代发生了转换，研究方法方面由量化研究转向于质性研究，研究重心由"课程"转向于"教师"。本书着重探讨的是课程研究重心的转换。

课程研究重心的转换是伴随着课程制度的改革而发生的。在世界范围内，尤其是发达国家内部对自上而下的课程开发显现的弊端日益重视，在课程领域普遍追求的已经不是教育的生产性与效率性，而是教育经验的质，所以教师在课程中的地位得到凸显。其实，在课程研究重心转移之前教师的地位也受到重视，但是教师研究方面却很薄弱。在课程研究范式转型之前，教师通常被认为是"导管"、"邮递员"、"搬运工"，职责就是把准备好的教学内容输送到学生的头脑中。而事实上，不论课程制度提供多少好的课程大纲、课程内容，教师作为课程的实施者是课堂上的教学大纲和内容的决策者。研究范式转型后，教师角色发生重大变化，教师被认为是课程的核心，是课程开发的参与者、决策者与实践者。由于课程研究重心的转移，课程研究者围绕着"教师的实践"开始重建一系列课程及课程研究的概念。目前为止，以教师为重心的课程研究主要围绕着教师认知展开。

二　以教师认知为中心的课程研究范式概述

以教师认知为重心的课程研究是沿着两条路线向前推进的，一条路线是教师思维研究；另一条路线是教师知识研究。

课程研究范式的转型直接受到教学研究范式转型的影响，课程与教学研究范式的转型是在对"过程—结果"研究范式批判的基础上建立起来的。"过程—结果"范式是 20 世纪 60 年代—80 年代的教学研究主流范式，这种研究范式主要的研究内容是教师行为与学生学业成就之间的关系，主要的研究方法是教学实验。在"过程—成果"范式下的教学研究并不能回答如下问题：教师行为和学生成就之间的关系是如何发生的；教师行为与学生成就之间为什么会发生关系。伴随着对"过程—结果"研究范式的批评，20 世纪 70 年代美国的教学研究领域提出了"中介过程"教学研究范式。"中介过程"教学研究范式认为，在教学研究中单单研究教师的行为是不足以解释教学中的现象的，教学研究应该揭示教师行为背后诸如"思考、计划和决策"等中介因素。教学研究的焦点转向于教师认知后，研究者首先关注的就是教师的思维。对教师思维的研究基于两个假设的前提：一，教师是依靠思维完成任务解决教学问题的专业人员，这区别于依靠技术的专业人员，这就要求教师在有效完成教学任务时更多地依赖其思维；二，教师的思维决定着教师的行为。① 从以上两点假设的前提

---

① Shavelson, R. J., & Stern, P.. (1981), Research on teachers' pedagogical thoughts, judgments, decisions, and behavior. *Review of Educational Research*, 51, pp. 455 – 498.

出发，研究者对教师思维展开了广泛的研究，同时开发了教师思维的研究范式。英格（Yinger）等从理论研究的角度提出，教师思维并不是一个线性的过程，而是一个循环过程，教师思维中的计划、教学和反思之间的界限并不明显。教学不是支离破碎的片段和一系列的计划，教学计划、教学和教学后的反思三者之间是相互作用和相互影响的关系。在具体研究中，研究者主要是从教学前的计划、教学中的思维和教学后的反思三个阶段去理解教师的思维和决策的。在具体的研究中，教学计划、决策和反思的研究先后也有较为独立的时间段，教学计划的研究主要集中在20世纪70年代末和80年代初；教师思维和决策的研究集中在20世纪80年代和90年代；而教学反思的研究则是近十几年教师思维的主要内容。在"过程—结果"研究范式下，由于教师思维的"不可视性"，所以一直被排除在教学研究范围之外。教师思维研究采用认知心理学的研究方法对教师思维的过程、特点和影响因素进行了广泛地研究。具体研究方法主要有访谈法、大声思维法、刺激回忆法等。研究范式主要有新手教师和有经验教师的对比研究，有经验教师的个案研究等。对教师思维的研究让教师成为教学研究的焦点，推动了教学研究范式的转型。在课程研究领域认为，教师并不是教学大纲和教材的被动执行者，而是在教学中不断地对教材、教学内容和教学大纲进行修正的决策者。那么，在这个意义上说，教师的课程实施是在自身信念和理论支持下进行的，教师的活动大多是心智活动。而这些在以往的课程研究范式中由于教师心智活动的内隐性而被排除在课程研究者视野之外。但是同时，教师课程思维研究也暴露出局限性。首先，只对教师思维的研究将教学情境和教学过程中的非智力因素排除在外，这与真实的课堂情境是不相符合的；其次，教师思维研究集中在思维的过程、特点和影响因素，而对于教师思维的支持性因素关注较少。基于这样的问题，研究者致力于探寻教师思维背后的支持性因素，在这样的背景下教师知识成为研究者关注的焦点。

　　教师认知的研究开始阶段是对教师思维的研究，研究者后来逐渐意识到教师思维后面的支持性因素才是体现教师能力的源泉，所以20世纪80年代以来，世界教学研究对教师思维的研究中心转移到教师知识。研究者越来越意识到教师知识在很大程度上影响着教师的教学决策和行为，进而影响着学生的学习，其中教师知识对课程决策的影响就是重要的研究内容。教学活动的性质决定了教师知识的特殊性，表现为教师不仅仅首先要掌握特定的学科知识，同时还要考虑学生的特点，把自己掌握的知识转化为学生可以理解的解释，促进学生的发展。① 在教师知识研究领域，影响较大的是施瓦布和舒尔曼。施瓦布的教师"实践性学识"是针对课程研究的发展提出的，而舒尔曼的教师知识研究是针对教师专业发展提出的。在二者的研究基础上，课程与教学的研究者在教师知识领域开展了广泛的研究。教师知识的研究对教师知识和教师教学表现的关系进行了深入的揭示，确立了教师专业性的核心就是专业知识及专业知识的性质。教师知识的研究虽然从实证研究的角度对教师知识的来源进行了卓有成效的研究，② 但是缺乏从理论层面对教师知识如何形成和发生作用进行探讨。"反思性实践理论"成为教师研究的另一个领域。

作为反思性实践家的理论观念来源于杜威和舍恩关于反思的研究。杜威在《我们如何思维》一书中对"反思"进行了集中地论述："对任何的信念和假定的知识形式，根据支持它的基础和它趋于达到的进一步结论，而进行的积极的、坚持不懈的和仔细的考虑，构成了反思的思维。"③ 杜威认为，反思性思维和一般性的思维是不同的，反思性思维包括"一种产生思维活动的怀疑、犹豫、困惑、心灵困难的状态；一种为了发现解决这种怀疑，消除和清除这种困惑的材料而进行的搜索、搜集和探究的行为"。④ 杜威同时提出了反思的六个阶段的理论。杜威的对反思的论述为反思性实践家的教师观的提出奠定了理论基础。舍恩（Schon）的反思性实践家理论是针对技术理性的"技术熟练者"提出的。舍恩指出，在技术理性的观念下，专家的特征是具有专门化的知识、具有专业的技能，在技术理性定义中的专家就是利用专业知识和技能解决问题的技术熟练者。但是，舍恩认为具体的专业实践所面临的问题是纷繁复杂的，这些问题表现出独特性和变化性，而且有时候还会呈现出价值方面的冲突。⑤ 在实践

---

① Shulman, L. (1987), Knowledge and teaching: Foundations of the new reform, *Harvard Educational Review*, 57, pp. 1 – 22.

② 范良火：《教师教学知识发展研究》，华东师范大学出版社 2003 年版，第 53—212 页。

③ 罗伯特·哈钦斯等：《西方名著入门（第 9 卷 哲学）》，商务印书馆 1995 年版，第 113—120 页。

④ 同上。

⑤ Schon, D. (1986), *The Reflective Practitioner, How Professionals Think in Action*, N. Y.: Basic Book, pp. 35 – 49.

理性的定义中，专家不是单纯的运用专业知识和专业技能解决问题的技术熟练者，而是在具体的实践情境中发现问题，同各方面的专家合作参与问题解决，对多个领域的知识进行整合，丰富自身的体验和认识，扎扎实实从事问题解决的反思性实践家。

三 以语文教师认知能力为中心的研究路径选择

当前以教师为中心的课程研究通常是分别在各自的研究领域进行的。教师思维研究追求普适性的教师课程决策过程和影响因素，教师知识研究更多从教师知识的属性、内涵及发展等方面展开，而反思性实践注重探讨教师实践性学识的发展。事实上三者是密不可分的，本书试图追求可以将文本解读课程属性、语文教师的教学化专业特征以及文本解读教学化能力发展统摄在一起的研究路径。认知心理学对于教师能力结构的研究为本书语文教师文本解读教学化能力研究提供了新的思路。

教师认知能力模型认为教师能力的强弱取决于其认识、理解、知识、经验和执行能力等信息加工能力，认知能力模型强调注意、判断、组织和思维习惯等因素在能力发展中的重要作用，并强调问题解决的思维灵活性。[①] 这些能力特点已经为很多实证研究所证实，有研究表明个体的行为更多地依赖于知识和认知技能，已有的知识不仅用于掌握和获取信息，而且还用于评价自己对于信息的运用和理解，以及做出相应决策的过程。本研究认为，就目前来说教师认知能力模型更符合教师能力的实际，对于教师能力及发展研究具有重要的意义。从教师认知能力模型去考虑教学的话，那么教师的教学就是在复杂的文化、社会背景中产生旨在解决复杂问题的持续不断的判断与决策的过程。那么教师的能力就不是通过技术能够表达的，本质上是解决课程与教学问题的心理过程。基于这样的认识，本书提出具体的研究路径。

首先，本研究认为语文教师是依靠思维完成任务解决教学问题的专业人员，这区别于依靠技术的专业人员，这就要求语文教师在有效完成文本解读教学化时更多地依赖其思维；其次，语文教师文本解读教学化的思维

---

① 张学民：《教师职业发展与培训》，知识产权出版社 2007 年版，第 5 页。

决定着语文教师文本解读教学化的行为。[①] 语文教师文本解读教学化行为背后的想法就是语文教师文本解读教学化的思维。语文教师特定文本解读教学化思维使语文教师表现出特定的课堂文本解读行为。语文教师内隐的文本解读教学化思维过程决定着具体课堂文本解读的方式和内容，进而影响着语文课堂文本解读教学课堂事件的走向和结果。语文教师文本解读教学化思维不同，可以观察的语文教师课堂文本解读行为和内容就会不同，这也是为什么同样的课文不同语文教师教学会产生不同的教学效果的原因之一。语文教师文本解读教学化的思维是语文教师课堂文本解读行为的重要影响因素，进而影响学生的阅读体验、阅读思考及阅读素养发展。因此，对语文教师文本解读教学化的思维研究是必要的。

在语文教师知识方面，本研究认为语文教师一般形态的文本解读知识影响着教师课堂教学实施的文本解读，进而影响学生的文本解读的学习。但是语文教师一般形态的文本解读并不是教师知识的本质属性表现，语文教师不仅自己对文本有深刻的理解，而且还要将这种具有语文教育特色的学科知识转化为学生可以理解的文本解读知识。语文教师转化以后的文本解读知识强调的是语文教师如何将自己的文本解读知识以学生容易理解和接受的方式表达出来，比如教师使用的例子、解释、演示、启发和类比等方式，学生在文本解读时可能遇到的困难和错误的理解，或者理解的兴趣点和阅读期待等。以适合学生的思维和学习特点来表征自己的文本解读知识是语文教师知识的独特性，这是一般的学科专家不具备的知识。转化后的文本解读知识强调与教学法的整合，是舒尔曼提出的"学科教学知识"在文本解读课程教学中的具体表现。从这个角度说，语文教师文本解读教学化思维是以一定知识作为基础的。

对于语文教师而言其文本解读教学化是在复杂的文化、社会背景中产生的旨在解决阅读教学中的复杂问题的持续不断的实践过程。所以，本研究认为应该将语文教师文本解读置于语文教师真实的实践场景中去研究，从实践理性层面对有效的语文教师教学形态文本解读形成过程进行揭示，并在此基础上提出语文教师教学形态文本解读能力发展理论。基于反思性实践家理论的文本解读教学化能力发展有别于传统师范教育中的师资培养

---

① Shavelson, R. J., & Stern, P.. (1981), Research on teachers' pedagogical thoughts, judgments, decisions, and behavior. *Review of Educational Research*, 51, pp. 455 – 498.

模式。传统的师资培养模式认为，掌握学科知识和教学法知识，同时具备"三笔一话"等教师技能是教师教育的目的和标准。在这种观念的指导下语文教师的文本解读教学是方法与技术，就是将现成的准备好的文本解读知识传达给学生的技术型工作。所以传统的语文教师教育观念中，语文教师只要学会文本解读知识，掌握文本解读教学的原则和方法，文本解读教学就可以顺利实施。语文教师的文本解读教学化能力在职前是通过理论学习与技能训练获得的，而职后则是通过对老教师的模仿来获得。而事实上，语文教师文本解读教学化本质上就是在具体的文本解读教学情境中，面对各种课程因素而进行的判断与决策的实践过程。这需要语文教师在行动中反思，在反思中实践，不断积累自己的实践性知识，不断提高自己的文本解读教学化的有效性。

本研究在以上研究路径中，试图确定一种既可以揭示语文教师文本解读教学化过程的规律，又可以揭示语文教师文本解读教学化能力发展的研究内容取向。本研究认为，以教师认知能力模型为理论基础，语文教师文本解读教学化就是在复杂的文化、社会背景中产生旨在解决文本解读课程与教学复杂问题的持续不断的判断与决策的过程。那么教师文本解读教学化就不是单纯的"技术"，文本解读教学化本质上是语文教师在一定知识和经验基础上，解决文本解读课程与教学问题的认知能力结构。综合以上考虑，本研究从知识基础、心理过程两个方面对语文教师文本解读教学化能力进行研究。

第三节　研究设计

一　研究思路与方法

本研究首先对文本解读、教学化和文本解读教学化三个核心概念进行界定，在此基础上明晰语文教师文本解读教学化的本质内涵。在现有的文本解读教学化研究基础上，本研究提出了具体的研究内容和路径。本书着重从知识基础和心理过程两方面对文本解读教学化心理机制进行研究，并通过访谈法对理论进行验证。

语文教师文本解读教学化心理机制的研究主要采取文献研究法，同时也借助了一些实地调查的材料进行了相关观点的论证。文献主要有两部分，一部分是现有的以教师为中心的学科知识向学科课程转化的研究文献资料，另一部分是现有的当代语文特级教师的文本解读教学化思考与行为表现。结合两部分文献，本研究对语文教师文本解读教学化的知识基础和心理过程进行揭示，以期对文本解读教学化过程中的诸多问题进行解释。

理论验证主要通过深度访谈法的形式进行。本研究建构的理论是和具体的教学内容相结合的，并且强调语文教师文本解读教学化的主体能动性和实践情境性。在研究过程中实证研究内容需要走入语文教师真实的内心世界，所以本书没有通过单纯的量化的形式来进行理论的验证，因为量化的形式往往是脱离情境的客观主义研究范式。本研究也没有做纯粹的质性研究，因为纯粹的质性研究又会因为作者的主观性太强而使得理论的推广性受到影响。而且，通过深度访谈还可以发现语文教师文本解读教学化中存在的普遍问题，为语文教师文本解读能力的发展研究提供参考性的信息。

访谈法获得的材料适用于做定性分析，所以本研究深度访谈研究结果采取定性分析的技术。定性分析侧重于从"质"的角度对所获取的材料进行分析，从而认识教育和心理现象和行为的本质，从而揭示其发生发展的规律，为研究结果和理论构建提供实证依据。定性分析分为作为研究方法的定性分析和作为研究结果的分析手段，本研究主要指的是后者。作为研究结果的分析技术，定性分析具有以下特点：定性分析是建立在对研究材料描述分析基础上的分析和推断过程；定性分析侧重于揭示语文教师文本解读过程中心理现象和行为的"意义"；定性分析侧重对研究结果的归纳；定性分析不仅重视结果的分析，更注重过程和相互关系的分析。[①] 定性分析的基本方法有比较与分类、归纳与演绎、分析与综合、抽象与具体。根据本研究的目的和所获取材料的特点，本研究采用定性分析作为主要的分析技术。所以，本研究想通过深度访谈结合定性分析的研究策略对语文教师文本解读教学化理论进行验证。

具体的研究方法有文献法、访谈法、观察法、演绎法、归纳法和比较法。

二　研究过程

本研究首先对文本解读相关领域的相关文献进行了梳理，重点从文本

---

① 董奇：《心理与教育研究方法》，北京师范大学出版社 2004 年版，第 300—302 页。

解读对于语文教学的意义出发，对语文教育领域文本解读的本质属性进行了研究。在此基础上，本书着眼于语文教师在建构课堂教学形态的文本解读过程的重要意义，引入"教学化"这一课程与教学研究领域的核心概念，将语文教师文本解读教学化能力作为核心问题进行研究。本研究在文献梳理的基础上，概括了语文教师文本解读教学化的本质内涵，并对当代文本解读教学化研究的代表性观点进行了辨析。

本书进一步通过文献研究构建语文教师文本解读教学化认知能力理论。语文教师文本解读教学化认知能力模型重在揭示支持语文教师文本解读教学化有效性的知识基础，揭示语文教师文本解读教学化的心理过程。对语文教师文本解读教学化能力的研究可以对语文教师文本解读教学化过程中的诸多理论问题和现象进行解释，可以有针对性地提高文本解读课程建构和教学的有效性。

为了验证语文教师文本解读教学化认知能力模型，同时发现语文教师文本解读教学化过程中存在的问题，本研究进行了实证研究。本书的实证研究是通过深度访谈法进行的。通过实证研究，本书初步提出语文教师文本解读教学化的发展路径与培养建议。

第四节　理论基础

本研究主要研究的问题指向于文本解读课程与教学、语文教师专业发展两个方面。本书研究的展开建立在文本解读、教学化和文本解读教学化三个概念界定的基础上，以上三个概念是本书依据的重要理论。本书研究内容的确立依据的是教师认知能力模型，所以教师认知能力模型也是本书理论依据的组成部分。以上理论已经在上文的相关论述中进行了详细的阐述，在这里就不进行详述。本书这里对依据的教学理论和教师专业发展理论进行补充介绍。

一　建构主义教学理论

作为一种认知理论，建构主义兴起于20世纪80年代。但是其理论根源却可以追溯到皮亚杰的发生认识论。皮亚杰认为，儿童是在与周围环境的相互作用中，通过"同化"和"顺应"两种形式建立起关于外部世界的认识，从而使自己的认知结构获得发展。在皮亚杰的理论基础上，科尔伯格在认知结构的性质与认知发展的条件等方面做了进一步的研究；斯滕伯格等则对人的认知过程中个体主动性的发挥做了认真的研究；维果斯基强调所处的社会文化历史背景对学习者认知过程的影响。另外奥苏贝尔的有意义学习，布鲁纳的发现学习理论为当代建构主义的形成奠定了基础。此外，科学哲学理论、科学社会主义理论、后现代主义科学观及个人建构理论对当代建构主义的形成产生了重要的影响。当代建构主义涵盖的内容庞杂，但是在强调学习者对于知识的主动探索、主动发现和对所学知识的意义的建构上是一致的。所以在此基础上发展出了建构主义教学理论。

　　建构主义教学理论首先关注学生先前的经验。基于建构主义的教学立场认为个体在认识过程中总是以其特有的经验和方式对现实进行选择、修正并赋予现实以独特的意义，是一个积极建构知识的过程，而不是被动地接受现有的知识。其次，建构主义更为关注的是学生未来的发展。建构主义认为，个体的学习是在一定的历史、社会文化背景下进行的，社会对于学生的个体的学习发展具有重要的支持和促进作用。建构主义教学理论重视维果斯基的最近发展区理论。从这个角度讲教学可以理解为儿童与成人的交往，儿童在与成人的交往中突破以往经验的限制，走向另外的开阔的更高层次的世界。所以，建构主义教学并不一味迁就学生以前的经验，而更为重要的是不停顿地将学生的经验从一个水平引导到另一个更高的水平。基于建构主义立场的教学理论比以往的教学理论更为重视学生的学习主体地位。

　　本书倡导建构主义教学理论，但是也不能像一些建构主义者那样走向极端，从而否认知识传递的可能。实际上学习有别于一般意义上的建构行为，学习有自己的客观性，并不只是任意的建构。而且，学习者只是一个个体，他没有可能也没有必要从头去建构所有的知识，相反他应该能够继承人类既有的知识成果，这种继承不是由教师和课本简单地告诉学生，而是以学生已有的经验为基础，通过对新旧知识的同化与顺应来建构自己的知识。

　　那么在建构主义教学理论的指导下教师的角色就不能是知识直接的传授者而应该从学生的学习经验出发，通过设计有意义的学习任务，鼓励学生对任务进行探索，并引导学生产生质疑与思考，鼓励学生形成自主、合作、探究性的学习氛围。教师鼓励学生提出自己的见解，建构知识的意义，而不是被动地接受权威的答案。教师在与学生的教学互动中也随着教学情境在建构自己的知识体系，真正实现教学相长，提高教学的有效性。教师由知识的传授者变成了对话者和协作者。教师要尽可能地创设有利的情境，让学生主动发现问题，搜集资料进行思考。但是教师并不是袖手旁观就可以了，教师虽然灌输少了，但是启发和引导的作用大大增强，每一个教学环节理想教学效果的达成都离不开老师。可以说在建构主义教学理论体系下的教师变得更加重要。

建构主义的教学理论下语文教师文本解读教学化过程中，教师不是教参知识的搬运工，也不是单纯运用方法进行知识教授的技术员。"教学不是传递东西或者产品。要说教师在传递的话，教师充其量只是传递了语言文字符号信息，至于这些信息在学生头脑中是什么意思，最终还是由学习者决定的、建构的。"① 语文教师首先的任务就是要完善自己的文本解读知识结构，更为重要的是要根据教学情境中的学生先前经验做出判断，在此基础上建构源于自己原先拥有的文本解读知识但在性质上不同于一般文本解读知识的课堂教学实施中的文本解读知识和学生文本解读经验。虽然现在有很多的资料引导语文教师在做这一项工作，例如教科书的编制方面本身就是照顾到了学生本身的阅读体验，教参也做了教学方面的方向引导，但是这些都是脱离实际教学情境的，脱离学生经验的，最后课堂教学中文本解读的建构还是需要教师来完成的，这里的文本解读就成为课堂教学中的实践话语。

二　情境认知理论

情境认知理论是由布朗（Brown）、柯林斯（Collins）和杜吉德（Duguid）等人提出的，② 并逐渐受到教育研究者的重视。情境认知与学习理论认为，人的行动不是依据内心的符号表征进行的，人的行动是由与环境直接互动来决定的。人们在情境中，不仅是个体言语符号表征的知识影响着人的行为，人的缄默知识和情感也在人与情境的互动中发挥着重要的作用。根据情境认知理论的观点，知识的存在形式和意义都具有情境性，是

---

① 刘儒德：《建构主义：知识观、教学观、学习观》，《人民教育》2005 年第 17 期。

② Brown, J. S., Collins, A., and Duguid, P.. (1989), Situated Cognition and the culture of learning, *Educational Research*, 18 (1): pp. 32 – 41.

文化产品、活动和背景的一部分。情境认知理论认为，知识只有运用才能完全被理解，知识具有工具的特征。① 情境认知与学习理论重视实践者在实践中的经常性反思，在反思过程中个体的知识和情境建立紧密的联系，并促使新的知识产生。舍恩（Schon）的"在行动中反思"和"在行动中求知"② 的学习概念与情境认知理论具有相同的性质。舍恩在对专业发展的研究中发现，许多专业知识是无法完全用言语符号来表征的，只有真正进入该专业情境亲自观察与参与，成为一名反思性学徒，才有可能全面深入地学习到该专业知识与技能。依据情境认知和学习理论，知识一方面必须通过在情境中的实践和揣摩才可以完全被理解；另一方面，对社会情境的行动与反思又是个人知识形成的重要源泉。在情境认知理论看来，真正的学习并不只是为了获取理论和言语符号知识，真正意义上的学习是在个体与物理和社会情境的交互中不断地实践和反思。

　　情境认知理论认为有两种基本的情境学习方式，一种是真实的配角参与，一种是创设实践共同体。作为情境认知理论的核心概念之一，"真实的配角式的参与"强调基于情境认知的学习者不能成为被动的观察者，而必须作为实践共同体中的"真实的"参与者，在实践共同体工作的情境中进行活动。③ 通过参与，新手在真实的情境中与专家和同伴的互动中，学习专家和同伴建构知识做了什么事情，并在实践反思中建构自己的知识。在真实配角的参与性反思实践中，新手会经历由配角逐渐向主角的特征发展的过程，但是前提是新手首先要进入专家的实践情境。在真实配角参与中，开始阶段作为新手的学习者并不是直接参与特殊性的活动，新手需要首先通过对专家的话语系统和行为表现的理解来逐渐获取知识。然后学习者就要参与到实践中去，在成长中细心观察专家的示范，在专家的指导下努力地实践，并在实践中进行反思，这样新手才能逐步向实践共同体的核心成员发展。在真实配角的参与中，学习者观察和模仿实践共同体中其他成员的行为，并理解实践共同体的行话也是很重要的，这样可以较

---

　　① Norman, D. A. (1993), Cognition in the head and in the world: An introduction to the special issue on situated action, *Cognition Science*, 17 (1): pp. 79 – 105.

　　② Schon, D.. (1986), *The Reflective Practitioner, How Professionals Think in Action*, N. Y. : Basic Book, pp. 35 – 49.

　　③ 戴维·H. 乔纳森：《学习环境的理论基础》，郑太年等译，华东师范大学出版社 2002 年版，第 27 页。

快融入实践共同体的标准中去。随着时间向前推移，新手越来越多地掌握了专家的知识与技能，并在与实践情境的互动中得到磨炼，获得发展，最终具有了专家的特征。也就是说，学习者在与实践共同体的文化适应中，最终成长为专家。学习者成长为专家后，又可以作为实践共同体的核心成员为共同体做出更大的贡献，其中的重要表现就是指导新手的发展，实现实践共同体再生产循环的功能。

温格（Wenger）于1998年对"实践共同体"的概念进行了简要归纳，温格认为"一个实践共同体包括了一系列个体共享的、相互明确的实践和信念，以及对长时间追求共同利益的理解。"[1] 研究证明，只有在社会和自然情境中发生对于知识的运用与理解，那才是真正的有意义的学习。情境认知与学习理论因此将个体之间的社会性交互作用看作是情境学习的重要组成。有人设计"实习场"来促使有意义学习的产生，其目的就是为学习者提供能达到学习目标的社会交互性背景与支撑，以促进学习者产生学习迁移。"实习场"对于学习者有意义学习的产生发挥了重要作用，但是"实习场"毕竟不是真实的实践情境，学习者的学习往往还是个体行为，所以人们才提出实践共同体的概念。[2] 一个实践共同体并不是简单地因一个工作任务把许多人组合起来，关键是要通过共同体的参与和社会建立联系，在社会中给共同体成员合法的角色或真实的任务。实践共同体的鲜明特征就是拥有自己独特的话语系统，布朗等人把这些语汇与符号系统称作"索引性表征"[3]。这些词汇与符号系统的意义取决于具体的情境，因为这些词汇与符号系统可能在某一特定的实践共同体内部具有独特的含义。所以，对于新手来说掌握所在实践共同体特有的语汇与符号系统对其最终成长为核心成员非常关键。[4] 新手的学习迁移过程中，最重要的是对实践共同体内部成员间互相沟通使用的独特的语汇与符号系统的理解。

总之，情境认知与学习理论认为学习过程就是个体在与自然和社会情

---

[1]　Wenger, E. (1998), *Communities of Practice: Learning Meaning and Identity*, Cambridge University Press, pp. 342.

[2]　同上。

[3]　Brown, J. S., Collins, A., and Duguid, P.. (1989), Situated Cognition and the culture of learning, *Educational Research*, 18 (1): pp. 32 – 41.

[4]　张振新、吴庆麟:《情境学习理论研究综述》,《心理科学》2005 年第 1 期。

境的互动中不断社会化、不断增长实践能力的参与过程。那么学习就是"在情境脉络中学习知识与技能，这种境脉反映了知识在真实生活情境中的应用方式。"① 基于以上这些观点，情境认知与学习理论主张应该通过创设"实习场"或真实参与实践共同体来促使学习者在真实的自然与社会情境中进行有意义学习。目前，国内学者对情境认知与学习理论研究主要集中在儿童学习心理及其对教学的意义方面。②③ 情境认知与学习理论对学习范式的变革，对有效教学的发展研究具有重要的意义。本书认为，情境认知与学习理论对教师专业发展研究同样具有重要的理论价值。教师专业发展作为一种成人的学习过程，本身就是发生在特定的情境中，受情境的影响更为明显，情境认知与学习理论具有更为现实的意义。

　　对于语文教师专业发展而言其实就是一个情境认知与学习的过程。如果认识到这一点在教师教育研究中就可以理性地看待语文教师文本解读教学化专业能力发展的本质，并且有助于研究者重新审视以往语文教师教育的课程与模式，对文本解读课程与教学研究范式的思考也具有启发意义。语文教师文本解读教学化过程从一篇课文教学角度看是语文教师将自己对课文的解读转化为课程形态文本解读的过程；但是从语文教师专业发展的角度看，语文教师文本解读教学化是不断循环、螺旋式上升的能力发展过程。语文教师文本解读教学化是在一定的情境中的认知实践过程，同时也是在情境中认知和学习的过程，在这个过程中语文教师文本解读教学化能力不断地提升，并表现出自己主体特色的文本解读教学化能力及方式。以往的语文教师教育中虽然重视实践的意义，但是更多地强调理论联系实际，重视对教师进行理论知识的传授，而缺乏对于教师实践情境中的引导。所以本书认为应该根据教师的实践情境探索适合语文教师教育的课程与模式。

---

　　① 巩子坤、李森：《论情境认知理论视野下的课堂情境》，《课程·教材·教法》2005 年第8 期。

　　② 姚梅林：《从认知到情境：学习范式的变革》，《教育研究》2003 年第 2 期。

　　③ 姚梅林、汪泽荣、吕红梅：《从学习理论的变革看有效教学的发展趋势》，《北京师范大学学报》（社会科学版）2003 年第 5 期。

第三章

语文教师文本解读教学化知识研究

语文教师建构文本解读课程要以一定的知识为基础。在以往的"目的—手段"的课程与教学研究范式下，语文教师行为是语文教学研究的核心内容，教师知识研究是薄弱的，教师行为的研究对语文教师文本解读教学化能力发展的指导意义是有限的。事实上语文教师建构文本解读课程不是单纯的技术操作的过程，而是在具体的教学情境中运用知识和经验的实践过程。从 20 世纪七八十年代以来，伴随着认知科学的发展，教学研究的重心从教师决策和思维研究转向于教师知识的研究。研究者越来越意识到，教师的课程建构和教学实施的心理过程要以一定的知识作为基础，教师知识在很大程度上影响着教师的决策和教学行为。[①] 那么，语文教师文本解读教学化需要什么知识，这些知识的性质和结构特征如何，以及这些知识是如何发展的，成为语文教师建构文本解读课程研究中必须要首先回答的问题。

第一节 语文教师文本解读教学化所需要的知识

一 知识及教师知识

知识一词在不同的领域被赋予不同的内涵。在哲学领域，人们普遍认为知识就是被证明了的真实的信念。[②] 哲学认识论主要围绕着信念的真实性对知识的本质和来源等宏观问题进行研究。例如，人们一般说的"科

---

① 李琼：《教师专业发展的知识基础——教学专长研究》，北京师范大学出版社 2009 年版，第 2 页。

② 罗素：《西方哲学史》（上册），何兆武、李约瑟译，商务印书馆 1981 年版，第 66 页。

学文化知识"就属于哲学认识论中的知识,被认为是对事物正确认识的人类文明的共同成果。在教育学和心理学领域对知识的研究角度是个人认知方面的,主要关注的问题是知识如何影响人的学习和行为,个体如何获得知识和发展知识。在教育学、心理学领域基本认同的知识定义是个体对信息、技能、经验、观念与记忆的个人化的吸纳与储存。在教育心理学领域对于知识的研究中真实性的问题已经不是核心,在教育学和心理学领域的知识研究更多考虑的是知识的效用,即知识对于个人行为和个人成长的意义。即使在教育心理学领域知识的界定也有不同的观点。例如,认知心理学中的信息加工理论中的知识被认为是由概念、原理、命题组成的信息及信息的组织,而受建构主义影响的一些研究者则认为知识是个体和环境相互作用后所获得的信息和组织。本书认为,哲学认识论中认为的知识的客观性是相对的,以往被认为是真理,后来也有可能被推翻。同时本书也认为,尽管哲学认识论追求的知识的真理性和客观正确性是非常复杂的,但达成共识的知识还是具有相对的正确性。个体学习过程中对哲学认识论中所说的为人们所公认的"理论"知识获取占有很大比重,是个体获得知识的重要来源。而教育学和心理学中关注的知识是个体对相对正确的哲学层面知识的学习和个体实践经验相混合形成的具有个体个性特征的个人化的知识。本书所研究的知识指个体作为认识主体和客体相互作用后获得的认识成果,这里的知识包括哲学认识论中所说的真理性知识,也包括个体在经验中形成的个性化观点。

教师知识通常有两层含义,一层含义是教师自身拥有的知识,即教师对客体的认识是什么;第二层含义是关于教师的知识,即教师知识是什么。从认识论的视角,第一层含义中认识的主体是教师,而客体是认识的对象,认识的成果为教师个体的智力结果。在第二层含义中,认识的主体是研究者,认识的客体是教师,认识的结果是关于教师的知识。[1][2] 本研究采用第一层含义,教师知识是作为认识主体的教师与认识客体相互作用下形成的智力结果。这里的教师知识由于是主客体的交互作用产生的,所以有可能是正确的,也可能是错误的。如果不是教师作为主体和客体交互

---

① 范良火:《教师教学知识发展研究》,华东师范大学出版社 2003 年版,第 13 页。

② 李琼:《教师专业发展的知识基础——教学专长研究》,北京师范大学出版社 2009 年版,第 2 页。

作用产生的认识，不管对错都不是本研究所指的教师知识。本研究的教师知识是主客体相互作用的结果，而不是教师作为主体的认识过程，例如，教师文本解读的认知过程就不属于本研究的知识范畴，而语文教师经过文本解读后获得的智力结果才是文本解读知识。把教师知识看作是主客体的相互作用，那么教师知识就在教师的"头脑中"，所以，虽然"教师技能"和教师知识密切相关但不在本研究的范畴之内。既然教师知识来源于教师主体和客体的交互作用，那么教师的知识水平就和教师与客体不同程度的交互作用密切相关。

在教育学出现之前，教师知识专指教师拥有的学科知识。教育学出现后，教师的学科知识和教育学知识成为教师知识的构成要素。但是，教师知识研究作为独立的研究领域是 20 世纪 70 年代才开始的。教师知识研究有不同的取向，包括实践取向的教师知识研究、教学过程取向的教师知识研究、课程建构取向的教师知识研究、教学专业取向的教师知识研究和教师角色取向的教师知识研究。本研究关注的是课程建构取向的教师知识研究。

二　课程取向的教师知识研究

课程取向的教师知识研究也称作学科教学取向的教师知识研究。不同的教师知识研究取向有不同的教师知识分类理论。在知识分类研究方面做出开创性贡献的是舒尔曼，在舒尔曼教师知识分类理论基础上（见表 3 - 1），研究者出于不同的研究取向，提出了不同的教师知识分类理论。课程建构取向的教师知识研究是围绕学科知识和学科教学知识展开的。"学科知识"研究围绕施瓦布的"实践性学识"这一中心展开，而"学科教学知识"的研究则以舒尔曼的"学科教学知识"为中心展开。

表 3 -1　　　　　　　　　　　舒尔曼教师知识分类

知识类型	包含的内容
学科知识	内容知识，如具体的概念、规则；实体知识，包括学科内的范式；句法知识，如学科内部的联系，以及对特定学科的看法，如哪些教学内容是重要的
一般教学法知识	如何教的知识，包括激发学生的学习动机，有效地实施课堂管理（如何设计教学评价等）
课程知识	对教学媒体与教学计划的熟练掌握
学科教学知识	如何对专门的教学内容实施教学的知识

续表

知识类型	包含的内容
学生及其发展特点的知识	学生的个体发展与个体差异方面的知识
教育背景知识	包括小组或班级的活动状况，学区管理与资助，社区和地域文化的特点
有关教育宗旨、目的、价值及其哲学及历史背景知识	

　　以学科知识为基础，对教师学科知识向课程转化进行研究的代表性人物是施瓦布。施瓦布首先强调学科结构的重要性，施瓦布认为学科结构对教育有双重意义："教育工作者在设计课程和准备教材时就必须考虑学科结构，否则课程计划可能被错误地实施，教材可能被误教；一定要把学科结构深入到课程的各个方面，使其成为课程的实质，否则就会把学生引入歧路。"[①] 施瓦布认为课程领域已经到了穷途末路，主要是因为课程与开发的实践受到理论结构的支配。施瓦布在理论结构支配下的课程存在以下三方面的问题："（1）理论主要不适用于教与学的实际问题。理论就其实际特点来看，没有，也不能考虑到教什么、谁来教、怎样教等具有决定性作用的问题。（2）许多借来的理论没有适用的地方，甚至于这些理论所选用的学科许多是不完整的，还有一部分是教条的。（3）一个借来的理论避开或者忽视社会结构和个人道德，或仅仅指示出对这些问题的解决办法。有关这些问题的理论不可能包容到一个理论框架之内，所以课程走向了危机的边缘。"[②] 施瓦布构想了一个实践课程的理想蓝图，就是课程审议。施瓦布认为可以通过课程审议打破 "心理学家与哲学家、社会学家和测试编制者、历史学家和行政人员之间的壁垒；可以用新的渠道将教师、监督者、学校行政人员和研究专家联系起来。"[③] 基于这样的认识，在借鉴杜威对于反思的研究内容基础上，施瓦布提出了教师实践性学识的内容与性质。施瓦布认为，教师如果在复杂的情景下进行的教育是不能不反思的，师范教育不能继续提供给教师那些僵化的、死记硬背的学习内容

---

　　① ［美］Ian Westbury、Neil J. Wilkof：《科学、课程与通识教育：施瓦布选集》，郭元祥、乔翠兰主译，中国轻工业出版社 2008 年版，第 53—225 页。

　　② Schwab, J. （1969）. The practical：A Language for curriculum, *School Review*, 78 （1）: pp. 1 –24.

　　③ Ibid. .

和一成不变的规定课程。师范教育应该给教师提供足够的学科材料，让教师在这些材料的基础上进行积极的反思，建构自己的实践性学识。[①] 施瓦布认为，只有教师把课堂当作一种情境和方法来反思整个教育的时候，只有教师把课堂当作将学科知识向课程内容转化的反思实验室，并检验反思、行为和结果是否符合标准的时候，他才是一个进步的教师。[②] 施瓦布认为学科知识是流动的，并且分属不同的理论框架，教师只有通过自己的反思和实践才能为将学生引入更高级的智能发展提供基础。当然，施瓦布这里的反思性实践是置于课程审议的框架内的，是课程要素中反思与实践的一个方面。在施瓦布的实践性学识的基础上，柯兰迪宁（Clandinin）等研究者对教师实践性知识进行了更为深入地研究。我国教师实践性知识研究的代表性人物是陈向明等。

　　施瓦布的实践性学识理论为本研究文本解读知识属性的进一步研究提供了主要的理论启示和研究思路。教师不可能教自己不知道的知识，本研究认为在文本解读教学化过程中，语文教师的文本解读知识是知识基础之一，是文本解读课程的知识来源。施瓦布等人的学科知识研究虽然认识到了学科知识对课程建构的重要意义，但是对学科知识和教育学知识的融合方面还没有充分深入地研究，并没有从深层次去揭示出教师学科知识与课程建构的本质关系。对于学科知识和实践性学识的研究深化了教师拥有的学科知识的认识，深化了对教师学科知识对于课程与教学意义的认识，并对教师学科知识的教育提供了重要的启发意义。但是，施瓦布对教师学科知识的研究并没有建立学科知识和课程与教学的联系，也就是说没有揭示出教师学科知识和具体教学形态的学科课程之间的内在联系。其后的研究者从如何实现教师学科知识与教学的整合方面进行了卓有成效的研究。而舒尔曼的学科教学知识的提出则着力要从教师知识研究层面去解决这个问题。

　　斯坦福大学的舒尔曼及其小组在对美国加州地区 1975 年和 1985 年的教师评价的测试内容进行对比分析后发现，教师教育研究领域对于教师知识内涵和外延的认识存在鲜明的差异，在教师知识测试中学科知识和教育知识是分离的状态。到后来对于教师知识的要求逐步走入单纯的教育学知

---

　　① ［美］Ian Westbury，Neil J. Wilkof：《科学、课程与通识教育：施瓦布选集》，郭元祥、乔翠兰主译，中国轻工业出版社 2008 年版，第 53—225 页。

　　② 同上。

识倾向，重在通过纸笔测验对于教育学原理记忆性知识的考察，对于教师学科知识的研究正在逐步被忽视。综合美国教师准备教育中关于学科知识和教育知识课程的争论和教师学科知识研究的忽视，舒尔曼提出来一种新的教师知识形态"学科教学知识"。学科教学知识指"将特定的学科内容与教育学知识融合为这样一种理解：如何将特定的主题或问题进行组织与重新表征，以适应学习者的能力与不同的兴趣需要"。① 舒尔曼认为"学科教学知识"是一种特殊的学科知识，但这种学科知识是属于教学的学科知识。舒尔曼认为，"学科教学知识"是"教师学科内容知识和教育学知识的特殊合金体"②，是最具有"可教性"的学科知识。在舒尔曼这里学科教学知识已经超出了一般意义上的学科知识的范畴，是经过教师认知加工后以适合学生理解的方式进行表征的一种知识形态，反映了科学的知识内容与教学论知识的特殊整合。依据学科教学知识的观点，在教师专业过程中单方面精通学科的知识或教学论等教育学知识都不能体现教师知识的本质属性，学科教学知识才是教师体现教师专业性的知识核心。

舒尔曼"学科教学知识"概念的提出将学科知识和教学知识在教师知识研究领域进行了融合，改变了以往人们将学科知识和教学论知识分离的观念，深化和扩展了课程与教学研究中对教师知识的认识。学科教学知识随即引起了教学研究领域的广泛关注与研究。关于教师学科教学知识的研究主要从概念的辨析、内涵成分研究、学科教学知识的学科化和学科教学知识的发展等方面进行的。

有学者首先就对学科教学知识这个概念提出的必要性进行了质疑。根据舒尔曼的观点，教师需要运用不同的具有教学性的方式来表征学科知识，而从事该领域学术研究的学科专家是很少考虑对学科知识进行教学性的表征的。有学者认为，本身知识就有不同的表征方式，在学科知识中又提出学科教学知识是多余的。麦克尤恩（McEwan）与布尔（Bull）③ 就从知识论的角度提出了对这方面的质疑，他们认为学科专家在学科知识表

---

① Shulman, L. S.. (1986), Those Who Understand: knowledge Growth in Teaching. *Educational Researcher*, 15 (7), pp. 4 – 14.

② Shulman, L. S.. (1987), Knowledge and Teaching: Foundations of The New Reform. *Harvard Educational Review*, 57, pp. (1 – 22).

③ McEwan, H. & Bull, B.. (1991). The pedagogical nature of subject matter knowledge, *American Educational Research Journal*, 28, pp. 316 – 334.

达时也注重自己知识本身的可接受性和可理解性，从这方面说学科领域的学科知识本身也表现出了"教学性"特征，所以舒尔曼区分教师领域内的学科知识与学术领域内的学科知识是缺乏理论依据的。既然在学术领域和教学领域的知识都以不同的方式表现出了教学性，那么在学科知识外又划分出学科教学知识是没有必要的。对于这个问题，本研究认为可以从学科专家和教师运用学科知识的不同目的和针对的对象来看待这个问题。教师从事工作的核心是对学科知识的表达，而学科专家的核心工作却并不在于此。学科专家之间的学术交流固然有教育化的成分，但是这与教师面对的教学情境中的教学行为在目的和对象方面有着本质上的不同。学科专家是以如何发展新的知识和新的理论为目的来对待学科知识的，学科专家对于学科知识的阐述更多地从社会历史的视角看其在学术领域的发展；教师是以如何利用自己的知识促进学习者的学科发展为目的的，教师对学科知识的阐述更多的是从社会心理的角度考虑学科知识在学生思维中的发展。① 尽管学科教学知识和学科知识两个概念之间联系紧密，甚至二者在很大程度上难以区分，但是对于学科教师而言，学科教学知识对他们来说具有特殊的意义。因为学科专家和教师在知识表达的对象、情境方面的不同，表现出的教学要求也不同，所以学科教学知识从学科知识中区分出来对于课程与教学研究，对于教师专业发展确实具有特定的意义与价值。

　　还有的学者对学科教学知识本身的内涵和结构提出了修正性的意见。格罗斯曼（Grossman）在舒尔曼等人的研究基础上提出，教师的知识基础由四个领域构成，其中学科教学知识是核心。学科教学知识由四种成分构成：第一种成分是关于学科教学目的的观念；第二种成分是关于学生理解的知识；第三种成分是课程知识；第四种成分是教学策略知识。② 格罗斯曼学科教学知识的四种成分在学科教学知识体系中的作用是不同的，关于学科教学目的的观念处于统领性地位，而另外三种知识是在关于教学目的的观念的统领下构成学科教学知识的具体内容。在教师知识基础的论述中格罗斯曼认为，学科教学知识的三大关键性来源是学科知识、一般教学知识和情境知识。学科教学知识是在学科知识、一般教学法知识、情境知识

---

① 约翰·杜威：《民主·经验·教育》，彭正梅译，上海人民出版社 2009 年版，第 29 页。
② Grossman, P. L. . （1990）. *The Making of a Teacher*：*Teacher Knowledge and Teacher Education*. New York：Teachers College Press，pp. 3 – 9.

相互作用中形成的，学科教学知识与另外三类来源性知识共同构成了教师知识基础。另外，格罗斯曼在学科教学知识后续的研究中逐步以动态和合成的观点来看待学科教学知识，他提出教师知识并不是静态的，而是处于不断地发展变化中。教师会通过各种渠道获取学科教学知识，并在反思与课堂教学实践中形成新的教学知识。这些观点为后面的学者结合情境研究学科教学知识奠定了基础。

从动态和情境化的角度对学科教学知识进行研究的代表性人物是科克伦（Cochran）。科克伦等人认为，舒尔曼的学科教学知识仍然过分强调知识的客观性，说明舒尔曼提出的学科教学知识这一概念本身还停留在静态的层面上，由于仍然没有摆脱"客观认识论"的影响，所以对学科教学知识的构成研究方面还是忽视了教师作为学科知识建构主体的作用。基于建构主义的观点，在科克伦看来，教师学科教学知识的理解必然离不开教师所处的特定情境，教师是在特定的教学情境中综合考虑学生、教学法和学科内容等因素形成和发展自己的学科教学知识的。基于以上的认识，在格罗斯曼教师知识模型的基础上结合建构主义的观点，科克伦等人从动态角度将"学科教学知识"这一概念进行了重新定义。科克伦等人认为，教师是在动态的情境中发展自己的学科教学知识的，所以学科教学知识应该定义为"学科教学认知"，即"教师对一般教学法、学科内容、学生特征和学习情境等四种成分的综合理解"。① 科克伦等人还同时在格罗斯曼教师知识构成模型基础上，提出了一个新的教师知识的互动结构模型"学科教学认知发展结构模型"。舒尔曼认为，学科教学知识强调的学科知识和教学知识的整合是通过教师教学经验的发展而产生的，在科克伦等人的"学科教学认知发展结构模型"中，学科教学认知是在教学情境中教师将一般教学法知识、学科知识和学生特征进行整合、探究和创新的动态活动过程。科克伦等人认为，随着教师在教学实践的推进，作为学科教学知识的构成要素和教师知识的主要内容，四种知识成分也不断深化和拓展，并一直推动教师学科教学认知的发展，最终促成教师学科教学能力的提升。科克伦也提到，因为在具体的情境中各种因素在影响着教师学科教学认知的发展，所以在具体的教师个体那里上述四种知识的认知程度会表

---

① Cochran, K. F. , etc. (1993), Pedagogical Content Knowing: An Integrative Model for Teacher Preparation. *Journal of Teacher Education*, (4): pp. 238–272.

现出不完全对称性，四种知识成分在实际的学科教学认知扩展中是"不均衡的发展和融合"过程。另外一些研究从具体学科角度对学科教学知识进行了研究，进一步拓宽了学科教学知识的内涵。

学者对舒尔曼学科教学知识静态化与概念成分模糊性的批评是有一定道理的。对于学科教学知识静态化的问题解决需要我们明确学科教学知识的来源问题。学科教学知识的来源问题学术界有两种观点，一种观点认为学科教学知识来源于正规的师范教育，一种观点强调教师从教学经验中形成的"实践性知识"。从现有对教师专业知识来源的研究看，学科教学知识兼有正规教育与实践性的成分。正规化的学习包括师范教育中对于学科知识和教育学理论的系统学习，实践性知识包括实践情境中获得的处理教学问题时的教学策略与技巧等。本研究认为学科教学知识是在必要的静态的理论知识学习基础上，通过具体教学情境中的教学实践构建起来的，正规理论知识和实践性知识在教学中均具有重要的意义。对于学科教学知识的内涵的辨析，本研究认为学科教学知识和学科知识之间具有紧密的联系，学科教学知识的内涵和学科知识自身的内涵密不可分，学科教学知识学科化是解决学科教学知识概念成分模糊的突破口，这从以往的学科教学研究中也可以找到大量的证据。

总之，学科教学知识的提出第一次真正实现了学科知识和教学知识的融合，优秀的教师不仅在于教学技能和教学决策方面的出色表现，教师还必须知道如何去深刻地理解课程内容，拥有能用有效地表征策略提示教学内容的知识，拥有学生学习基础和思维特点的知识，拥有学生应该学什么、学了什么和将要学什么的知识。教师拥有了学科教学知识，那么就可以使儿童有效地逼近恰当的教育内容，实现教师学科知识向课堂教学形态课程内容的有效转化。

本研究认为，教师学科知识对教学化的意义在于作为课程的学科知识来源。在施瓦布等人那里，教师的学科知识是课程来源的一个方面，而在舒尔曼的学科教学知识研究视域下，教师的学科知识可以看作是转化的起点。学科教学知识对教师教学化的意义在于，它提供了一种在教学情境中把教育内容具体化的知识，在舒尔曼的"教学推理模型中"[1] 学科教学知

---

[1]　Shulman, L. S.. (1987), Knowledge and Teaching: Foundations of The New Reform. *Harvard Educational Review*, 57, pp. 1–22.

识是学科知识向课程转化的核心知识，是"科学的学科内容与教学论的特殊合金"①。本研究将学科知识和学科教学知识作为教学化的知识基础来进行研究，在此基础上提出语文教师"文本解读知识"和"文本解读教学知识"是语文教师文本解读教学化知识的核心成分。

三　语文教师文本解读教学化知识

语文教师文本解读教学化知识就是语文教师建构文本解读课程所需的知识。本书提出语文教师文本解读知识和文本解读教学知识两个文本解读教学化知识的核心要素。本研究首先对语文教育教学研究领域对语文教师知识的研究情况进行梳理，在此基础上阐明语文教师文本解读知识和文本解读教学知识提出的必要性，并对语文教师文本解读知识和文本解读教学知识在语文课程建构过程中的重要意义进行阐述。

在古代语文教育时期，人们认为"语文教师"所知道的基本上就是他们所要教授的，也就是说教师需要知道的就是学科方面的知识。进入现代语文教育，人们开始重视教育学知识在语文教师教学中的作用。语文独立设科初期的研究者就认为，"能文之士"必须同时深谙教授法，始能成为良师。②这种思想持续了近百年时间，现在也可以从高等师范院校的课程设置和语文教师专业培训课程中得到大量的证明。但是国内一直到21世纪，语文教师知识都没有被当作一个专门的学术领域进行研究。当代语文教育领域一般把语文专业知识、普通教育学知识、心理学知识和语文教育学知识作为教师知识应该具备的学识素养。这从高等师范教育课程设置和语文教学论研究中可以得到充分的证明。综观普通高等院校汉语言文学专业开设的课程，首先要开设的是专业课，也就是中国语言文学方面的课程。其次师范生需要学习教育学和心理学两门课程。另外，一般还要开设语文教育学和语文教材研究等语文课程与教学论方向的课程，这些课程为语文教师提供专业知识和教育学心理学的桥梁性知识。在课程设置方面对于这些课程设置的强调点不同课程设置的侧重点也不同。一种观点认为在课程设置中应该主要强调专业知识，专业知识才是语文教师知识的基础，

---

① Shulman, L. S.. (1987), Knowledge and Teaching: Foundations of The New Reform. *Harvard Educational Review*, 57, pp. 1 – 22.

② 顾黄初、李杏保：《二十世纪前期语文教育论集》，载蒋维桥《论小学校以上教授国文》，四川教育出版社1991年版，第4—7页。

至于教育学、心理学和学科教学论等教育理论在具体教学中意义是有限的，很多没有学过教育学心理学的非师范学校中文专业的毕业生也成长为优秀的语文教师，学校学习的教育理论知识用处不大。另外一种观点认为，对于基础教育阶段的语文教师而言，对于本专业领域的知识需要其实并不是很高，超过一定数量的知识后语文专业的知识对于语文教育的意义就不大了，很多并不是科班出身的教师照样最后成长为语文特级教师，而学科专家不一定可以成为优秀的基础教育阶段的语文教师，所以在师范教育中应该强调教育理论知识的重要性，教育理论知识才是体现语文教师专业性的知识。从更高层次的语文教师教育培训中更可以看出，教育理论成为职后语文教育和语文教学专业硕士课程中的主要内容，专业知识被降到了次要的位置。排除对于专业知识和教育理论知识重要性认识，二者都被看作中文专业师范课程的主要内容。

在语文课程与教学论研究领域对语文教师的学识素养研究中也可以看出，在语文教育研究领域对于语文教师知识认识和师范教育中的课程设置中的知识是一致的。语文课程与教学研究领域一直也认为语文教师应该具备扎实的中文专业知识、教育学知识、心理学知识和语文教学论知识。同时，语文课程与教学论研究领域认为语文教师除了上述知识外还应该具备广博的一般知识（普通知识）。语文课程与教学论研究中强调语文教师广博的普通知识是由语文科本身的综合性决定的。由于语文教师面对的文本要包括哲学、政治学、科学、历史、地理等方方面面的知识形态，这就要求语文教师要对社会环境、自然现象、世界局势、现实生活，甚至对于科学技术领域的知识要有基本的了解，只有这样语文教师才能应付语文教材中内容广泛的文本。所以有研究认为，语文教师应该成为"杂家"。

通过以上分析可以看出，很长一段时间内语文教育及研究领域对于语文教师学识素养的认识中认为，语文教师应该具备扎实的中文专业知识，以教育学、心理学和语文课程与教学论构成的教育理论知识和广博的普通知识。以往人们虽然重视语文教师的知识在语文教学中的作用，但是很少有人将其作为一个专门的学术领域进行研究，所以其研究基础非常薄弱。随着新课改的深入，人们越来越重视语文教师专业发展在语文教育教学及改革中的重要性。作为体现语文教师专业性的语文教师知识逐渐成为专门的学术研究课题，其中的热点问题就是"语文教学知识"的研究。

目前集中进行语文教学知识的研究文献有：朱晓民的《于漪语文教学知识发展研究》① 和《语文教师教学知识发展研究》②；姜美玲的《教师实践性知识研究》。朱晓民的《于漪语文教学知识发展研究》一书从学科教学知识的视角对语文特级教师于漪的专业发展进行了个案研究。该书首先较为系统地对近二十年来教师知识研究和学科教学知识研究的相关成果进行了梳理，在语文教育研究领域较早地引入"学科教学知识"这一概念，并具体地对语文教学知识的概念做了界定。然后，该书从语文教学知识的研究视角，有针对性地总结和归纳了于漪语文教学知识的"基本构成、特点和类型"。从于漪追求卓越的个性品质、辩证思维能力、关键事件、知识转化机制、教学反思等方面揭示了于漪语文教学知识生成与发展的内因与机理，并阐明了对教师专业知识发展的意义。该书还结合当下教师教育及教师专业发展的前沿理论，对语文特级教师于漪的"语文教学知识发展"进行了细致深入地分析。该书想从语文特级教师个案分析的角度帮助语文教师认识语文教学知识在语文教师专业发展中的意义，并能从于漪的语文教学知识发展中汲取对自己有益的经验，并通过反观自身的专业发展提升语文教学知识素养。朱晓民《语文教师教学知识发展研究》一书结合实证研究，对语文教学知识进行了专门的研究，该书是国内较早进行语文教师教学知识研究的专著。该书的实证研究部分利用调查问卷、访谈等方式进行资料的收集，采用方便抽样和抽样分层的方法进行了大样本和个案研究，然后对数据进行处理和分析得出结论。文章试图揭示语文教师教学知识的构成和发展规律。研究发现语文教师的教学知识包括语文教师的课程与教学知识、语文教学方法的知识和语文教学的表征知识。文章还对语文教学知识的来源进行了调查研究，主要是从作为学生时的经验、职前培训、在职经验三方面来研究。最后文章还通过语文教学名师的个案分析对语文教学知识的发展模式进行了研究。但是文章受制于国外学科教师教学知识相关研究范式的影响，在理论框架的构建之初没有和语文教师的特点融为一体，所以其实证研究结论的针对性还有待于继续探讨。另外，文章对于语文教学知识的发展过程的揭示还不够深入。姜美玲

---

① 朱晓民：《于漪语文教学知识发展研究》，山西教育出版社 2006 年版，第 1—236 页。
② 朱晓民：《语文教师教学知识发展研究》，教育科学出版社 2010 年版，第 1—263 页。

在《教师实践性知识研究》① 一文中，通过质的研究方法将"学科教学知识"② 作为教师实践性知识内容结构中的一部分进行了研究。因为该文选择的叙事研究个案是一位语文教师，所以本研究就认为这是语文教学知识研究的相关文章。该文章通过对一位中学语文老师的作文教学知识的叙事研究，对其语文学科教学知识的表现、作用、发展等问题进行了研究。在叙事研究的基础上文章得出扎根结论："学科教学知识，不只是教学法书上某一领域内容如何教学的建议，而是教师对具体教学内容进行教学法处理的知识和途径。拥有一定教学经验的教师或许能体会到，拿到一个具体的教学内容，首先在脑子里呈现出一个大致的教学模式，知道这个内容可以用什么样的方法进行教学，预料学生在学习这部分内容时可能会出现的困难等等。这些模式、方法和特征的形成，是对这一知识内容的了解，以及学生学习这部分内容的知识积累。"③ 该文由于研究的主要指向并不是学科教学知识，所以对学科教学知识的前期理论分析较弱，以至于在具体的叙事研究中表现出研究者作为研究工具解释能力不足的缺点，整体上对于语文教师学科教学知识本质属性研究还不具体深入。

也有文章对语文教师的专业知识来源进行了研究。赵冬臣等④对语文教学知识的来源进行了研究，其研究范式和朱晓民类似，主要借助范良火《教师教学知识发展研究》（2003）⑤ 的研究范式。研究把教育理论知识、课程知识、学科知识和学科教学法知识作为教师专业知识的基本框架，以问卷调查的方式请中学语文教师评价 11 项来源对他们的专业知识发展的促进作用。结果显示，中学语文教师认为"自身教学经验与反思"、"自学课外书刊"与"和同事的日常交流"是专业知识发展的非常重要的来源，"教育见习与实习"、"教学观摩活动"是比较重要的来源，而"入职后的学历补偿教育"、"在职专业培训"和部分职前教育课程对专业知

① 姜美玲：《教师实践性知识研究》，博士学位论文，华东师范大学，2006 年，第74—81 页。

② 在原文中称作"学科教学法知识"，本研究认为其研究的就是"学科教学知识"，这是翻译方面的差异，也有人翻译成"教学内容知识"。

③ 姜美玲：《教师实践性知识研究》，博士学位论文，华东师范大学，2006 年，第74—81 页。

④ 赵冬臣等：《中学语文教师专业知识来源调查与分析》，《教师教育研究》2009 年第6 期。

⑤ 范良火：《教师教学知识发展研究》，华东师范大学出版社 2003 年版，第13 页。

识发展的作用并不明显。基于以上研究发现，提出了促进中学语文专业知识发展的建议。

纵观现有的语文教师知识研究，本研究认为存在以下三方面需要解决的问题。首先，就是对于语文教师知识内涵和外延的辨析不清楚。语文教师需要什么知识、拥有什么知识和知识如何发展的问题研究的基础是对语文教师知识内涵的界定。语文教师作为母语教育的专门从业人员，其知识内涵特有的属性在长期的语文教育研究中一直没有被重视。从语文教学内容方面看，语文教师在阅读、写作和口语交际教学中需要的知识虽然有交叉，但是其区别也非常明显。本研究认为，语文教育研究有必要对不同教学内容教学下语文教师所需要的知识进行清楚地界定。那么语文教师知识从不同的教学内容角度又可以区分出专门性的学科知识，而现在的语文教育研究领域这方面的工作还很薄弱。正是由于语文教师知识内涵界定的不清楚，导致语文教师知识研究缺乏学科性质。其次，语文教师知识研究缺乏学科知识和教育学知识的融合。这方面的问题在国内其他学科教师知识研究方面也有体现，但是由于语文教师知识研究起步较晚，这方面的问题仍然没有引起语文课程与教学论研究者的普遍重视，教学一线的语文教师对此也没有自觉的认识。目前语文教育研究领域一般认为，由于语文教师在语文教学中使用了中文专业相关知识，使得语文教师知识带有了语文科的教师知识属性。但是，这样的研究忽视了正是因为语文教师学科专业知识的教学使得他们的学科专业知识的使用和建构同时具备了教育教学属性，具有教学性质的语文学科知识正是语文教师知识学科性质的独特体现，这正是语文教师知识专业属性区别于中文专业学科专家的地方。具有教学性质的语文教师学科专业知识才是真正体现语文教师学科教学属性的知识，而这方面的研究目前来说也非常薄弱。当下的教师知识研究只对语文教师需要专业知识和教育类知识进行要求，但是并没有对语文教师如何将这些知识转化为真正的学科教学能力、这些知识如何发挥作用等语文教师需要澄清的问题进行探讨。这样的研究结果不能使学科专业知识的学习和教育类知识的学习融为一体，所以对于语文教师的教学实践的指导是有限的。

本研究认为，以往的语文教师知识研究并不能为语文教师文本解读教学化提供有效地指导。现有的语文教师学科知识研究方面认为以往的"字、词、句、篇，语、修、逻、文"是其主要内容。但是具体的语文教学实践证明，语文课程的各个内容领域都有各自相对独立的学科内容体系，用传统的语文知识观念指导教师的学科知识发展对语文教师具体教学内容的教学能力发展指导意义是有限的。所以，语文教师知识研究领域需要对语文教师具体的教学内容领域的课程建构和教学实施所需要的学科知识进行研究。所以，本研究认为一方面语文教师学科知识研究应该从具体的课程内容出发，而不是用笼统的"语文知识"研究代替；另一方面，语文教师知识研究应该注重学科知识和教育学知识的融合。本研究中的"文本解读知识"和"文本解读教学知识"就是在这样的背景下提出的。

既然文本解读作为一个具有相对独立的课程内容结构出现，那么文本解读课程建构的知识结构也应该是和文本解读课程内容相适应的。很明显，传统的语文知识和文本解读课程内容并不是同一的。在中文学科发展过程中，公共知识领域本身已经形成了文本解读知识体系，语文教师在具体的文本解读知识建构过程中会自觉不自觉地对已有的文本解读研究产生的知识进行学习，然后结合自己的文本解读实践构建起具有个性化的文本解读知识结构。对语文教师文本解读教学具有直接意义的是文本解读知识而不是传统意义上认为的语文知识。基于以上的认识，本研究认为语文教育领域有必要提出文本解读知识这一概念，对文本解读课程建构进行研究。

语文教师文本解读知识是文本解读教学化的学科知识来源和基础。语文教师文本解读知识要有效地实现其课程与教学价值就要与教育学知识进行融合，形成体现语文教师专业特色的一种具体的学科教学知识，本研究称之为"文本解读教学知识"。语文教师文本解读教学知识是学科教学知识在文本解读教学中的具体表现。

依据学科教学知识的研究，语文教师文本解读教学知识属于一种整合性的知识。根据舒尔曼的界定，文本解读教学化的知识包括语文教师在某一文本的教学时，表征文本解读的成果与形式的有效方式，所运用的具有说服力的例子、解释、演示、举例与类比，按照学生的思维来表征文本解读的成果与方式；不同年龄段学生与不同背景的学生对文本的理解、错误的想法以及可能遇到的困难。通过这些表征方法和学生思维的理解，语文教师将自身文本解读的成果与形式转化为具有教学性质的文本解读成果与方式，为做出适合学生阅读学习的教育学决策奠定基础。

这里需要注意，文本解读教学中的学科知识与诸如数学等的一般学科的学科知识是有一定差异的。因为在数学和科学学科中，教材中的学科知识和教学内容具有较高的同一性，而在阅读教学中的文本解读知识是语文教师通过文本解读和学科专家文本解读知识的学习和理解建构起来的。语文教师在课堂教学中运行的文本解读课程是文本解读教学知识在具体的课文解读教学中的运用，其基础是语文教师通过自身的文本解读对学科专家文本解读知识的理解基础上建构的文本解读知识。但是文本解读知识要转化为文本解读教学知识才能直接对具体的文本解读教学产生影响，这就是文本解读教学知识的特殊意义。文本解读教学知识是体现语文教师专业属性的知识形态，这种知识形态区别于学科专家的文本解读知识，是语文教师在文本解读知识和教育学知识的基础上、在长期的阅读教学实践中形成的特有的具有教学性质的文本解读知识。语文教师正是凭借文本解读教学知识进行文本解读教学化活动，进而影响自己的文本解读教学行为并对学生的文本解读学习产生影响。

文本解读教学知识的提出可以有效解释，为什么一些语文教师自身文本解读学识素养很高，但是却达不到理想的文本解读教学效果。因为体现语文教师专业属性的是文本解读教学知识，而不是文本解读学识。语文教师仅仅掌握扎实文本解读学识是文本解读教学化的课程来源，但是并不是保证文本解读教学有效性的充分条件。在此基础上语文教师还要深入地理解文本解读教育的意义、学生文本解读学习的特点以及如何表达自己的文本解读知识才能达到自己预期文本解读课程目标等。文本解读教学知识正是解决这些问题的知识形态，是真正体现语文教师文本解读教学专业属性的知识。文本解读教学知识的提出为提高语文教师文本解读教学化的有效性提供了方向。提高语文教师文本解读教学化的有效性重要途径就是引领语文教师发展自己的文本解读教学知识。文本解读教学知识本质上也属于实践性知识的形态。[①] 如何在实践层面提升语文教师文本解读教学知识是语文阅读课程与教学需要研究的重要课题。

总之，在语文具体课程内容的研究中要突出语文教师知识的学科特点，这样才能提高语文知识研究对具体课程内容教学的指导意义。本书提出的文本解读知识和文本解读教学知识对文本解读课程的建构与实施，对语文教师专业发展的理论与实践研究都有重要的意义。

---

① 　姜美玲：《教师实践性知识研究》，博士学位论文，华东师范大学，2006 年，第 74—81 页。

第二节　语文教师文本解读教学化知识的内涵

以往的教学化研究中，有的研究者将公共学科知识作为教学化的起点，像布鲁纳；有的研究者将教师个人知识作为教学化的起点，像舒尔曼。杜威和施瓦布虽然认为儿童是学科知识向学校课程转化的起点，但是杜威同样重视教师学科知识的重要性。根据对文本解读和文本解读教学化的界定，本研究认为，语文教师文本解读教学化的起点应该是语文教师自身拥有的文本解读知识，因为语文教师并不是完全从公共知识中学习文本解读知识，而是必须在自己的文本解读基础上结合公共领域文本解读知识的学习去亲自建构文本解读知识。即使语文教师的文本解读知识都来自于学科专家的文本解读研究，语文教师也必须要回到文本中通过自己对文本的解读重新对这些文本解读知识去理解和重构，这是文本解读知识本身的性质所决定的。

一　文本解读知识的内涵

本研究在概念界定的时候对语文教师文本解读的本质进行了阐述。语文教师完善的文本解读知识结构是语文教师在自己文本解读实践和参考中文学科专家文本解读研究基础上构建起来的属于自己的知识结构，是具有语文教师专业属性的学科知识。

以往的语文教育领域一直将语文知识作为中文学科知识认识的。本研究认为，就具体的文本解读教学而言，传统意义上认为的语文知识，"字、词、句、篇，语、修、逻、文"，并不是语文教育的具体内容。语文文本解读教学的核心内容也不是具体的课文。一直以来语文文本解读教学的核心内容都是对于具体文本的感知和认识。也就是说，在相对封闭的教材体系中，语文教师文本解读教学的学科知识表现就是关于这些文章的解读后获得的认识总体。在文章学和中文学科专家那里，学科知识也并不是抽象的概念，而是对于文本形式或者内容进行解读获得的认识。语文教师这里的文本解读知识和中文学科专家的文本解读知识内涵没有本质的区别。但是，语文教师的文本解读知识相对于学科专家而言更具有综合性和丰富性。学科专家往往是从自己所研究专业的某一个角度进行文本解读，例如，语言学家更多地从语法、语义、修辞等角度以文本为中心对文本进行解读并获得认识；而文学研究者更多倾向于对文学作品的美学价值、思想价值及文学史影响等方面进行研究；写作学研究者更多地从文章学、文体学、创作论等角度对文本进行解读。即使面对同样的文章体式，文言文和现代文的学科专家研究的角度和内容都不同。而语文教师由于其工作的出发点不同，在其自身的文本解读能力的基础上，往往对某一言语文本从各种角度进行解读从而获得认识。① 因为语言是人类精神活动最重要的载体，言语作品是记录人类精神活动与历史现象最常用的符号，言语作品与人的精神与历史有着最为深广的关联，所以多门学科都与文本解读有着天然的、不可能分割的关联。从这个意义上说，语文教师的文本解读并不是一个单纯的阅读行为，而是一个建构与更新自己文本解读知识的过程，语文教师文本解读知识对语文教师文本解读课程建构具有重要价值。本书研究的文本解读知识可以作为"语文学"② 知识的重要组成部分。

以往的语文课程研究更多探讨的是文本解读知识建构的认识过程，而对文本解读知识本质属性的研究是缺乏的。对语文教师文本解读知识的研究是建立在文本解读知识本身研究的基础上的，本书首先对文本解读知识的本质属性进行探讨。本书对文本解读知识的本体研究从三个方面进行：文本解读知识的内容特征、文本解读知识的存在主体和文本解读知识的建构过程。

文本解读知识的内容特征方面还要从文本解读的认识对象入手。文本解读是读者出于研究目的的阅读形态，文本解读区别于一般意义上的阅读；文本解读作为一种心理行为是获得文本意义和艺术审美价值，并为其寻求合理性解释的心理策略与方式；文学文本解读就是在相关研究的基础上，试图探寻文学作品的艺术价值，并为文学价值的实现寻求合理性，即发现艺术价值如何形成，分析出文学作品何以发挥出永恒艺术魅力的原因；非文学作品的文本解读试图探寻文本的意义及文本的言语构成，为文本意义的实现寻求合理性，即发现文本的客观意义如何形成，分析出其指称功能如何实现。从文本解读的认识过程看，文本解读的认识结果在不同特征文

---

① 李瑛、王志强、张钧：《中学语文教材解析》，陕西师范大学出版社 2010 年版，第 3—5 页。

② 刘淼：《当代语文学学科体系的建构》，《语文建设》2005 年第 3 期。

本方面会表现出不同的内容形式。从大的方面说，在文学作品方面文本解读知识表现为对文学作品艺术价值的认识和合理性解释；在非文学作品方面文本解读知识主要表现为文本的意义和合理性解释。但是，文本的存在形态的复杂性，很难用严格的标准对文学作品和非文学作品进行区分，即使不同的文学和非文学类属下也有众多的具体体裁，所以文本解读知识内容往往表现出综合性、丰富性的特点。在理论上用不同语言表达的文本在文本解读知识内容方面会表现出不同的特点，本书主要研究的是中文文本解读的问题。中文文本解读的认识过程及知识特点是中文学科研究领域的重要内容，由于本书的研究重点在文本解读知识向文本解读课程转化的问题，所以这部分内容不作为在定义文本解读知识方面的重点研究内容。

在文本解读知识的存在形态方面，本书从公共知识和个人知识两个维度对文本解读知识的属性进行阐述。任何知识的存在都有单一主体和复合主体两种形式，单一主体的知识存在表现为个体知识，复合主体的知识存在表现为公共知识。[①] 但是，不同性质的知识在两种存在状态方面的表现是不同的。本书借用施瓦布的学问中心理论来说明这个问题。施瓦布在"学问中心课程"的研究中提出，不同学科的学问发挥作用的学术共同体组织是不一样的。在"学问中心课程"领域发挥主导作用的是大学里最精干的学术共同体，像基础教育阶段的数学、物理学、化学、生物学等。这些学科的公共知识和个人知识之间的关系特点是，学科教师在公共知识面前不处于主导地位，参与知识创造的能力和机会有限，学科教师的知识结构体系和公共学科知识的结构体系具有高度的一致性。而在施瓦布的学问中心观念中，像文学、艺术、音乐等是最远离"学问中心"的课程领域，这些课程的学问创造与批评拥有最为广泛的学术共同体，因为这些学问处于"学问"性质单薄的文化领域。本研究认为，施瓦布的论述有其合理性。文本解读知识本质上属于人文知识，所以其研究的共同体是广泛的，所以在现实生活中对一篇文章"任何人都可以去品评几句，而且似乎都有几分道理"，而这种情况是不会发生在数学和科学学科方面的，因为这些学科的研究为少数的学术共同体所占有，一般人群在学科专家面前是不敢称作"专家"的。从这个意义上说，文本解读知识的存在主体是

---

① 余文森：《个体知识与公共知识——课程变革的知识基础研究》，教育科学出版社2010年版，第18—26页。

倾向于个人的，也就是说，虽然有专业的公共文本解读知识生产团队存在，但是通常情况下文本解读知识更多地表现为个人知识。但是，这并不意味着公共文本解读知识不重要，事实上文本解读公共知识在文本解读课程建构中具有重要的意义。

在文本解读知识的建构方面，本书从"认识"和"理解"两组关系中进行分析。语文教师文本解读知识是如何建构的是语文教师文本解读知识内涵研究要解决的问题。这个问题涉及对语文教师文本解读知识是否是文本解读教学化的起点和转化后的教学形态文本解读知识属性的认识。而且，对于文本解读建构及存在属性的澄清还可以对文本解读知识课程与教学本身的性质有清晰的认识。从认识论的角度说，人类知识的建构可以分为认识与理解两个向度。认识向度倾向于对认识论范畴的，被认为是真理的公共知识的吸纳，追求的是知识的本质、规律和真理，认识的知识对象通常具有客观性、普遍性和确定性；而理解向度倾向于发掘理解对象的意义，目的在于建立认识主体与客体之间的意义关系，知识的内容表现为精神、意义和价值等，理解的成果具有主观性、情境性和不确定性。从文本解读知识的建构来看，认识和理解两个向度都是存在的。个体文本解读知识的建构通常都是已有的被公认为真理性的文本解读知识和个体对文本意义理解得到的认识的混合体。个体间文本解读知识建构方面的区别在于公共知识学习和文本意义的独特理解方面的比重。同时个体间在文本解读知识学习和理解方面也存在深度和广度方面的水平差异。

从上述对文本解读知识的分析看，文本解读知识是人类在对文本的意义和审美价值及其合理性的认识与理解基础上形成的，倾向于以个体知识存在但也会以公共知识进行反映的一种知识形态。在文本解读知识概念界定的基础上，本书对语文教师文本解读知识进行阐述。在内容方面语文教师群体内部的文本解读知识和一般意义上的文本解读知识是相同的。在教师个体身上表现为个体知识的存在形态。本书更为关注的是语文教师文本解读知识的建构问题。

如果语文教师的文本解读知识属性是理论的，那么语文教师的文本解读知识就有完整的知识结构，固定的知识内容；如果语文教师文本解读知识的属性是实践的，那么文本解读知识是一个流动和结构松散的状态，文本解读的认识处于多元化的格局。对于文本解读知识的属性认识会导致不同的文本解读知识结构形式，如果以理论属性为主导，那么语文教师文本解读知识的结构就是记忆现成的学科专家生产的文本解读知识；如果以实践属性为指导，那么语文教师的文本解读知识建构就是通过自己文本解读，占有大量公共文本解读知识基础之上的反思与实践过程。本研究认为，文本解读知识应该是语文教师文本解读领域理论知识学习的自身实践性学识的混合体。首先，由于文本解读知识的开放性，语文教师必须要从现有的文本解读知识中去学习对于文本的认识，再高明的语文教师也不否认已有的达成共识的文本解读知识学习的重要性。同时，语文教师即使在直接占有文本解读知识的情况下，也是不能直接获得其具体的知识意义的，语文教师还需要将这些知识还原到文本中去理解。而在真实的文本解读知识建构中，没有哪一位教师是不读课文就直接去理解学科专家生产的文本解读知识的。而且，语文教师本身就在文本解读知识的生产群体领域。所以，语文教师的文本解读知识是公共文学解读知识学习和个人文本解读理解获得认识的共同体。如果语文教师不注重已有的达成共识的文本解读知识的学习，其文本解读课程建构就会陷入随意性、盲目性和浅薄性，所以，在文本解读教学中会出现多元解读无边界、教学内容无依据的情况。如果语文教师不注重自身的文本解读认识实践，那么语文教师的文本解读课程与教学就会成为没有自身生命的知识搬运。如何在具体的教学实践中处理共识性的文本解读知识和个人独特理解的平衡，是文本解读课程建构中一个需要解决的问题。施瓦布的知识结构中的句法知识理论可以给语文教师文本解读知识的建构提供参考性思路，句法知识具体的方法包括"熟虑术"和"折中术"①。熟虑术就是以多元的观点思考一件事物的方法；折中术就是在做出实际决策时，综合多样的理论与方法的技法。语文教师作为文本解读的实践共同体，那么语文教师群体便是生产文本解读知识的一个自组织，会形成一套具有语文教师特色的文本解读知识系统。语文教师个体知识既具有语文教师群体文本解读知识系统的特征，又由于其实践性表现出一定的个体风格。这就可以解释，为什么语文教师在文本解读课程资源使用的时候喜欢借鉴特级教师的文本解读知识成果，而不是学科专家的知识成果，因为语文特级教师的文本解读知识建构本身具有语文教师文本解读知识的群体性特征。

---

① Schwab, J.. (1969), The Practical: A Language for Curriculum. *School Review*, 78 (1): pp. 1－24.

　　综合以上探讨，本研究认为语文教师文本解读知识是语文教师在达成共识的文本解读知识学习与自身文本解读基础上建构的个人文本解读学识，语文教师文本解读知识是语文教师群体内运行的一种知识形态，既表现出一定的确定性，又表现出个性化的一面。那么，文本解读知识结构呈现什么特征呢？

　　施瓦布认为，学科知识意指关于一门学科内的概念、规则以及他们之间的联系与组织方式，主要包括三个维度：内容知识、实体性知识与句法知识。① 格罗斯曼等通过英语、历史和生物等学科教师的研究，基于施瓦布的学科知识维度提出了教师学科知识的四种成分：内容知识、实体知识、句法知识与学科观念。② 内容知识，指的是教师要知道所教授学科的事实性知识、组织性原则和核心概念；实体知识，指的是教师要知道所教学科的解释性框架和解释性范式；句法知识采用施瓦布原来的理解，认为是教师决定新知识纳入某一学科领域的一些规则和方式；学科观念是教师在教学中形成的对学科内容的定向。在本研究查阅到的学科知识结构研究中，格罗斯曼是针对英语教学进行教师学科知识结构研究的代表性人物，所以本研究结合格罗斯曼等对学科知识分类的四个维度对语文教师文本解读知识结构进行分析。

表 3 - 2　　　　　　　　　　语文教师文本解读知识结构

知识类型	内涵
文本解读内容知识	文本解读包含哪些内容，这些内容之间有什么联系，有哪些核心的概念在建构这些内容。文本解读内容知识回答的是"解读什么"的问题
文本解读实体知识	是如何进行文本解读的方法性知识，是文本解读的解释性框架和范式。文本解读实体性知识回答的是"如何解读"的问题
文本解读句法知识	是对文本解读的认识进行合理性解释的知识，是新的文本解读知识进入已有文本解读知识结构的规则或方式。文本解读句法知识回答的是"为什么这样解读是合理的"
对文本解读知识的认识	是在以上三种知识形态基础上形成的对文本解读知识的元认识，是关于文本解读知识的知识，回答的是"文本解读知识是什么"的问题

　　① Schwab, J. J. (1978), Education and Structure of Disciplines. In I. Westbury & N. J. Wilkof (Eds.), *Science*, *Curriculum*, *and Liberal Education* (pp. 229 - 272). Chicago University of Chicago Press.

　　② Grossman, P. L., Wilson, S. M., & Shulman, L. (1989). Teacher of Substance：Subject matter Knowledge for Teaching. In M. C. Reynolds (Ed), *Knowledge Base for the Beginning Teacher* (pp. ix - xii). Oxford, England：Pergamon Press.

文本解读内容知识。文本解读内容知识指的是文本解读包含哪些内容，这些内容之间有什么联系，有哪些核心的概念在建构这些内容。文本解读内容知识回答的问题是，解读文本的"什么"问题。本研究所说的内容知识包括两方面的含义，一方面指的是建立内容联系的核心概念框架，另一方面同样指这个概念框架负载的具体内容。通常语文教育中把文本解读的内容集中在以下方面：文章的内容、文章的体裁、文章的结构、文章的语言、文章的深层意蕴等。根据不同的文章体裁，文本解读内容知识也是不同的，比如，说明文一般是通过说明的对象、内容、方法、语言、顺序、结构等方面来进行解读；而记叙文一般是要素、顺序、语言、写作特点等；散文更强调写作手法、语言特点、警言妙语、思想情感及修辞方法等。以上归结的这些概念点就是文本解读内容及联系。但是，语文教师仅仅了解这些是不行的，语文教师还要将语文教材中特定篇章中的内容与这些概念建立联系。只有语文教师把语文教材中所有文本中的文本解读内容都能用概念点的形式建立有效的连接，那才算是建立了文本解读内容知识结构。语文教师文本解读内容知识是抽象的文本解读概念点和特定主题下附着在概念点上特定内容的整合。虽然语文知识内容庞杂，但是建立一个相对封闭的文本解读内容知识系统还是有可能的，语文教师如果可以通过努力建立这样一个文本解读内容知识结构，那么他就为成为优秀的语文教师奠定了坚实基础。同时，本研究认为，在不同的文本解读理论体系下有不同的文本解读概念结构，文本解读内容知识随着文本解读知识研究的推进不断地修正、替换和更新。例如，1949—1979年的以意识形态为主的文本解读内容性知识逐渐淡出了语文教师文本解读内容知识结构。

文本解读实体知识。文本解读实体性知识指的是如何进行文本解读的方法性知识，是文本解读的解释性框架和范式。文本解读实体性知识回答的是，"如何"解读的问题。但是由于文本解读的特殊性，对文本解读的方法性知识，不同的人有不同的理解。本书根据几位特级教师对于文本解读的方法进行的探讨来对语文专家型教师具有的文本解读实体性知识特点进行阐述。

王崧舟老师在一次关于文本解读的讲座中谈到了自己的"文本细读技术"，王老师其实对文本细读也没有概念上的界定，他通过引用别人的话语阐述了自己的理解。① 他引了朱光潜的"慢慢走，欣赏啊"、王尧的

---

① 王崧舟：《王崧舟讲语文》，语文出版社2008年版，第73—98页。

"在汉语中出生入死"、南帆的"沉入词语"、谭学纯的"穿行在多重话语之间"、吕叔湘的"从语言出发再回到语言"、夏丏尊的"引发对语言的一种敏感"、王尚文的"倾听文本发出的细微声响"等隐喻谈了自己对文本解读方法的理解。可以看出，语文教师文本解读实体知识确实存在于语文教师的认知结构中。李镇西认为解释学带给人文本解读方法的启示，这些方法包括解释学循环、历史的方法、语法分析的方法、心理分析的方法、唯物主义和辩证法。① 韩军则将"联比揣摩阅读"作为文本解读中的主要方法，并据此提出了"以揣摩为中心的联比教学法"。② 如果语文教师有丰富的文本解读实体性知识的话，这就有助于语文教师从不同角度去组织文本解读教学内容。从这方面看，语文教师文本解读实体性知识对于语文教师文本解读教学化有重要的意义。

文本解读句法知识。文本解读句法性知识指的是对文本解读的认识进行合理性解释的知识，是新的文本解读知识进入已有文本解读知识结构的规则或方式。文本解读句法知识回答的是，"为什么"这样解读是正确和合理的。本书结合于漪老师的一个文本解读实例看语文教师文本解读句法知识的具体表现。于漪在《春》的文本解读中谈道："作品中春的景色、春的气息、春的声响之所以写得如此动人，一是用词生动形象，如'小草偷偷地从土里钻出来'的'钻'与'偷偷'用得极为传神，对花、草、风、雨等景物形状、色彩、气息的描绘莫不如此；二是修辞手法的大量运用，特别是比喻手法的运用俯拾皆是，增添了形象性，而无丝毫累赘之感。"③这里于漪不仅指出《春》里面的描写很动人，还对为什么描写生动的原因做了探讨，使得文本解读有理有据。李海林在一篇文章中以《背影》为例对"无中生有创造性阅读"进行纠正时谈到，应该从环境（背景）、结构和逻辑三个方面整体上来看待朱自清父亲爬过铁轨的事件，④这样就可以将文本读得有理有据。以上两个例子就是语文教师文本解读句法知识的具体表现。

语文教师文本解读句法知识的意义在于语文教师不仅可以给学生教既定的知识，还可以向学生解释其中的道理。本书还以于漪的《春》的教

---

① 李镇西：《李镇西与语文民主教育》，北京师范大学出版社 2006 年版，第 94—95 页。

② 韩军：《韩军与新语文教育》，北京师范大学出版社 2006 年版，第 133—135 页。

③ 于漪：《于漪与语文教育教学求索》，北京师范大学出版社 2006 年版，第 110—111 页。

④ 李海林：《李海林讲语文》，语文出版社 2008 年版，第 140—141 页。

学为例进行阐释。因为于漪具有文本解读句法知识，所以她在教学中才既能够帮助学生感受到文章的美，还能找到美的原因，下面是一段教学实录：

师：你们有没有这样一种感觉，每天走进这个校园里，不知不觉这杨柳什么时候绿了？知道吧！［生（部分）：不知道。］都好像没有感觉到，没有看到它怎么绿了，又大起来了。因此这儿用来一个什么词呢？

生：偷偷地。

师："偷偷地"。这"偷偷地"，是不是那个"偷"的意思？［生（集体）：不是。］那么是什么意思啊！

生：（部分）悄悄地。

师：悄悄地，不知不觉地。——人们在不知不觉当中，小草钻出来了。确实是这个样子！所以，这里写得很细。——我说，描绘得很细。这就因为是从各个角度，从多方面描绘，写出它钻出来的生命力，写它嫩嫩的质，写它绿绿的色，写它在园子里，田野里，瞧去，一大片一大片满是的。①

从很多语文教师的教学实录中可以看出，语文教师的文法性知识很重要，是语文教师促进学生通过文本解读学习文本解读知识的重要手段，让学生既知道其然，更知道其所以然。

文本解读知识的观念是在以上三种知识形态基础上形成的对文本解读知识的元认识，是关于文本解读知识的知识，回答的是"文本解读知识是什么"的问题。语文教师对文本解读知识的认识一般不会在文本解读教学中有显性地表现，但是会对语文教师文本解读课程内容的定向产生重要影响，并潜移默化地影响学生的文本解读学习。格罗斯曼在英文教师知识研究中发现，不同的英文教师对文学作品理解内容定向的不同会影响教师课程内容的选择和实施。有的教师认为，文学作品的原文应该是文本解释的基点，文本解读应该到原文中去寻找证据；而有的教师则认为读者的独特体验才应该是文本解读的核心，课堂教学中文本解释的关注点应该是读者的感受。② 可见，对于文本解读知识本身的观念对文本解读课程的建

---

① 于漪：《于漪与语文教育教学求索》，北京师范大学出版社 2006 年版，第 120—121 页。

② Grossman, P. L., Wilson, S. M., & Shulman, L. (1989), Teacher of substance：subject matter knowledge for teaching. In M. C. Reynolds (Ed), *Knowledge Base for the Beginning Teacher* (pp. 8 – 9). Oxford, England：Pergamon Press.

构和实施也会产生重要影响，应该成为语文教师文本解读知识结构成分。

语文教师文本解读知识结构建构可以分为三个层次。第一层次就是单篇课文文本内部的文本解读知识，这是语文教师文本解读教学化的基本知识要求。第二个层次就是一套教材体系内部的文本解读知识结构，这个结构层次一般要进行一轮教学之后才能构建一个较为简单的知识结构，然后经过不断地实践将这个知识结构进行完善。第三个层次就是可以根据教材内文本解读知识结构向教材外部相关文本解读知识结构进行延伸，依托教材文本解读知识结构，使得自己的文本解读知识结构更开放，更具有同化能力。语文教师文本解读知识能力结构是要通过教师自己文本解读实践、同行之间的交流和相关的文本解读知识的学习基础上构建起来的，但是最后必须要通过自己的理解、分析、整理和重构进行构建，才能成为真正的属于自己的文本解读知识结构体系。

对语文教师文本解读知识内涵和结构的研究具有重要意义。首先，文本解读知识内涵和结构的研究明确了文本解读教学化知识来源的性质，推进了对文本解读课程属性的认识。语文教师文本解读教学化作为阅读课程建构的核心，课程来源很大程度上决定了课程的性质。语文教育及研究领域一直以文本解读作为阅读课程的核心，但长期以来没有对语文教育领域文本解读的本质内涵进行揭示，所以直接影响了阅读课程研究、开发和实施。语文教师文本解读知识是语文教师对已达成共识的文本解读知识和自身对文本解读认识的混合体，文本解读课程内容取决于语文教师文本解读知识的属性和语文教师对文本解读知识的广泛性与深刻性。语文教师文本解读知识影响语文教师对文本解读课程内容的取舍，语文教师文本解读知识中公共知识和个人观点的比重及水平决定着文本解读课程内容的属性和特点。其次，从语文教师文本解读知识性质出发，揭示文本解读课程实施中的师生关系。虽然本书研究的是语文教师文本解读知识，但是其中一些观点对一般个体文本解读知识建构也适用。从文本解读知识的性质出发，文本解读课程的性质也属于理论与实践相结合，文本解读课程要重视达成共识的文本解读知识的学习，如果不这样做就是隔断学科发展的历史，但是同时文本解读知识又有实践属性，那么语文教师和学生独特的体验也应该成为文本解读课程的重要内容，语文教师和学生都有文本解读知识生产的权利，这些知识应该成为文本解读课程的一部分。但是，语文教师需要对共识性文本解读知识的传达和师生独特体验对话内容之间的平衡进行决策，同时利用自己的文本解读知识对学生的文本解读学习进行方向性的引导，实现文本解读教学的有效性。这样，文本解读教学中的一些现象就可以得到解释。例如，文本解读中的多元解读和文本意义的确定性的问题。由于文本解读知识属于理论知识和实践性学识的混合，所以文本解读知识既有普遍的共识，同时还会具有独特的体验，所以文本解读中会出现多元解读和文本解读意义确定之间的问题。这一问题需要语文教师丰富自己的文本解读学识，尤其是文本解读句法知识。再如，文本解读容易脱离文本的现象。如果个体仅仅将文本解读课程理解为理论知识的学习，那么有可能会拿别人的阅读认识作为自己的文本解读学习的材料，因为自己没有去进行文本解读实践，没有用熟虑和折中的方式对文本解读知识进行判断，或者文本解读句法性知识的欠缺，都会造成文本解读脱离文本。

总之，文本解读知识性质的研究可以解决文本解读教学化过程的课程来源问题，可以回答文本解读课程与教学中的诸多理论与实践问题，对于语文课程与教学研究具有重要的意义和价值。本研究主要关注的是其作为语文教师文本解读教学化知识基础的意义。

语文教师文本解读知识是语文教师学科知识的重要方面，但是语文教师文本解读知识不是体现语文教师专业性质的知识，因为这些知识在中文学科专家那里也有。本书根据舒尔曼等人的"学科教学知识"① 理论，提出文本解读教学知识这一概念。本研究认为在文本解读教学化过程中，起核心作用的是文本解读知识和教学法知识的整合，本研究称之为文本解读教学知识，这种知识才真正地体现了语文教师的专业属性，是语文教师文本解读教学化的关键性知识形态。

二　文本解读教学知识的内涵

根据舒尔曼最初对学科教学知识的定义，文本解读教学知识是一种超出一般意义上的学科知识范畴，是经过教师加工后以适合学生理解的方式进行表征的一种特殊的文本解读知识形态。本书提出的文本解读教学知识内涵源于舒尔曼的学科教学知识定义及其他学者的相关研究，同时文本解读教学知识也有其特征。下面本书对文本解读教学知识的内涵作详细的阐述。

---

① 也有人翻译成"教学内容知识"。

　　首先，从本质上看，语文教师的学科教学知识属于文本解读个人知识的一种特殊形态，是一种为了教学而产生和存在的知识形态。个体的文本解读教学知识源于他的文本解读知识，但是教师个体元初意义的文本解读知识并没有为教学服务的特征，主要表现在表征形式、难易程度、课程意义和教育目的筛选等方面。所以，语文教师有一个将在自己文本解读知识的基础上进行二次加工，产生一种体现语文教师专业特色的学科知识的心理操作过程，经过加工后的文本解读知识就是语文教师的文本解读教学知识。

　　其次，文本解读教学知识的特殊意义在于，这种特殊形态的文本解读知识已经超出了一般意义上的学科知识的范畴，是经过教师认知加工后以适合学生理解的方式进行表征的一种学科知识形态，反映了语文教师文本解读知识与教学论知识的特殊整合。文本解读教学知识，是语文教师在经过认知加工后以适合学生理解的方式进行表征的一种文本解读知识，是最具有可教性的文本解读知识，是语文教师文本解读知识和教育学知识的特殊合金。正是由于语文教师身上具备文本解读教学知识，语文教师才表现出文本解读教学的专业属性。语文教师分别只具备文本解读知识和教育学知识都是不充分的，语文教师文本解读教学的专业性表现在，语文教师可以深刻地理解和掌握丰富的文本解读知识，可以用最佳的方式去呈现特定主题下的文本解读知识，可以了解学生在特定主题下文本解读知识学习的困难和基础，可以促使学生逼近特定主题下文本解读教育内容。语文教师只具备文本解读知识或者教育学知识都不能有效达成上述效果。因为语文教师有了文本解读教学知识，使得语文教师有别于中文学科领域文本解读研究方面的学科专家，表现出特有的专业属性。

　　再次，文本解读教学知识是教师个体在情境中发展起来的实践性知识，在没有进入课程建构与实践环节，这种实践性知识是以个人潜在的暂时脱离情境的知识形式存在的，在文本解读教学化过程中，文本解读教学知识服务于文本解读课程建构与实施。文本解读教学知识的意义就在于它是语文教师文本解读教学化具体使用的知识形态，语文教师扎实的文本解读教学知识对语文教师文本解读课程建构具有直接的作用。语文教师文本解读知识虽然是语文教师文本解读课程建构的知识来源，但是如果要发挥有效地作用，语文教师的文本解读知识要转化为文本解读教学知识。

　　最后，从文本解读教学知识的建构过程同一般意义上学科教学知识的建构比较也有特殊性。个体的文本解读教学知识的建构以个体的文本解读知识为基础，本身语文教师的文本解读知识就有非常强的个体知识特征，那么语文教师自身二次建构而来的文本解读教学知识个性化就更强了。这和科学、数学教师以公共学科知识为基础构建学科教学知识的心理运作方式是有区别的。因为文本解读教学知识具有极强的个体特征，所以这种知识转化为公共知识的过程较难，即使转化为公共知识后对其他语文教师的影响方面也表现出适用性不强的特点。这也许是很多特级教师的经验在其他教师身上不适用的原因之一。

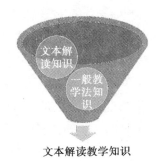

文本解读教学知识

图 3.1 语文教师文本解读教学知识形成及内涵示意图

在对文本解读教学知识的内涵进行讨论后，为了研究的需要，本书依据舒尔曼学科教学知识提出的初衷和格罗斯曼结合英语教学对学科教学知识的研究，本研究认为文本解读教学知识包括以下四方面的核心成分：关于文本解读教学目的的观念；关于文本解读知识表征的知识；对学生文本解读基础及思维的理解和文本解读课程知识。四种文本解读教学知识的构成成分之间的关系见表 3-3。

表 3-3 　　　　　　　　　　**文本解读教学知识结构及关系**

关于文本解读教学目的的观念		
关于文本解读知识 表征的知识	对学生文本解读 基础及思维的理解	文本解读 课程知识

关于文本解读教学目的的观念是文本解读教学知识的首要构成成分。本书在文本解读知识研究中就阐述过，一定主题或一篇课文中可以解读的内容和成分是开放的，对于文章的解读可以从各个层面产生不同的解读认识。语文教师面对众多的文本解读认识，如何选择课程领域的文本解读知

识内容就需要文本解读教学目的的观念进行引导。语文教师文本解读教学观念的意义在于对文本解读教学化的统摄和监控。对语文教师文本解读教学目的认识在文本解读教学化心理过程监控中的作用本文将在第四章第三节作详细的探讨，这里就不做更多的阐释。

　　文本解读教学知识构成的第二部分是对文本解读知识的表征。本研究通过一般中文学科领域的学者文本解读知识和语文教师文本解读教学知识的比较来探讨文本解读教学知识。一般中文专业领域的学者的主要任务是发展学科知识，也就是本书这里具体谈的文本解读知识，比如说对于文本的重新理解，从新的观点和材料得出新的理解等。语文教师文本解读的任务主要是为了促进学生如何提高阅读素养。阅读教学作为师生对话的活动形态，教师的作用最终要通过学生文本解读的学习效果来体现。就像本书在文本解读知识研究中所举的于漪老师《春》的教学实例，于漪老师一开始的文本解读是为了后面通过自己的讲解和引导来达到学生对于文章描写好处的感悟，和文章描写好处的解释性理解，即语文教师文本解读教学的结果是通过学生的文本解读获得的体验和学生阅读素养的提升来表现的。学科专家虽然也向自己的同行表达自己文本解读的科研成果，但是一般情况对教育学不会有特别的要求。但是，语文老师要面临的是不同身心发展水平的学生，而且学生思维的特点决定了语文教师需要借助各种手段和策略去表征自己的文本解读知识，达到促使学生理解的目的。从语文教师文本解读教学的角度讲，文本解读教学知识具有重要的意义。这里，再举于漪老师另外一个例子进行阐述。于漪老师在《变色龙》这一课的文本解读教学时利用板书来表征奥楚蔑洛夫的变与不变，"不变的本质"用直线表示，"变的现象"用曲线来表示。于漪想表达的文本解读知识是奥楚蔑洛夫"变化的现象"是由他"不变的本质"决定的。教学结果显示，通过板书的形式将抽象的问题具象化，使学生很好地理解了文章，最后学生还对板书提出了异议，认为奥楚蔑洛夫的变化波峰和波长不是等距的，因为其变化的频率和每一次的态度都不一样。[①] 可见，于漪的文本解读知识具有教学性质，属于学科教学知识的一类，就是因为这种知识在原来的文本解读知识基础上加上的表征方式和策略，这样就有助于学生的文本解读学习，提高了学生的阅读素养。其实，语文教师在日常教学中的讲解、

---

① 于漪：《于漪与语文教育教学求索》，北京师范大学出版社 2006 年版，第 163—189 页。

演示和引导都是文本解读教学知识的表现，就是因为其表征具有为教学服务的性质，是文本解读知识与教学法知识的合金。本书研究者在一所中学听一位老师讲过一节《看云识天气》，这节课老师的教学重点是梳理文章的结构，这篇课文中的第 2—5 自然段与第 6 自然段并列为文章的"总分总结构"中的分说部分，而其中第 2 自然段又统摄 3—5 自然段。这样的结构对于初一年级的学生来说算是比较难的，而且这位老师上课的班级学生基础不算很好。这位老师就用了隐喻的表达方式，她将第 2 和第 6 段比作组长，但是第 2 自然段有组员，而第 6 段是没有组员的"光杆儿"组长。这样，学生们不只理解了文章的结构，还找出了"班长"是什么，并且将第 1 自然段命名为正班长，而最后一个自然段命名为副班长。这样语文教师既帮助学生梳理了文章的结构，又帮助学生学习了比喻的修辞，还激发了学生的学习兴趣。可以看出，这位老师引领学生进行的文本解读和学科专家是不一样的，其表征方式同样体现了语文教师掌握着文本解读教学知识。从以上的分析和例子可以看出具有专业性质的文本解读教学知识对语文教师文本解读教学的重要意义。

文本解读教学知识的构成成分还包含对学生思维特点的理解。语文教师文本解读的成果性知识如果想对学生的文本解读学习产生有效的影响，那么就要从学生的文本解读学习心理特点出发去重新考虑自身的文本解读。语文教师这一思维过程和杜威的"教材心理化"有类似的地方。杜威的"教材心理化"指教师应该把教材内容当作促进学生发展的相关因素进行思考的过程。同样，在这里语文教师也应该由一个思维过程把自己的文本解读的成果当作促进学生阅读学习的相关因素来考虑。语文教师"文本解读心理化"应该包含以下内容：语文教师如何把文本解读知识转化为作为学生阅读学习的知识与经验；语文教师如何将自己的文本解读知识与学生的阅读学习建立联系；语文教师自己的文本解读知识怎样可以帮助解释学生阅读学习的需要和行动，以使其发展获得适当的指导。通过文本解读心理化这一思维过程，语文教师的文本解读可以与学生的阅读学习建立有效的联系，使得语文教师的文本解读产生张力。语文教师同时还要考虑所处的社会、伦理和物理环境，这对于凸显语文教师文本解读的教育性、社会性和伦理性具有重要的意义，是影响语文教师组织阅读教学内容的重要因素之一。语文教师在这样的一个思考时间过程形成的认识就构成了语文教师文本解读知识的重要部分，即对学生文本解读学习特点的理解。本研究这里讨论的理解学生文本解读思维并不是抽象的智力水平和一般意义上的心理发展水平,而是与特定主题具体文本解读直接相关联的文本解读思维的理解。钱梦龙老师身上可以鲜明地体现出对学生文本解读学习特点理解的知识特点。钱梦龙老师的导读法之所以能成功和他对学生文本解读思维的深刻理解是密不可分的。钱梦龙将其导读分成几个"格"来进行:认读感知、辨体析题、定向问答、深思质疑、复述整理。他的每一步的推进都是和研究学生的文本解读心理密不可分的。例如在认读感知阶段,他认为"在认读感知阶段学生对课文的理解只是表层的、粗略的、感性的,但却是理解课文的重要基础"①。例如,钱梦龙认为"辨体析题后,学生对于文章的理解还处于浅层次,有待于进一步深化"。还有,钱梦龙认为"经过定向问答后,学生对于文章的理解就比较完整深入了,但是还处于一般水平的理解上"。"通过深思质疑可以将学生的理解引导至独特的感受和体会,复述整理则是把理解内化为自己的语言。"② 可以看出钱梦龙具有扎实的文本解读教学知识,他的教学的每一步都是根据对于学生文本解读的理解来进行的。同时,更可以看出,钱梦龙根据学生的理解水平实施不同的表征自己的文本解读知识的策略,体现了文本解读教学知识合金性的特征。于漪在《晋祠》的教学案例中也有这样的学情分析:"一般地说,学生不太喜欢说明文,总认为说明文比较干巴,不像文学作品那样吸引人。还认为说明文主要是掌握一些常见的说明方法,只要对说明对象有所了解,写起来困难不大。学生的看法有一定的道理。说明文的阅读也好,写作也好,最关键的是对说明对象的深入了解,透彻掌握。然而,说明文有多种多样的形式,文艺性的说明文学生接触不多。把说明和描写结合的天衣无缝,使说明的对象清晰可见,对读者有吸引力,感染力,对学生来说也有一定的新鲜感,因而这种寓艺术魅力于说明对象之中的文艺性说明文,是教学的一个重点。"③ 这也是优秀教师对于学生文本解读思维理解的表现。

语文教师文本解读教学知识的第四个方面是文本解读课程知识,这方面的知识包括文本解读内容的层次结构,结合教材文本解读要求建构的文

---

① 钱梦龙:《导读的艺术》,人民教育出版社 1995 年版,第 43—51 页。

② 同上。

③ 于漪:《于漪与语文教育教学求索》,北京师范大学出版社 2006 年版,第 129 页。

本解读课程内容体系，以及了解适合于某一方面文本解读内容的课程资源。① 文本解读层次结构的知识主要指的是文本解读的目标层次，这个层次虽然课程标准中有说明，但是在具体的教学中语文老师还是需要结合自己的实践去进行界定。例如，上述钱梦龙的"认读感知、辨体析题、定向问答、深思质疑、复述整理"几个文本解读的发展阶段就是文本解读层次目标知识的表现。结合教材文本解读要求建构文本解读课程内容体系指的是语文教师要善于对庞杂的文本解读内容进行分门别类的梳理，但是这里的梳理与上文所述的文本解读知识建构既有联系又有区别，这里的建构已经具有教学属性。上文中提到的文本解读知识结构的建构是宏观上的，但是这里的是在此基础上结合教学方面的需要进行的梳理。钱梦龙在论述自己的"辨体析题"的时候里面的举例其实就是文本解读课程内容知识组织结构的典型例子。② 再如，特级教师邓彤就这个问题提出过自己的看法，虽然不是指向文本解读教学，但是笔者相信文本解读是包含在其中的，因为邓老师阐述这个问题时举的例子就是文本解读。邓彤谈道："知识是不会自动成为教学内容。这时，教师就必须认真梳理语文教学内容，做好优化教学内容的'编织机'。面对芜杂的知识内容，我们究竟怎样地整合？答曰：一要精选，二要组织。所谓精选，就是指所选择的教学内容必须是语文教学的关键知识，是学生发展语文能力提高语文水平不可或缺的知识。所谓组织，即按照学科本身规律以及学生心理编排教学内容——既要依据语文学科自身的特点选择最具'语文味'的内容（不能出现知识性的硬伤）；也要按照学生的心理特点安排教学内容以使学生易学（不使教学内容过于生硬刻板）。"③ 本书研究者和一线优秀语文教师在进行交流的时候发现，这些老师有一种知识结构，拥有这种知识结构就可以知道每一篇文章重点该讲什么内容，而这些对新教师来说是很难的，究其原因，研究者认为就是新教师因为没有经过教授一轮教材，没有建构起教材的课程内容体系，语文教师就是在一轮一轮的教学实践中，与教学情境的互动中不断地建构这种知识结构的。研究者和一位具有四年教龄的初中语文教师进行交流时谈到教学内容的问题时，这位老师觉得自己最大的

---

① 范良火：《教师教学知识发展研究》，华东师范大学出版社 2003 年版，第 45 页。

② 钱梦龙：《导读的艺术》，人民教育出版社 1995 年版，第 43—51 页。

③ 邓彤：《邓彤讲语文》，语文出版社 2008 年版，第 52—53 页。

提高就是心中对每节课该教什么有一个大致的印象。所以，其实语文教师在教学实践中，总是自觉不自觉地在建构自己的文本解读教学课程内容体系。优秀的语文教师并不将自己的文本解读课程内容建构仅仅局限于教材中，而是可以借助多种课程资源对课程内容体系进行扩展，以适用于具体的文本解读教学环节。

三　文本解读知识和文本解读教学知识的关系

从文本解读教学知识的概念分析中可以看出，语文教师文本解读教学知识是具体的最有利于教学的文本解读知识，文本解读知识区别于一般教学法中的课堂管理、教学组织和教学评价等知识；文本解读教学知识是语文教师在具体的语文教学活动中将自己的文本解读知识转化为学生容易理解的文本解读知识，是文本解读知识的教学化，因而与文本解读知识本身是不同的；文本解读教学知识是植根于语文教学实践的多种知识的整合，是语文教师教学能力的重要表现。也就是说，文本解读教学知识来源于文本解读知识和教学法知识，但是又不是二者的简单相加，而是二者融合成的合金性知识。

语文教师文本解读知识是文本解读教学知识的重要来源。语文教师只有首先具有丰富的文本解读知识，然后才能在教学实践中实现文本解读知识向文本解读教学知识的转化。语文教师的文本解读课程建构必须首先要对文本进行解读，获得对文本意义、艺术价值及其合理性解释的认识，语文教师还需要借助相关材料对现有的特定主题下的文本解读知识进行学习，在此基础上形成特定主题的文本解读知识。语文教师文本解读知识掌握水平会影响文本解读教学知识水平，然后对语文教师文本解读教学化产生影响。在文本解读教学中经常可以见到语文教师因为自身建构文本解读知识的丰富性、深刻性和客观性方面的不足而影响文本解读教学的有效实施。有学者呼吁语文教学应该提升语文教师文本解读能力的观点其实就是强调语文教师文本解读知识水平的提高。但是，语文教师文本解读知识只是文本解读教学化的必要条件，语文教师仅仅掌握文本解读知识并不能直接促成语文教师将文本解读知识转化为学生可以理解的文本解读知识，语文教师文本解读知识的形成还需要其他知识的共同参与。在语文教学中经常可以遇到这样的现象，有的语文教师扎实地掌握了特定主题的文本解读知识，但是文本解读教学效果并不理想。本书的研究过程中发现，一位中学语文教师在高中教学 7 年后工作调动去初中教语文，这位语文教师在初中文本解读教学开始阶段表现出明显的不适应，突出表现在这位老师对学生文本解读学习基础及思维特点的了解方面，这位老师经常对学生的学习基础和思维做出错误的判断。这种情况在语文教师群体中并不鲜见。所以，语文教师文本解读教学知识还需要语文教师同时具备关于学生文本解读学习的知识、课程与教学等知识。

　　反过来看，语文教师文本解读教学知识的发展同样会促进语文教师文本解读知识的发展。语文教师文本解读教学知识是多种知识的整合，并在语文教师的教学实践进程中获得发展。随着语文教师文本解读教学知识的发展，语文教师会不断地总结经验，不断地对自己所教的文本解读知识进行回顾和审视，获得对文本解读知识的进一步认识，从而提高语文教师文本解读知识水平。从这个意义上说，语文教师的文本解读知识和文本解读教学知识是相互影响和相互促进的。

第三节　有经验和新手教师文本解读教学化知识比较研究

　　在教师专业发展研究中，一般根据教师的入职时间和专业能力可以划分为新手教师（Novice teachers）、熟练新手教师（Skilled novice teachers）、有经验教师（Experienced teachers）和专家型教师（Expert teachers）。本书选择新手教师和有经验教师作比较的实证研究范式出于以下几方面考虑：首先，并不是所有的有经验教师都可以成长为专家教师，由于专家教师很少，所以访谈被试的选取比较困难，所以本书采取了有经验教师和新手教师对比的方式；其次，本书认为在文本解读教学化知识方面如果新手教师和有经验的语文教师存在差异，是可以对本书提出的理论进行一定程度的验证的；同时，可以通过新手和有经验教师之间的比较得出新手教师和有经验教师具体差异表现，从而促使新手教师文本解读教学化专业发展；另外，还可以发现当下语文教师文本解读教学化过程中共同存在的问题，为文本解读课程改革和语文教师专业发展提供参考性数据和信息。所以，本实证研究主要想解决如下几个问题：新手和有经验教师在文本解读教学化知识方面有无差别，具体表现在哪些方面？语文教师文本解读教学化知识普遍存在哪些问题，原因何在？

一　语文教师文本解读教学化知识的评价依据

在明确了语文教师文本解读需要什么知识和这些知识的内涵后，接着需要探讨的就是语文教师具备文本解读教学化知识水平的考察与促进语文教师文本解读教学化知识的发展问题。语文教师如何发展他们的文本解读教学知识是一个较大的问题，涉及语文教师文本解读教学化知识的来源，以及这些来源对语文教师文本解读教学化的贡献等问题的理论与实证研究，这方面研究可以作为本书后续研究的主要内容。限于本书的研究重点和篇幅，本书暂不对语文教师文本解读知识发展问题进行探讨。在本书的实证研究环节有对专家和新手教师文本解读教学化知识的比较研究的内容，所以本书有必要对语文教师文本解读教学化知识的评价进行探究。

文本解读知识作为一种客观的知识存在，在语文教师评价领域已经有一定的评价历史。以往的语文教师文本解读知识评价主要依据的是职前语文教师的学历水平、学业成绩、所修学分和文本解读相关课程数量等。当下的语文教师文本解读知识评价很大程度上仍然延续了传统的文本解读知识评价方式，在教师选拔中，教师大学时代所在的学校级别、所学课程及课程成绩仍然是重要的参照标准。由于在语文教育研究领域一直没有将文本解读知识作为一种独立的知识形态进行研究，所以入职后的语文教师文本解读知识评价方面研究很薄弱。在语文课程与教学研究领域和语文教师教育领域，依据文本解读知识属性，建立文本解读知识评价维度、评价方法及评价指标理论具有重要的现实意义。

在评价维度方面，本研究提出的文本解读知识结构可以作为语文教师文本解读知识评价结构维度建构的依据。文本解读知识由文本解读内容知识、文本解读实体知识、文本解读句法知识与对文本解读的观念组成。语文教师如果想构建有效的文本解读课程，那么语文教师首先必须要知道文本解读包含的内容，应该知道进行文本解读方法以及可以对文本解读的客观性和正确性进行判断。也就是说语文教师的文本解读教学化必须是以语文教师文本解读知识为基础的。但是同时，语文教师还应该具有先进的关于文本解读的知识，即先进的文本解读观念。关于文本解读的先进观念包括文本解读的本质是什么，文本解读知识的来源，以及文本解读知识的发展等问题，是关于文本解读知识的认识。虽然在文本解读教学中语文教师很少涉及文本解读认识论方面的教学，但是语文教师对文本解读的观念会通过语文教师建构的文本解读课程对学生的文本解读学习产生潜移默化的影响。文本解读的本体性知识和对文本解读的观念之间是相互影响的。文本解读内容知识、实体知识和句法知识是构成文本解读知识的核心要素，表征为概念、原理及其结构体，语文教师在这些知识掌握的基础上形成对文本解读更高层次、更为本质的认识。反过来，语文教师对于文本解读知识本质的认识又会影响语文教师对文本解读本体性知识的建构。所以，对语文教师文本解读知识的评价应该包括语文教师文本解读内容知识、实体知识、句法知识和关于文本解读的观念等维度。

　　教师知识评价通常包括"量"和"质"两种方式。采取何种形式的评价方式是由评价内容的属性决定的。文本解读知识由于其实践属性，教师参与文本解读知识建构在语文教师文本解读知识形成中具有很大比重，而且不同教师具有不同的文本解读观念，所以个体的文本解读知识很难用整齐划一的量化标准来衡量，即使强行建立文本解读知识的量化测评体系也很难对个体建构的有价值的文本解读学识进行测量。本研究认为，语文教师文本解读知识适合用质的形式进行考察，通过观察、访谈及口语记录的形式，参照文本解读知识的评价维度对语文教师文本解读知识水平进行定性评价。

　　语文教师文本解读内容知识、实体知识和句法知识的测量可以通过语文教师知识掌握的量、深刻性和贯通性来建立衡量的指标。[①] 语文教师文本解读观念可以用语文教师文本解读理解为动态和静态来衡量。[②] 文本解读内容知识、实体知识和句法知识通常表征为概念、命题和原理，语文教师对这些知识掌握的数量越多、对文本认识得越深刻、能够建立特定主题和相关主题下文本解读知识之间联系越紧密，那么他的文本解读知识水平就越高，反之越低。在对文本解读知识本质的认识方面，有经验教师应该可以将文本解读知识看作是一个动态的发展变化过程，是在相对真理性的

---

　　① Ma, L. (1999), *Knowing and Teaching Elementary Mathematics*: *Teachers' Understanding of Fundamental Mathematics in China and the United States*. Mahwah, N. J.: Lawrence Erlbaum Associates. pp. 881 – 888.

　　② Wong. N. Y. (2002), Conceptions of Doing and Learning Mathematics among Chinese. *Journal of Intercultural Studies*, 23 (2), pp. 211 – 229.

普遍意义上、文本解读知识基础上融合个体的文本解读体验不断地丰富和发展的过程，而不是静止的永恒不变的知识体系。新手教师因为文本解读知识的匮乏，有可能更倾向于对已有的文本解读知识的"仰视"而忽视个体文本解读知识创生的意义，在其文本解读知识观念中可能会认为文本解读知识是固定不变的结构体系。

所以，本书认为语文教师文本解读知识的评价维度为语文教师文本解读内容知识、文本解读实体知识、文本解读句法知识与文本解读知识观念。语文教师文本解读知识评价宜采用质的形式。语文教师文本解读知识评价的指标为文本解读内容知识、实体知识和句法知识的量、深刻性和贯通性，以及对文本解读知识动态性和静态性的认识。

在文本解读教学知识的评价方面。语文教师文本解读教学知识作为语文教师在文本解读知识基础上在教学实践中发展而来的实践性知识，在对语文教师文本解读教学知识进行测量时首先遇到的困难是将其作为独立的知识形态进行评价还是对其构成成分进行考察。本研究认为，文本解读教学知识是由对文本解读教学目的的认识、文本解读教学知识表征、对学生文本解读学习思维的理解和文本解读课程知识共同融合而成。仅有其中一部分知识并不能构成完整的文本解读教学知识，甚至即使语文教师四类知识都同时具备，没有经过教学实践中四种知识的融合过程，也有可能不能有效形成文本解读教学知识。由于对学科教学知识的表征形态研究薄弱，现在对学科教学知识进行评价的成熟的范式一直没有建立。在学科教学知识领域一般都是以学科教学知识的构成成分为结构维度对学科教学知识的评价。本研究认为，一般情况下，一位语文教师对文本解读教学目的认识、文本解读知识表征、对学生文本解读学习的理解和文本解读课程知识水平较高的情况下，其具备高水平文本解读教学知识的可能性就越大。本研究也采取从文本解读教学知识构成成分的角度对文本解读教学知识进行评价的研究思路。

当下学科教学知识的评价大多采用质的方式。舒尔曼认为，学科教学知识应该采用案例研究的范式。后期的研究者也多采用个案追踪、案例研究和叙事研究等质的研究方式对教师学科教学知识的水平和发展进行研究。国内语文教师学科教学知识的研究也更多地采用质的研究的范式。文本解读教学知识作为学科教学知识的具体表现，也宜采用质的形式进行考察。在具体的评价方式方面可以采取观察、访谈、案例分析和个案追踪等形式对语文教师的文本解读教学知识进行考察，为语文教师专业发展提供参考性的信息。

考察的指标方面。本研究认为，语文教师可以用表征方式的适合程度、灵活性和多样性来对语文教师文本解读知识的表征知识进行考察。对语文教师对学生文本解读知识学习情况的理解方面可以通过语文教师对学生文本解读知识的理解的准确性来判断。而对语文教师文本解读课程知识的考察要从语文教师对文本解读课程的计划性、自觉性方面进行考察，语文教师如果可以合理地安排文本解读课程内容，并熟知学生已经学习了哪些文本解读知识，接下去应该学习哪些文本解读知识的话，那么这样的语文教师就有较高的文本解读课程知识水平。

总之，语文教师文本解读教学化知识的核心是文本解读知识和文本解读教学知识。语文教师文本解读知识决定着文本解读课程的属性，是文本解读课程建构的基础。文本解读教学知识是语文教师文本解读课程建构的专门性知识，是体现语文教师专业性的知识形态，正是因为语文教师具备文本解读教学知识，语文教师才能在具体的教学实践中将文本解读知识转化为课程形态的文本解读。语文教师文本解读知识和文本解读教学知识在语文教师专业发展中具有重要的意义，语文教师不同水平的文本解读知识和文本解读教学知识会表现出不同水平的文本解读教学化能力。语文教师文本解读知识和语文教师文本解读教学知识分别可以从各自的知识结构维度进行考察，二者都适合用质的方法进行考察。

本研究采用深度访谈结合定性分析的实证研究策略。本研究需要对语文教师文本解读教学化进行情景化、动态性地把握，需要走入研究对象的"内心"去发掘信息。纸笔测试和问卷便于量化分析，但是对于被试真实内心世界的发掘是有限的。基于访谈法在对个体心理活动和行为特征多方面进行分析研究方面的优势，本研究将访谈法作为资料收集的主要方法。① 由于访谈法不适合做定量研究，所以本研究采用了定性分析作为研究结果分析的主要方法。访谈法获得的材料适用于定性分析，所以本研究深度访谈研究结果采取定性分析的技术。定性分析侧重于从"质"的角度对所获取的材料进行分析，从而认识教育和心理现象和行为的本质，从而揭示其发生发展的规律，为研究结果和理论构建提供依据。定性分析分

---

① 董奇：《心理与教育研究方法》，北京师范大学出版社 2004 年版，第 161—183 页。

为作为研究方法的定性分析和作为研究结果分析的手段，本研究中主要指的是后者。作为研究结果的分析技术，定性分析具有以下特点：定性分析是建立在对研究材料描述分析基础上的分析和推断过程；定性分析侧重于揭示心理过程中现象和行为的"意义"；定性分析侧重对研究结果的归纳；定性分析不仅重视结果的分析，更注重过程和相互关系的分析。① 定性分析的基本方法有比较与分类、归纳与演绎、分析与综合、抽象与具体。根据本研究的目的和所获取材料的特点，本研究采用定性分析作为本研究主要的分析技术。

二 有经验教师和新手教师文本解读教学化知识比较结果

本研究从文本解读内容性知识、文本解读实体性知识和文本解读文法性知识三个维度对新手教师和有经验教师的文本解读知识进行比较研究。

本研究从对文本解读相关概念的认识和对于文章理解程度来考察语文教师文本解读内容性知识。如果一位语文教师在访谈中涉及的文本解读相关概念多，并且能够建立起概念体系，同时可以对文章有较为深刻的理解，那么这样的语文教师文本解读内容性知识掌握程度就好，做定性分析时用代码 3 标注。如果，在访谈中涉及的文本解读概念少，而且对具体文本的理解不深刻或者有错误理解，那么这样的语文教师文本解读内容性知识掌握就不好，本研究用代码 1 标注。中间状态的内容性知识掌握程度用代码 2 标注。

本研究从掌握文本解读方法知识的角度对语文教师文本解读实体性知识进行考察。如果一位语文教师在访谈中表现出可以知道文本解读的多种方式和方法，那么本研究就认为该老师文本解读实体性知识掌握好，本研究做定性分析时用代码 3 标注。如果在访谈中语文教师涉及的文本解读方式方法方面少，那么本研究就判断该老师文本解读实体性知识掌握不好，做定性分析时用代码 1 标注。中间状态的文本解读实体性知识掌握程度用代码 2 标注。

本研究从对文本的意义和意义获取方式的合理性解释的程度方面对语文教师文本解读句法性知识进行评价。如果一位语文教师可以对文章的意义和意义获取方式做出合理性的解释，那么就表示该老师很好地掌

---

① 董奇：《心理与教育研究方法》，北京师范大学出版社 2004 年版，第 300—302 页。

握了文本解读句法性知识，在做定性分析时用代码 3 标注。如果一位语文教师在访谈过程中不能或者没有表现出对于文本意义和意义获取方式做出合理性解释，那么本研究就认为该老师文本解读句法性知识掌握得不好，在做定性分析时用代码 1 标注。处于中间状态的文本解读句法性知识掌握情况在做定性分析时用代码 2 标注。在具体的评价标准制定中，本书参考了一位在一所省属师范大学长期研究文本解读教学的专家意见。

本研究做出假设：语文新手教师和有经验教师在文本解读知识方面会表现出差异，在文本解读内容性知识方面最大的区别就是有经验教师较为系统建构了文本解读的概念体系，并且对于课文有深刻的理解，而新手教师虽然也能对课文有较为深刻的理解，但是课文解读的认识结构性不强，知识结构凌乱；在文本解读实体性知识方面，有经验教师可以从多个角度，利用多种方法对文本进行解读，而新手教师文本解读的角度和方法单一；在文本解读句法性知识方面，有经验的语文教师可以对文本意义和文本意义的理据做出合理的解释，而新手教师往往侧重于思考文本的意义本身，而对于为什么是这样的意义思考较少或者不能做出有效的解释。

表 3 - 4 是本研究对 20 位语文教师文本解读知识的定性评价结果。从表中可以看出，新手教师和有经验教师在文本解读知识方面还是具有明显的差别。下面是从具体研究维度进行的分析。

有经验教师和新手教师在文本解读内容性知识方面具有各自特点并表现出明显差别。通过对访谈材料的整理和阅读，结合访谈过程的非言语信息，本研究认为，有经验教师和新手教师在文本解读知识方面的主要差别在于文本解读知识的系统性和结构性方面。由于文本解读知识具有很强的"积累性"，参加访谈的有经验教师由于在上课过程中对文本解读的内容性知识接触多，所以对于文本解读的相关概念熟悉，而且在相关概念点上对于文章的理解深刻。也就是说，有经验的语文教师在文本解读知识的深度、广度和贯通度方面强于新手教师。而新手教师虽然可以对自己讲过的或者熟悉的文章有较为深入地理解，但是由于他们文本解读知识积累不多，所以文本解读知识结构性不强。这种结构性不强表现在单篇文章内部文本解读知识没有条理化，而且不同文本内容相同或相似，文本解读概念之间的联系性不强。

表 3－4　　　　　　　语文教师文本解读知识定性评价结果

分析维度	反应代码	有经验教师		新手教师	
		频次	百分比	频次	百分比
文本解读内容性知识	1	0	0%	3	30%
	2	1	10%	7	70%
	3	9	90%	0	0%
文本解读实体性知识	1	0	0%	3	30%
	2	1	10%	6	60%
	3	9	90%	1	10%
文本解读文法性知识	1	0	0%	4	40%
	2	1	10%	3	30%
	3	9	90%	3	30%

本书通过有经验教师和新手教师在访谈中的不同表现对研究结果的得出进行阐述。访谈中有经验教师在文本解读内容性知识方面的表述可以典型地说明这个问题。例如："我们一般是按照教学参考书上提出的有什么问题，用什么方式来解答，然后用固定答案来教学生。但是后来效果不是很理想，参考书中提出的问题涉及的面倒是比较广泛，但是他只是个特例，不能解决在实际考试中遇到的所有问题，后来做的就是阅读文体的归类，记叙文，说明文，议论文。像散文，散文还可以继续向下分，抒情散文、议论散文、说理散文，然后要根据所讲的问题，再去找训练中的题型，然后把这个题型再细化。比如，标点、比如说朗读啦、停顿啦、人物描写啦。一定要把每个知识点的题给学生举个例子，然后根据每个例子，都教给他们解决问题的方式，这样来做的，最后自己要选择一些精华的题型，比如说很典型的叙事散文，比如说有六道小题，每道题都涉及了文章中的哪些点，这样的话来指导他们做题。"虽然，有的有经验教师没有直接说，但是访谈者也可以从他们在其他问题的探讨中看出文本解读知识的结构性较强的特点。例如："我们和新老师在大纲和教参上的是一样的，但是自己总结的就不一样了，教学东西总结的是自己的，系统的。像《紫藤萝瀑布》，渗透的就是局部到整体，从联想到感官。但是到了《从百草园到三味书屋》，那就有了童趣和感情的投入，那你要把这一点加上了。他（学生）听一节只能听一部分，到了《春》就全有了。这是新教师不能达到的。老教师这节课上课讲什么是心中有数的，新教师达不到，没有两轮达不到这个。"从以上两个有经验教师关于文本解读知识的论述中可以看出，有经验教师通过积累建构了自己结构性强的文本解读内容知

识体系。而这一点在新教师那里并不能获取到这样的信息，访谈者和其中一位新手教师谈到这个问题时，这位新手教师明确说自己还做不到这一点。他说："我感觉大学出来素养能达到，但是方法没有到，我只能就课文想课文，就这个问题想这个问题，没有系统的思维。"从本研究对访谈材料的分析看，文本解读知识掌握的深度、广度和贯通度是语文教师教学专长的重要特征。

有经验语文教师和新手语文教师在文本解读实体性知识方面也表现出不同的特点。有经验教师在文本解读的角度和方法方面表现得更为精确和细致，知道什么样的文章应该从哪些角度去解读，应该解读什么内容，怎样解读是对的。新手教师虽然大致知道文章解读的方式和角度，但是在具体运用的熟练性、灵活性、合理性和综合性方面与有经验教师比还是表现出较大的差距。一位有经验的教师在谈起《化石吟》这篇课文的文本解读时有这样的表达："说这首诗写得非常妙，妙在什么地方呢，必须用品的形式去品味。用诗的形式写科学知识是不好写的，因为诗的形式是凝练的嘛，从这个角度考虑我想用诗歌的品位来体会诗的特点，语言的凝练。那你想想一万年的生物进化史用诗的形式来表现非常不容易，其实就是把一万年的生物进化史来体会，必须从诗的语言入手，就是赏析语言，同时从这个写作手法上去借鉴。"但是一位新手教师在讲到《化石吟》的时候就出现了这样的表述："比如说一篇课文叫《化石吟》，大学里面接触不到这样的作家。具体的篇目就有点欠缺。"通过对比我们就可以看出两位老师在解读文本的角度和方法认识方面的差异。同样对于叙事性的文本解读，有经验教师和新手教师的理解还是表现出差异。例如，一位有经验的教师是这样表述叙事性文本的解读的："首先就是叙事的要素，时间、地点、人物、事件，叙事的详略，然后就是叙事的线索，如果是事件呢，分析起因、经过、结果。如果有人物描写呢，还要把握主人公是谁，对他的外貌、动作、行为、心理这几方面描写都能够区分。那么外貌描写哪些是描写人物的词语。动作描写能够体现动作的词语，他用的好处，好在哪里，那么人物性格的哪一方面。"新手教师也可以说出这样的内容："让学生找一些人物的对话，或者是他的外貌，或者是衣着，或者是细节描写的句子，从这些句子里你能发现什么，发现这个人物有什么样的性格。"但是结合被访谈者当时非言语信息和整个访谈的过程看，新手教师在对文本解读方法和角度的理解方面表现出的结构性和精确性与有经验教师还是存在差距。

文本解读句法性知识方面，有经验教师更加能够对文本的意义及意义的理据进行合理地解释，新手教师也可以做出一些解释，但是解释充分程度和引用材料的恰当性方面与有经验教师相比还是表现出一定的差距。通过访谈可以看出有的有经验教师善于通过文本中的材料去对文本的意义理解进行解释，而新手教师谈到这些问题时的回答比较宽泛，在原有知识结构中调取具体的文本解读文法性知识的情况较少。谈到文本解读的时候，有经验的教师有很多这样的表述："为什么这是首抒情诗，其实就体现在这两句上（'卓越的雕刻家，神奇的魔法师'）。后面还有一句'你神奇的大自然'。前面还有'化石否定了造物主的存在'。那么（文中的诗句）印证了大自然为我们留下了生命繁衍的证据，而并不是什么上帝造人，女娲造人，宗教是宗教，从科学的角度讲，那就是大自然的进化，化石是其中的部分。"而新手教师这样的表述很典型："其实没有对与错，你可以有你的想法，也许你的想法也是对的，不要把学生封锁了。你可以让学生有独特的见解。"通过比较可以看出，在文本解读句法性知识方面有经验教师和新手教师也有差别。

本研究从文本解读知识表征、对学生文本解读基础的理解和文本解读课程知识三个方面对有经验教师和新手教师的语文教师文本解读教学知识进行比较。

文本解读知识表征方面，本研究从与被访谈者的互动中探查到的文本解读知识表征形式的种类、灵活性、恰当性和创造性几个方面对文本解读知识的表征进行评价。如果一位教师表征文本解读知识的形式灵活多样、表征形式恰当并且可以有创造性的表征形式，那么这位教师的文本解读知识表征性知识就掌握得好，在定性评价的时候以代码3标注。如果一位语文教师对所知道的文本解读知识表征形式单一、缺乏灵活性、表征形式不恰当，那么本研究进行定性评价时就认为这位老师的文本解读知识表征贫乏，在做定性评价的时候用代码1标注。如果一位教师的表征文本解读知识水平介于二者之间，本研究定性评价用代码2标注。

对学生文本解读知识理解评价方面。如果一位语文老师根据自己的文本解读知识对学生文本解读水平及思维特点可以做出准确的判断，那么本研究就认为该语文教师对学生文本解读基础理解水平高，在具体的定性评价时就用代码3标注。如果一位语文教师忽视对学生文本解读基础和特点进行了解，或者不能够准确判断学生文本解读知识基础和思维特点，那么本研究认为该老师对学生文本解读基础理解水平差，在定性评价的时候用代码1标注。

语文教师文本解读课程知识评价方面。如果一位语文教师可以有意识地合理安排文本解读课程计划，并且对学生已经学习了什么文本解读知识和接下来应该学习什么文本解读知识有清晰的认识，那么该语文教师的文本解读课程知识掌握水平就高，在具体的定性评价中用代码3标注。如果一位语文教师不能有意识地有计划组织文本解读课程计划，并且对学生文本解读学习经验的进程不了解，那么本研究就认为该语文教师文本解读课程知识差，在具体的定性评价中用代码1标注。处于中间状态的，本研究在做定性评价的时候用代码2标注。

事实上文本解读教学知识是合金性的知识，由文本解读知识表征、对学生文本解读基础的理解与文本解读课程知识共同转化和融合形成。本文采取的是分别进行考查的策略。

本研究假设：有经验语文教师在文本解读知识表征、对学生文本解读基础的理解和文本解读课程知识方面都会表现出明显的不同，有经验教师会在这三个维度上表现出高水平，新手教师可能会因为教学经验少而与有经验教师差距明显。

表3-5是本研究根据访谈资料做的定性评价结果。依据访谈材料和访谈过程中的互动信息，通过对有经验教师和新手教师文本解读教学知识的对比分析可以看出，有经验教师和新手教师在文本解读教学知识方面具有不同的特点。

文本解读知识表征方面。绝大部分有经验的语文教师具有很高的文本解读知识表征水平，也有部分有经验的语文教师表征文本解读知识的多样性和灵活性欠缺。而新手教师在文本解读知识的表征方面趋于单一化，对文本解读知识表征的选择性和灵活性欠缺，而且有一些新手教师本身也认为这方面对他们来说比较困难，但是个别的新手教师文本解读知识的表征也可以达到较高的水平。文本解读知识表征水平高的语文教师掌握多种文本解读知识的表征形式，并且可以针对不同的文本解读知识进行合理的表征，有的语文教师对文本解读知识的表征形式还有自己独立的见解。例如，有的语文教师在解读修辞手法时有这样的表述："那你要能说出这篇文章中这种修辞手法运用得好，如果去掉了就不能体现出这篇课文的这种风格，这种描写景物的恰到好处，这种特点，你要拿出来这种好处。第三个，您要能够运用这种手法去写一段话。能写一段话，还能运用这种修辞手法，还能体现这种修辞手法的妙处那就是他学到了。"有老师结合课堂例子讲了文本解读知识的表征："上课有一个学生问，本来海枯石烂和日转星移是两个成语，那么作者为什么用逗号隔开了。我说这个问题提得非常好，你平时怎么读，现在怎么读，现在读是不是有诗的节奏、那个韵律啊。这是节奏，那么内容上为什么把成语分开说，后面还有个省略号，学生读了几遍，让他们体味体味，有的学生还是挺有灵性的，他们说这个体现时间很长，我说对，为了体现时间漫长，时空还在不断地变迁。"一位老师谈到自己讲《看云识天气》，这节课老师的教学重点是梳理文章的结构，这篇课文中的第2—5自然段和第6自然段并列为文章的总分总结构中的分说部分，而其中第2自然段又统摄3—5自然段。这样的结构在初一学生那里算是比较难的，而且这位老师上课的班级基础不算是很好。这位老师就用了隐喻的表达方式，他将第2段和第6段比作组长，只是第2自然段有组员，而第6段是没有组员的"光杆儿"组长。这样，学生们不只理解了文章的结构，还找出了班长是什么，并且将第1自然段命名为正班长，而最后一个自然段命名为副班长。这样既梳理了文章的结构，又学习了比喻的修辞，还激发了学生的学习兴趣。其实，从以上的例子也可以看出，有经验语文教师文本解读知识的表征表现出了灵活性、恰当性和创造性特点。而新手教师会表现出文本解读表征形式单一的特点，例如，新手教师通常有这样的表述："如果要我教的话，我会把我的感觉告诉学生，或者说把我的这种想法强加在学生的身上，就是让他们通过心理和背景学习这首诗。"有的新手教师虽然也有意识地提高自己的文本解读知识表征能力，也具有了一定的水平，但是和优秀的有经验语文教师相比较其精确性和灵活性还有差距。这样的新手教师典型表述是这样："肯定不能直白地告诉他，让学生自己去想，引导学生，肯定不是直接告诉学生，而是引导。"虽然意识到了引导，但是这些老师很难像有经验教师那样一下子就能结合实例进行阐述，本研究就认为这种情况处于文本解读知识表征的中间状态。有的有经验教师也表现出了这样的情况，主要表现就是表征形式的单一。例如，这样的表述："我首先得明确人物描写有哪些方面，看鲁迅用了哪些，咱们看他的描写方式有什么特点，然后我先举一两个例子，让学生根据我的理解再找，再分析。我就是这样讲的：'你看人家很简洁，没有按照平时说的，什么眉毛，什么嘴巴，只要抓特征，写出人物的区别就可以啦。'"结合访谈情景可以看出这位有经验语文老师表征文本解读知识的形式是单一的，整体上缺乏灵活性，以传授式的讲解为主，引导、结合学生生活经验的例证及其他文本解读知识的表征手段缺乏。

　　对学生文本解读知识基础及思维特点理解方面。有经验的教师整体上表现出很高的水平，而新手教师中这方面的表现和有经验教师比有差距，其中 5 名新手教师表现出忽视和不能了解学生文本解读知识水平的情况，4 名新手教师有重视学生文本解读基础的意识，但是在具体的教学中并不能做到精确把握学生文本解读知识水平，对学生文本解读基础和思维特点认识比较模糊，其中一名新手教师表现出较好的对学生文本解读知识理解水平。有经验教师十分重视学生的文本解读基础，例如有的教师是这样表述的："我一般接到班的时候，先了解学生再去读课文，按照学生的基础和他们的能力水平咋样，我想办法如何帮助他们，我给他讲太多或者太深入，他理解不了，所以从学生实际出发，必须重新读课文，如果我原先怎样教，我还按照原来的方法教，那收获就不行。"有的有经验教师从其他角度谈了自己的看法："根据学生情况，适合学生的学习情况自己设计出来的题，才能在本班达到最好的效果，根据班级里的学习情况。"有的老师从自己思考学生文本解读的过程表现出其对学生文本解读基础及思维特点的理解。例如，有的老师是这样表述的："读的时候就想着学生，我就想这个地方我还拿不准，学生一定也是难点，就是教学中的难点。每次读的时候，就是我们要求的备教材和备学生，自己觉得拿不下的地方就是学生难的地方，那你如何帮助学生把它理解，拿下来，或者用什么办法让他理解了，这就是备学生了。"有的有经验教师从如何理解学生文本解读基础的角度表现了其文本解读教学知识："我根据作业就可以判断，学生有没有认真听，有没有学到该学的东西。"有经验教师在对学生文本解读基础理解的重视程度、方式方法以及对学生文本解读知识理解的准确性方面都表现出高水平。新手教师普遍表现出在理解学生文本解读基础方面的困难。例如，新手教师这样表述他们对学生文本解读基础理解方面的困难："就把大学学的东西往初中的孩子身上放"；"你上过大学，学生没有上过大学，你的文本解读能力比学生强，可能你就主观上认为我就理解到这个程度了"；"我在教《紫藤萝瀑布》的时候没想到学生理解不了"。有的新手教师虽然对学生文本解读知识基础有相当的了解，但是准确性还有待于提高。例如，有的新手教师有这样的表述："那些学案上也没有涉及的，可能是自己课前也没有考虑到的，那这个你就根据自己的水平和处理的方法了，有的可能课上还处理不了，那就要通过课下的学习去进一步地处理了。"本研究访谈中，有的有经验教师也存在忽视学生文本解读理解的情况，例如有位教师是这样表述的："学生你对这篇课文有什么理解，这个上课之前先应该问问学生，你对这篇课文感兴趣在什么地方，你的疑问是什么，不问，我从来不问。"但是这种是个别现象。从整体上看，有经验的教师对学生文本解读基础和思维特点的理解水平明显强于新手教师。

语文教师文本解读课程知识方面。根据本研究的访谈情况，有经验教师和新手教师各有特点。有经验教师整体在文本解读课程知识方面的表现虽然普遍强于新手教师，但是整体文本解读课程知识水平并没有表现出很高的水平。本研究认为，10名被访谈的有经验教师中仅有4位达到高水平，其余几位都处于中等水平。新手教师中有两位可以达到中等水平，其余8人水平较低。本研究认为，在文本解读课程知识方面水平高的语文教师共同的特点是可以系统地组织学生的文本解读课程经验，并对学生已经学的文本解读知识和将要学习的文本解读知识做到心中有数，另外这些老师很善于利用课程资源为自己的文本解读教学服务。例如，有的老师是这样表述的："当所有的问题都准备好，之前的几篇课文介绍了几个知识点，这篇课文最突出的能体现哪个知识点，然后你要设计几个问题，并不是一篇课文把所有的知识点都重复一遍，你这一节课设计的教学目标要体现哪几点。"文本解读课程知识水平较高的语文教师也有这样的表述："根据课程标准，和初一、初二、初三教材的编排，根据这个进行教学，都一个计划性。但是也不全然，当你亲自一教的时候，完全和计划不一样，因为孩子们的基础有的太差了，有的孩子连拼音都不会，所以计划得改。一部分尖子生还不错，起码能把文章读通，计划好的得根据孩子进行变化。"这些老师还表达了这样的观点："读课文，然后根据教学重难点也好，选个突破还是啥的。一课一个单元，一共五篇文章，那么这三篇文章重点讲什么，那两篇自读我怎么处理，这三篇文章侧重点又是啥，都是说明文，这课是强调学生明白写说明文，要注重抓住事物的特征，这课是说明顺序，这课就是说明方法，我不是面面俱到那种，一课抓几个重点就完事儿了，哪篇文章哪出的闪光点大，就要根据这个文章，和学生的能力水平确定教学目标和教学重点，这样的话效果好一点。"这些老师根据学生的情况、课程标准和教材对文本解读课程进行细致的规划和设计，表现出语文教师课程决策者的专业特性。在文本解读课程知识方面处于中间水平的语文教师表现为已经具有一定的课程意识，建立起一定的文本解读课程体系，但是这些老师综合考虑学生文本解读知识学习进展、课程标准和教材关系方面与高水平教师表现出相当的差距。例如，一位语文教师各方面表现都很好，但是在文本解读课程知识方面是这样表述的："备课的时候看了前后的文章，考虑的不多。"本研究认为这位老师还是以单篇课文在思考自己的文本解读教学，文本解读课程意识不强，并没有建构起自己的文本解读课程知识体系。还有的有经验教师是这样表述的："读了文本之后靠自己的能力看资源有哪些，看整体单元要达到什么目的，课后思考题中挖掘一些东西。"这样的表述可以看出这样的语文教师课程视野还是比较狭窄，还是以教材为课程建构的基础，并没有根据学生的实际情况进行有针对性的文本解读课程建构。在新手教师中间，正在建立文本解读课程体系的也有，但是这种体系处于建构中，例如这样的表述："必须结合自己浅显的认识解读其他的资料，读到一个什么样的程度最好有利于你的教学，不能你查什么就讲什么，进入课堂你结合学生的情况然后再去（选择），因为大纲有要求，对于学生最基本的应该讲到什么程度，依据不同的学生应该再有个拔高。（但是），散文和议论文涉及作者情感，读的时候就容易从主观的角度，从我的角度去读那个东西，可能对作者借文章要表达的东西，编教材的人想通过这篇要学生学到什么，或者从学生的角度进行解读，就是有时觉得做得比较欠缺一点。然后对于学生的角度、作者的角度和编教材的角度考虑的时候就少一点。这是我最大的一个问题。"新手教师中课程意识淡薄的占大多数，他们只是就课文讲课文，例如有语文新手教师这样表述："像我这样年轻的教师，如果有什么困惑啊，都会请教有经验的教师，还有借助媒体啊网络啊去查阅资料。"还有这样的表达："我一般要看好几个（教参），一个和一个还不一样，侧重点还不一样，我得结合一下，再根据具体的情况，我只考虑文章的共性的东西，没有对单篇课文重难点进行设计。"文本解读课程知识对于语文教师具体的课堂情境课程内容的确定具有重要的意义，但是就本研究的访谈结果来看，语文教师整体水平还不高。

表 3 - 5　　　　　　　语文教师文本解读教学知识定性评价结果

分析维度	反应代码	有经验教师		新手教师	
		频次	百分比	频次	百分比
文本解读知识表征	1	0	0	5	50
	2	2	20	4	40
	3	8	80	1	10
对学生文本解读基础的理解	1	0	0	5	50
	2	1	10	4	40
	3	9	90	1	10
文本解读课程知识	1	0	0	8	80
	2	6	60	2	20
	3	4	40	0	0

三　有经验教师和新手教师文本解读教学化知识定性分析

从访谈材料的分析看，新手教师与有经验教师相比较，在文本解读内容性知识、文本解读实体性知识和文本解读句法性知识方面都有明显的差距。主要表现在文本解读知识的结构性、文本理解的深刻性和文本间解读知识的贯通性方面。有经验的教师文本解读知识结构更加完善，因而熟悉文本解读的内容，熟练掌握了文本解读的方式和方法，并且能够对文本意义的理据进行合理性的解释，这些都支持了有经验教师的教学表现。而新手教师由于积累较少，文本解读知识体系并没有建立起来，更多的是针对单篇课文的文本解读的思考，并没有从文本解读知识体系中去观照自己的文本解读知识结构。

本研究同时发现有经验教师文本解读知识体系的建构基点是"学校文本解读知识"。在本研究访谈中发现，语文教师建构文本解读知识的路线和学术研究建构文本解读知识的路线是不同的。即使是有经验的语文教师也较少将教材外的文本解读知识纳入自己的文本解读知识体系中，语文教师建构文本解读知识体系基于语文教材的课文体系和考试题型系统。学校文本解读知识具有一种自组织状态，这种文本解读知识的传播和流动形式具有自己独特的性质。在访谈中可以发现，即使有经验的教师也更多的是通过教参、网络和听课来建构自己的文本解读知识的。学校文本解读知识的传播主要以流传范围较广的教学参考书、教学设计、备课材料和有经验教师的课堂实录等为主要形式。学术研究领域的文本解读知识在语文教师建构文本解读知识方面所起到的作用是有限的。其实，语文教师文本解读知识的建构之初就表现出了教学倾向，这是由其文本解读知识获取的途径所决定的。也就是说，从这个角度讲，新手教师要通过几轮的文本解读教学才可以建立起完善的"学校文本解读知识"体系。当然，当下语文教师建构的这种以教材和考试为中心的文本解读知识体系的合理性也是值得研究的问题。

总体上，语文教师文本解读教学知识方面新手教师和有经验教师差距明显，在不同的考察维度又表现出不同的特点。文本解读教学知识确实是文本解读教学化的中介环节，是文本解读教学化过程中的核心。文本解读教学知识是语文教师文本解读教学化的关键性知识形态，是文本解读知识表征、对学生文本解读基础的理解和文本解读课程知识的融合。其实可以从优秀教师的文本解读教学知识中看出，文本解读知识的每一方面都与另外的方面密不可分，表征也要适合学生的需要，课程也是学生文本解读经验履历，文本解读课程知识同时也是结合学生特点进行文本解读知识表征进程。本研究认为，一位被访谈的语文教师言语可以集中体现文本解读教学知识的特征和生成方式："我喜欢语文，我就是想让孩子喜欢语文，喜欢我这个老师。我总是去挖掘，孩子为什么不喜欢语文，我得让孩子喜欢我，让孩子喜欢上语文，如果是这一点上出问题，那教得再好也是没有用的。"

首先，语文教师文本解读知识的特点与发展方面。语文教师文本解读知识方面新手教师和有经验教师表现出的差异，本研究认为可以从下面几个角度来看待。语文教师文本解读知识作为一种特殊的学科知识形态，其生成过程必须是教师主体通过自身的文本解读建构知识的过程，这有别于靠近学科中心的学科知识建构过程。也就是说，语文教师必须通过接触文本才可能建构自己的文本解读知识体系，而越靠近学科中心的学科知识建构是通过单纯的学科概念和规则的学习过程。语文教师要构建一种综合性很强的文本解读知识系统，需要将这些文本都进行接触，然后通过自己的文本解读概念体系、规则体系和解释性原理的整体构建来实现。这对于语文新手教师来说并不是容易的事情，因为语文新手教师要面对的文本题材和体裁是多样的，语文教师文本解读的内容是丰富的、语文教师文本解读的角度是多样的、语文教师文本解读进行文本意义合理性解释需要的语文知识和背景性知识是庞杂而巨大的。由于语文新手教师在大学期间所学的内容很少有对具体的文本进行解读或者很难覆盖语文教材中的所有文本，或者说语文新手教师即使对课文文本进行了解读，由于缺乏实际的情境也很难构建起系统的文本解读知识体系。另外，文本的意义理解本身的张力就界限不明确，语文教师很难一次就把文本所有的意义都能够解读到，并转化为自己的知识体系，文本意义的理解需要一个积累的过程。正如有的语文教师说的那样，不经过几轮[①]的磨炼是不能达到这样的水平的。而且，语文文本解读知识具有一种独立封闭的发展路径，它有别于学术研究中的文本解读发展，这种发展路径有一种先天的为教学服务的文本解读形态，新教师适应也需要一个过程。如果这样看来，语文新手教师和有经验教师文本解读知识有明显的差距也就不难理解了。基于以上的分析，对于语文教师文本解读知识范围和基础的界定，对于语文教师文本解读知识体系的构建，以及对语文教师文本解读知识发展路径的探寻就成为语文文本解读教学化能力发展研究的基础性问题之一。到目前为止，这个问题还是为语文教育教学领域的研究者所忽视的。

语文教师文本解读教学知识方面。文本解读教学知识是语文教师在文本解读知识基础之上通过实践构建起来的表现语文教师专业属性的合金性知识形态。本研究认为，文本解读知识转化为文本解读教学知识是文本解读教学化的关键环节，语文教师文本解读教学知识由"文本解读知识表征形式"、"对学生文本解读基础和思维特点的理解"和"文本解读课程知识"转化和融合而成。因为有经验的教师在教学实践中本身已经具有扎实的文本解读知识基础，逐渐形成了结构完善的文本解读知识体系，所以这本身为其文本解读教学知识的形成创造了基础性条件。在具体的实践中如果语文教师善于教学反思、善于从学生的角度去思考自己的文本解读教学、专心研究如何表达文本解读知识的话，那么随着经验的积累，语文教师文本解读教学知识就会越来越丰富。一位有经验教师的表述可以说明其文本解读知识的发展过程："我第一轮的时候，这些知识点都讲了，但是第二轮的时候我想，为什么都讲呢，这节课不讲后面还会出现的，在外行眼里把知识点漏掉了，其实知识点后面会出现的。第一轮的时候想的是怎么把这课流畅地讲下来讲完，因为那个时候讲完课也是很困难的。第二轮就是我如何让我的学生考得高一点。第三轮我想的是我如何让学生动起来，让他去动。我们老教师一般从单元出发，先看这个单元，看看有没有可讲的，如果没有可讲的怎么处理。然后想，如何能让学生动，如何能让

---

① 这里说的一轮指的是语文教师从学生入学到毕业这一个周期的教学。

学生动起来，我能少说点，尽量能让自己少说。"这位老师还谈到了反思在文本解读教学知识形成中的作用："我能做到这点主要是前两轮过来才敢。一开始哪敢放手，一开始不敢放手。必须把教材吃透了，然后才发现有些不需要讲，或者有些讲了也没有用的。这还是得平时多思考和反思。所有的老师都反思，有的记录下来了，作用到了以后的教学中，有的反思就反思了。"如果从这个角度看待语文教学中文本解读课程的建构问题的话，本研究有理由认为语文教师在其中发挥着重要的作用。没有语文教师在实践情境中文本解读教学知识的积累，再好的教材也无法发挥其作用，因为教材中的课文文本如果要发挥他的文本解读教学功能的条件就是语文教师把教材吃透的基础上构建起结构合理的文本解读知识体系，然后在此基础上建构起结构完善的文本解读教学知识体系。而这方面需要语文教师在实践情境中，与文本进行互动、与学生进行互动、与课程标准进行互动中逐渐进行建构。而且新手语文教师文本解读教学知识与文本解读知识的建构具有同步性的特点，因为第一次接触教材的语文教师教授一篇课文的时候既在建构文本解读知识，同时也在建构文本解读教学知识，这方面和一般的学科表现出不同的特点。因为上述的原因，语文新手教师和有经验教师在文本解读教学知识方面表现出差距。这也充分说明了文本解读课程建构中语文教师的重要作用。

　　本书通过理论和实证两个方面阐述了文本解读知识和文本解读教学知识是语文教师文本解读教学化的知识基础，对它们各自在文本解读教学化中的意义分别作了讨论，并对文本解读知识和文本解读教学知识之间的关系进行了研究。本书上述的语文教师文本解读教学知识的建构虽然已经具有了教学性质，是语文阅读课程的重要组成，但是这里的文本解读教学知识仍然还是没有进入课堂教学情境的知识，是语文教师一般意义上的文本解读和教学形态文本解读的中介环节。要实现语文教师文本解读转化为课堂教学情境中语文教师教的文本解读和学生学的文本解读的统一，那么语文教师就需要在具体教学情境中执行一个具体的文本解读教学化的心理过程。

第四章

语文教师文本解读教学化的心理过程

从教师认知的角度看，语文教师文本解读教学化就是在自己文本解读知识基础上建构文本解读课程的认知过程。对教师认知过程的研究主要集中在对教师思维过程的研究。从 20 世纪 70 年代开始，研究者在对"过程—结果"教学研究范式批判的基础上兴起了教师思维研究。教师思维研究是围绕着计划、决策和反思展开的。教师课程建构的认知过程一直包含在教师思维过程的研究中，长期并没有成为一个独立的研究领域。随着教师知识研究的兴起，尤其是学科教学知识研究为研究者所重视后，教师课程建构的具体心理过程才开始作为较为独立的研究领域为人们所重视。本研究语文教师文本解读教学化心理过程就是以教师为主体的课程建构过程的具体表现。本研究正是建立在一般意义上教师课程建构心理过程研究的基础上，并结合语文教师文本解读教学化的实际提出语文教师文本解读教学化的心理过程理论。

第一节 语文教师文本解读教学化心理操作

一 学科知识向课程转化的推理研究

在教师认知研究的重心从教师思维转向于教师知识之前，以教师为主体的课程建构心理过程研究并没有成为独立的研究领域。教师课程建构的心理过程是包含在教师计划研究中的。教师计划的内容分类框架是克拉克（Clark）和英格（Yinger）构建的，后来的研究者的研究内容是围绕这个框架开展的。克拉克和英格共归纳了 8 种教师计划的内容：（1）为教学提供方向性的指引；（2）建立课堂教学的心理保障；（3）通过学习和复习熟悉教学材料或者唤醒自己的记忆；（4）组织要呈现的材料；（5）进行教学时间和过程的决策；（6）组织学生；（7）做出教学实施和评价的规划；（8）与每天、每周和更长时间的教学计划接轨。[①] 后来的研究者认为，教学计划也包括在教学中如何建立学生前期的学习基础、学生的个性和教学环境条件的联系。在教学计划的内容中，"通过学习和复习熟悉教学材料或者唤醒自己的记忆"、"组织要呈现的材料"、"与每天、每周和更长时间的教学计划接轨"和"建立学生前期的学习基础、学生的个性和教学环境条件的联系"等内容与课程建构密切相关。而教师决策和教师反思等研究的主要内容集中在教师思维的过程、影响因素及专家和新手教师的决策特点比较等方面，很少涉及课程建构的内容。即使教学计划涉及了课程建构的内容，但是教学计划的研究也主要集中在教师计划的过程、特点和影响因素方面，很少结合具体学科进行教师计划的探讨。在教师认知领域对教师课程建构心理过程研究具有重要影响的是舒尔曼。舒尔曼的学科教学知识研究和"教学推理模型"（pedagogical reasoning model）的提出将学科知识和学科课程建构结合起来，使得教师心理过程研究向学科课程逼近。

　　舒尔曼认为以往的教学研究并没有将教师的学科知识如何转化为学生理解的知识进行专门的研究，这是导致教师教育缺乏学科特色的主要原因。舒尔曼认为教师的教学认知是和其特定的学科背景密切联系的。舒尔曼认为教学的本质就是将特定的学科知识"转化"为学生可以理解的学科知识的一种活动。如何将特定的学科知识转化为学生可以理解的学科知识是教师认知过程的核心。舒尔曼等人提出的"转化"理论包括6方面相关成分整合和序列：理解、准备、表征、选择、适应和裁剪。[②]

　　在舒尔曼的转化理论中，要教学首先要"理解"，理解是教学的前提和基础。教师需要理解他们所教的东西，如果可能可以从多角度去理解。教师应该知道现在教学的主题与相似或相关教学主题之间的关系。另外，舒尔曼认为对于教学目的的理解也至关重要。因为，教学的努力方向就是实现教学目的，去实现让学生学会科学文化知识，让学生享受自由，让学生具有相互关爱的责任感，让学生学会相互信任和尊重，让学生发展他们

---

① Clark, C. M., & Yinger, R. (1979), Teachers' thinking. In P. L. Peterson & H. J. Walberd (eds.) *Research on Teaching.* Berkeley, C. A.: McCutchan. pp. 231 – 263.

② Shulman, L. S. (1987), Knowledge and teaching: Foundations of the new reform. *Harvard Educational Review*, 57 (1), pp. 1 – 22.

理解的技能和在自由公正的社会体制下所需要的价值观。作为教师应该要平衡发展学生个体优秀才华和来自不同文化背景学生的教育公平。虽然绝大多数的教学都是从具体形式的文本开始的，但是教师不能忽视任何文本都是实现其教育目的的工具，教育目的是超越具体文本的理解的，但是没有具体文本的理解教育目的也无法实现。舒尔曼认为，即使一个教师首先要很好地理解教学内容和教育目的，但并不意味着这可以将教师和非教师属性明显区别开来。大家希望一个数学方面的专家可以很好地理解数学，或者历史方面的专家很好地理解历史。但是，教师和学科专家的区别在于其学科知识和教学法知识之间的互动关系上，教师将自己拥有的学科内容知识转化为适应学生身上表现出的各种能力和背景的教学能量。所以舒尔曼认为，在理解的基础上需要从其他方面继续深入地探讨转化的问题。

舒尔曼认为通过理解获知的观点和思想必须通过一些形式的转化才能被教学。去推理一个人教学行为就是去思考一个人如何将自己理解的学科内容转化为学习者的思想和动机。上述的理解是转化的前提和基础，但是真正的转化是由准备、表征、选择、适应和裁剪等认知过程实现的。

"准备"包括教师根据自己对学科内容的理解，对教学材料进行批判性地分析和解释。就是说，教师要依据自己对学科内容的理解和对是否适合教学的自我追问去认真审视教学材料。这个过程一般包括：（1）探寻和纠正文本材料中的遗漏与偏见；（2）将教学材料整合和重构后转变为更为适合学生理解，或者更为适用于教学的形式。教师还应该认真分析教学目的和目标。在具体的案例中舒尔曼等人还发现，教师还会将自己的准备置于整个课程计划中去审视，把准备作为整个一系列教学材料、教学规划和教学观念中的一个环节。

"表征"指的是通过对一个主题关键思想和观点的思考，确定一系列的策略和方法将这些观点表达给学生。表征的内容类型包括类比、隐喻、举例、演示、解释、刺激等，这些表征可以帮助建立教师理解和学生学习期望之间的桥梁。

教学"选择"发生在教师必须将自己对教学内容的组织与表征转向于在具体的教学形式和方法时的表达。这里指教师借助教学方式和策略方面的经验。这些经验涵盖的内容非常丰富，既包括传统意义上的演讲、演示、背诵或者练习，还包括各种形式的合作学习、对话教学、引导式教学、发现学习、任务教学、综合性学习等。

　　"适应"是教师思考如何使自己表征的材料适合学生特点的过程。教师会想学生能力、性别、语言、文化、动机或者知识基础和技能等哪些相关方面会影响他们对于不同教学材料呈现和表征形式的反应。教师还会考虑学生的哪些观念、误解、期望、动机、困难或者策略也许会影响他们抵达、解释、理解和误解教学材料的方式。

　　与"适应"密切相关的就是"裁剪"，裁剪源于裁缝为顾客制作适合的衣服的过程，裁缝总是尽可能地满足顾客的需要，根据他们的实际情况制作适合的款式、颜色和尺寸。教师也力图使教学材料可以适应特定的学生，而不是一般的学生。但是，和裁缝不同的是，教师的教学绝少是一对一的。教师所做的是一个特殊的辅导过程。在舒尔曼的研究情境中谈到的典型学校教学环境中，教师一般会面对至少十几个人进行教学，有时候甚至要达到 30 人左右。所以，教学中的裁剪意味着其表征不仅要照顾到个别的学生，而且还要兼顾一个特定规模、性格、感受性和人际关系的群体。

　　舒尔曼认为转化过程在表征一节课、一个单元或者整个课程时发生，有可能在教学计划阶段完成，也可能是一系列的策略。从这个角度说，转化就是教学行为实施前的排演。教学推理尽可能地达到了和教学实际表现是一样的，教学行为没有实际开始之前，教学推理就不会停止。教学转化在教学行为实施过程中仍然在进行着。这样理解，教学便成了教师即时性的边思考边行动的行为。通过教学实际操作行为，使转化推理转变为教学事实。

　　舒尔曼认为教学推理要通过教学实践来实现，教学实践是可以观察到的教师教学实施行为。舒尔曼认为教学行为和教师转化密切相关。教师通过评价和反思对前期的转化进行回顾和评价，然后重新开始新的一轮转化。

　　但是，对于舒尔曼的理论，大家的研究焦点都集中在学科教学知识方面，学科教学知识的研究方面以学科知识的内涵及发展的研究较多，而对于个体学科教学知识形成及学科教学知识价值实现的心理过程研究较少。舒尔曼等提出的"教学推理模型"的初衷就是要解释学科教学知识的形成及在具体的课程建构与课程实施发挥作用的具体心理操作。语文教师文本解读教学化心理操作可以看作是教学推理模型的具体表现，本研究结合文本解读教学的实际在舒尔曼等人的教学论推论模型基础上构建语文教师文本解读教学化心理操作理论。

二　语文教师文本解读教学化推理

本研究的语文教师文本解读教学化推理指的是，语文教师从接触文本到形成文本解读课程前的心理操作。本研究的文本解读教学化推理的理论研究以舒尔曼的研究作为理论支持，并结合语文教师文本解读课程建构的实际情况进行。理论构建主要采用理论演绎方式进行。下面是本研究建构的文本解读教学化推理模型（图4.1）。

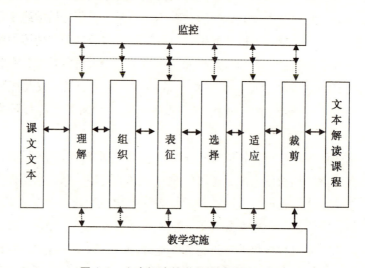

图 4.1　文本解读教学化推理模型示意图

语文教师要实施有效的课堂文本解读教学，自己首先要进行文本解读。理解环节就是语文教师结合自己的文本解读认识过程，是在已有的公共领域文本解读知识学习基础上构建和唤醒自身文本解读知识的过程。在理解这一环节，语文教师、学科专家、一般中文专业研究的爱好者没有本质的差异。语文教师的文本解读是个体的心理行为，如果要产生张力必须要把语文教师在文本解读中产生的认知以文本解读知识的形式进行表征。文本解读知识作为内隐的成分储存在教师个体的心理结构中。通常由于文本解读知识水平较低，还没有达到熟悉的程度，新教师一般都要借助外部言语的形式对文本解读的认识进行储存以避免遗忘。有经验的教师对文本解读知识已经较为熟悉，他们会用较为灵活的形式对文本解读知识进行储存。本书研究者在与有经验的教师进行访谈过程中，这些教师谈起他们与新教师在文本理解方面的不同时，他们说可能是自己读得多了时间长了，不像新教师那样整本书都写满了字。一位有经验教师回忆起自己备课时的开始阶段的文本解读时谈到，自己当时备新课的时候就是闷头自己读课文，然后把各个知识点都找出来写到书上或者写到教案上，生怕自己忘了。可见，从新手教师和有经验教师文本解读知识学习的外部行为表征上就可以看出二者文本解读知识水平的差异，同时也从侧面说明理解环节对文本解读知识建构的重要性。

　　在语文教学中要求语文教师对文本进行全方位、深刻的解读。但是，除了极少的语文教师可以做到独立的全方位的文本解读，一般情况下语文教师都需要借助已有的以公共文本解读知识形态存在的文本解读认识。这种认识以学科知识的形态存在于中文专业研究的文献中。语文教师需要借助这些现有的材料对文本继续进行深入的解读，获得更为丰富的文本解读知识。语文教师这一阶段主要是补充自己认识方面的不足，纠正自己认识方面的偏差，或者根据自己的理解对现有的文本解读认识进行批判性的理解。语文教师在这一环节的文本解读与学科专家获得文本解读认识的心理操作没有本质的区别，但是与其他学科的教师相比就体现出其专业特点。基础教育阶段其他学科的学科知识和教材内容具有较大的一致性，所以这些学科的教师只要学会教材中的内容基本上就建构起自己的学科知识体系。而语文教师却不是，在文选性教材体系下，语文教师的学科知识并不是教材上的选文，而是通过文本解读和公共文本解读知识的学习建构的文本解读知识体系。也就是说，在文本解读教学中具体的学科知识实质上是语文教师构建的。语文教师研究领域通常谈到的语文教师要以普通读者的身份进行文本解读，形成自己对文本的认识指的就是语文教师建构文本解读知识的过程。语文课程与教学研究中要求语文教师吃透教材，这种结果性要求的实现需要语文教师在全方位文本解读的基础上形成自己的文本解读知识结构。语文教师文本解读知识是语文教师文本解读教学化的基础，文本解读只有转变为知识形态的文本解读认识才能为教学所用，因为没有人可以教自己不知道的知识。

　　这里的理解包含有理解也包含着理解文本解读教育目的。虽然现在对于文本解读教育目的指向存在分歧，但是新课标确定的三维目标已经日益为广大语文教师所接受。语文教师文本解读教学最终指向文本解读教育目的，语文教师对于语文教育目的的理解会影响语文教师文本解读课程的建构。

　　语文教师对于文本解读知识的建构和对于语文教育目的的理解并不能

区分语文教师文本解读课程与相关学科专家的文本解读。中文学科的专家为了将自己的文本解读认识让读者接受也会考虑将自己的文本解读知识转化为被别人接受的表达，也会对自己的文本解读知识进行加工和组织。所以，这方面语文教师的文本解读理解和学科专家对于文本解读认识的理解并没有本质上的不同。另外，对于文本解读指向的教育目的的理解方面也不是语文教师独有的事情，学科专家和课程专家都对文本解读的教育意义提出过自己的看法，有的甚至在文本解读的研究和文本解读教育意义的研究两个方面都有造诣。例如，钱理群等知名学科专家对语文中的文本解读和文本解读的教育意义都提出了自己的理解。所以，语文教师对文本解读的理解真正要转化为文本解读课程还需要进一步的心理加工。

语文教师通过文本解读建构文本解读知识后并不是完全实现了教学化的过程。虽然通常语文教师有很高的文本解读素养，他的文本解读教学水平也较高；但是同时也存在教师的文本解读素养很高但文本解读教学能力却并不突出的情况。语文教师文本解读教学化还需要执行其他相关的心理操作。

语文教师文本解读教学化心理操作除了读透教材外，还要结合文本解读课程建构对自身已有的文本解读知识进行进一步"组织"。依据舒尔曼等的教学论推论原意，"组织"就是语文教师对自身文本解读知识的批判性解释、整合、重新组织，目的是易于语文教师理解和有利于教学的实施。语文教师会结合各种材料对自己建构的文本解读知识进行补充、修正，并会对各种关于文本意义的观点进行分析，最终形成自己的结论。组织是语文教师对自己建构的文本解读认识的进一步加工。一般情况下语文教师开始阶段的文本解读获得的认识是凌乱的，结构性不强。语文教师需要将这些零散的认识结构化，将文本解读知识置于不同类型文本解读认知结构中进行分类、加工、重组和整理，力图使这些知识建立联系，这样方便语文教师在文本解读教学时进行有效提取。组织还包括把某一课文的文本解读认识结合课程标准和教学目标进行考虑，还会将自己的文本解读知识置于整个课文、单元和课程的教学体系中去考察，以保证教学的有效性和系统性。语文教师在考虑学生文本解读学习的同时，其心理结构中还应该包括兼顾国家和校本课程等课程制度的意识。课程标准是阅读课程实施与评价的指导性文件，校本课程是结合本地区特点制定的课程制度，这些都反映了对于具体课堂教学形态文本解读的课程制度性要求。制度性课程以教材的形式对语文教师的文本解读课程化进行引导，具体表现在课程说明、教学参考书、编辑思想、单元说明、教学提示等板块中。语文教师的教学形态文本解读或多或少要受到这些方面因素的影响。有的语文教师是严格执行的，有的语文教师会在这些基础上根据实际情况进行修正，当然有的语文教师也有可能忽视这些因素。本研究认为，毕竟制度性的话语并不是具体的课堂文本解读实际，语文教师的实践性权利在文本解读教学化中应该得到彰显。陈日亮曾经提到过，语文教师按照语文教师学科专家的指导提高了自己文本解读的素养，觉得自己对文本理解得更为透彻了，但是到了具体的备课环节，到了具体教学层面的文本解读操作时就遇到了困难。陈日亮认为语文教师在一般形态的文本解读的基础上加入"因时因地因对象"的主观因素，使得经过"教学筛滤"的文本解读进入文本、学生、教师三方互动的课堂教学形态文本解读语境，只有这样，"每一篇课文和每一节课真正教什么，才能落到实处"。① 陈日亮谈到的问题就是语文教师文本解读应该从课程意识出发去思考自己的文本解读知识建构，实现逐步构建起文本解读教学知识体系。还有很多老师也提到了语文教师应该将一般形态的文本解读转化为教学形态的文本解读。②③ 特级教师邓彤的一段自述是单篇文本"组织"的典型："但是，并不是（戏剧文本中）所有的对话都可以成为教学的关键点。我在反复阅读剧本的基础上体会到剧本中能够牵一发动全身的语句——'这间房底下人不准随便进来'——然后以此为平台，又找到了'关窗'、'衬衣'、'死别'三个点。结果整个教学过程因此纲举目张，课堂不枝不蔓，学生思维积极活跃，取得了良好的教学效果。"④ 可见，优秀的语文教师在具体的文本解读课程建构中要对自身已有的文本解读知识进行再加工，然后最终确定具体的课程内容。优秀的语文教师还会从语文阅读教学的整体规划

---

　　① 陈日亮：《如是我读：语文教学文本解读个案》，华东师范大学出版社 2011 年版，第2—3 页。

　　② 蔡辰梅：《"我"和"我所教的课"——教师与课程的具体关系研究》，《教育理论与实践》2007 年第 2 期。

　　③ 彭金红、黄伟：《语文教师与他的课程——试论教师对教科书选文的解读与阅读教学的关系》，《教育科学研究》2008 年第 4 期。

　　④ 邓彤：《邓彤讲语文》，语文出版社 2008 年版，第 153—154 页。

设计中去考虑自己具体的文本解读课程的建构。例如，李海林对一个诗歌单元的"阐释"就可以看出他从单元这个组织结构出发进行"组织"这一心理操作："本单元的学习内容是诗歌的韵律和隐喻。诗歌的韵律表现在诗歌语言的抑扬顿挫和诗人情绪的起伏消长两方面，感受诗歌的韵律，一是对诗歌语言节奏的把握，二是对诗歌情感节奏的把握。诗歌的隐喻隐藏在意象和意象的联系中。理解诗歌的隐喻，一是理解意象的内涵，二是理解意象的组合关系。本单元共有四课，前两课主要学习如何感受诗歌的韵律，后两课主要学习如何理解诗歌的隐喻。"李海林从诗歌的特点出发，对诗歌解读内容进行梳理的基础上确定了诗歌的教学内容，但是在单元课文的教学内容分配中，这些内容并不是面面俱到，而是在不同的文章中各有侧重点。李海林这样的心理操作就是本研究"组织"的具体表现。语文教师文本解读教学化中通常也会考虑将某一具体文本的教学化解读内容置于整个教学计划中去考虑，以建构自己序列化的教学化文本解读课程体系。虽然教材中已经有教学内容的规定，而且现在有的研究者提倡设计固定教学内容的"教材包"将教学形态的文本解读尽量确定，"解决语文教师为教什么发愁的问题"。但是，有一点是不能否认的，就像语言学研究中的"语言"和"言语"的关系一样，再规范的制度性"课程话语"也不能等同于具体阅读教学情境中的"实践话语"，语文教师在某一文本的教学形态文本解读和一系列的教学形态文本解读中一定会是作为课堂教学实践者有选择性地行使"制度性话语"，实施"个人话语"的过程。从这个层面上说，建构科学合理的教学形态文本解读"实践话语"体系是语文教师文本解读教学化心理操作中的必要成分。

"表征"是对理解和组织加工的文本解读知识的一系列表达方式和策略。语文教师文本解读知识必须转化为表达才能和学生的阅读学习建立联系，表征是连接语文教师文本解读知识与学生文本解读学习之间的桥梁。语文教师在理解的基础上需要考虑自己该用什么样的表征方式和策略，可以使学生容易接受或者可以激发学生对话的渴望，对学生的阅读智慧有所提升。这里的表征指的是文本解读知识的表达策略和方法，和舒尔曼所提到的类比、隐喻、举例、演示、解释、刺激是一样的。语文教师也会考虑如何用这些表征方式和策略对已经组织好的文本解读认识进行有效表达，以有利于教学。根据舒尔曼的研究，教师对特定主题和问题进行重新组织与表征，以适应学习者的能力与不同兴趣需要，是体现教师专业性的重要特征之一。教师将所教的知识按照学生的特点重新组织，以适合学生的理解方式予以表征，反映了特定内容知识和一般教学法知识的整合。因为，表征这一心理操作非常微观，需要通过涉及对应的问题从语文教师的内心去探寻。可能是语文教师的表征能力形成是内隐的，潜移默化的过程，而且容易和表达能力混同，所以一直没有被当作专门的研究内容。本书研究中对一线的语文教师文本解读教学化进行了有针对性的访谈，其中就包括对语文教师"表征"这一心理操作的探测。例如，有的语文教师在解读修辞手法时有这样的表述："那你要能说出这篇文章中这种修辞手法运用得好，如果去掉了就不能体现出这篇课文的这种风格，这种描写景物的这种恰到好处，这种特点，你要拿出来这种好处。第三个，你要能够运用这种手法去写一段话。能写一段话，还能运用这种修辞手法，还能体现这种修辞手法的妙处那就是他学到了。"有老师结合课堂例子讲了文本解读知识的表征："上课有一个学生问，本来海枯石烂和日转星移是两个成语，那么作者为什么用逗号隔开了。我说这个问题提得非常好，你平时怎么读，现在怎么读，现在读是不是有诗的节奏、那个韵律啊。这是节奏，那么内容上为什么把成语分开说，后面还有个省略号，学生读了几遍，让他们体味体味，有的学生还是挺有灵性的，他们说这个体现时间很长，我说对，为了体现时间漫长，时空还在不断地变迁。"语文教师确定和组织好的教学内容具有特定内容知识的属性，而对确定进入教学内容领域的文本解读知识以适应学生阅读学习的方式加以表征正体现了语文教师文本解读和一般教学法的整合，使得语文教师文本解读具有了教学性质。

"选择"发生在教师必须将自己对教学内容的组织与表征转向于在具体的教学形式和方法时的表达。这里指教师利用在教学方式和策略方面的经验。这些经验涵盖的内容非常丰富，既包括传统意义上的演讲、演示、背诵或者练习，还包括各种形式的合作学习、对话教学、引导式教学、发现学习、任务教学、综合性学习等。可以说，选择就是语文教师将文本解读转化为促进学生阅读能力发展的文本解读的具体教学活动形式，是体现语文教师专业独特性的活动策略系统。例如，语文特级教师尤立增的一段自述："现代诗歌，对学生来说是隔膜的，因为他们的阅读趣味受到同级阅读的影响，对高雅文学的认知还存在相当的距离。如何缩短这段距离，这是我设计教学时重点考虑的问题。最终确定了'整体把握，微观推敲'的方案。"① 尤立增通过学生文本解读学习心理的分析，最终确定了文本解读教学知识的活动策略，就是一个"选择"的过程。本研究这里所讨论的活动形式是与文本解读教学相适应的具体的活动形式的选择。例如，特级教师褚树荣一段备课心理操作的自述就是"选择"的典型："怎样让学生真切地体验课文中的情呢？我想到了三个步骤，首先是学生对课文中的情有感觉，其次就是设置一种媒介，诱导学生回顾自己的感情经历，从而产生与我心有戚戚也的共鸣，三是讲述自己的情感体验。这样情不再是观念的东西，不再是纸上的东西。学习这篇课文，为情所动，既是学习的一个层次，因情而悟理，这又是一个教学目标。而且针对现在的学生来说，这更是一个重要的教学目标。有人说，小说是一个开放的文本结构，每个人都可以从中找到自己的东西，你找到的东西是什么？因此，本人就设计了一个开放的对话过程。"② 这段自述中，语文教师在自己文本解读知识建构的基础上，结合自己对学生文本解读学习特点的了解，设计了开放式的对话教学活动形式。这个例子中，语文教师设计的对话活动形式是与自己建构的文本解读知识特点相适应的，也是在前期的教学推理操作上进行的，具有文本解读教学特点的活动形式，而不是一般意义上的活动形式。

"适应"是教师思考如何使自己表征的材料适合学生特点的过程。语文教师会对学生能力、性别、语言、文化、动机或者知识基础和技能等内容进行思考。教师还会考虑学生的哪些观念、误解、期望、动机、困难或者策略，也许会影响他们抵达、解释、理解和误解教学材料的方式。这里的"适应"和杜威描述的教师"心理化"过程具有相似性。根据实际的教学情况，语文教师应该有一个思维过程就是把自己的文本解读的成果当作促进学生阅读学习的相关因素。语文教师文本解读教学化推理中的"适应"应该包含以下内容：语文教师文本解读知识转化为作为学生文本解读学习的知识与经验；语文教师如何将自己文本解读知识与学生的文本解读学习建立联系；语文教师自己文本解读知识怎样可以帮助解释学生文本解读学习的需要和行动，以使其发展获得适当的指导。通过"适应"

---

① 尤立增：《尤立增讲语文》，语文出版社 2008 年版，第 102 页。

② 褚树荣：《褚树荣讲语文》，语文出版社 2008 年版，第 116—117 页。

这一过程，语文教师的文本解读可以与学生的阅读学习建立有效的联系，使得语文教师的文本解读认识的表征更具有针对性，从而提高语文教师文本解读课堂教学表征行为的有效性。语文特级教师尤立增的一段自述可以作为这一心理操作的典型："现代诗歌，对学生来说是隔膜的，因为他们的阅读趣味受到同级阅读的影响，对高雅文学的认知还存在相当的距离。如何缩短这段距离，这是我设计教学时重点考虑的问题。最终确定了'整体把握，微观推敲'的方案，从语言入手，把握故事，分析形象，结合对作品创作背景和创作意图的了解，联系生活经验，'批文入情'。通过联想和想象，体会诗中的情思和意味，从而完成对诗歌的'二次创作'。"[1] 可以看出，优秀的语文教师语文文本解读课程建构中是通过学生具体文本解读知识学习特点来进行认知操作的。根据对于教师认知的研究，语文教师考虑学生的文本解读认知情境的时候，还会考虑学生在班级中的角色及其社会环境等对他们文本解读学习心理产生影响的因素。语文教师将自己的文本解读与学生的阅读学习之间建立联系是语文教师文本解读教学化推理的内容之一。

　　和"适应"密切相联系的就是"裁剪"，语文教师在教学中要针对个别学生进行文本解读的辅导，以适应学生文本解读能力发展的个别需要。这种需要既包括对于特别困难的学生的辅导，也包括优秀学生的辅导，还包括针对学生特殊智能发展方面的引导。于漪的一段话虽然不是专门针对文本解读教学说的，但是也可以从中看出她是如何把握学生的语文学习心理的。她说："因此，教师要走近学生，进而走进学生，教师不能只站在学生的外面观察，要站到学生的世界之中用心眼看用耳听，摸准他们的脉搏。教师要有眼力，要巨细不漏，越是细微之处，越不让它在眼皮底下溜走。就拿课堂教学来说，某个同学撇一撇嘴，某个同学脸上掠过一丝笑意，某个同学目光中突然出现某种异彩等等，全是心弦弹奏的信号。尽管那些细微的表情和动作稍纵即逝，教师如果迅速抓住，和彼时彼地彼事联系起来思考分析，就可窥见学生心中的那'一角'，可以窥见他们对某些问题的所思所想，大至社会、人生，小到一句话语。教师要深入学生的心灵世界。"[2] 可见，于漪对学生个别的微观心理把握得多么清楚，其中也

---

[1]　尤立增：《尤立增讲语文》，语文出版社 2008 年版，第 102 页。

[2]　于漪：《于漪与语文教育教学求索》，北京师范大学出版社 2006 年版，第 39 页。

可以看出优秀的语文教师是如何用心把握学生心理的。同时语文教师在文本解读辅导的时候要照顾到一定团体的辅导，因为学生可能会因为各种一定的相似性和互补性形成一定学习团体，语文教师可以有针对性地对这些团体进行文本解读方面的指导。

语文教师在文本解读教学化知识基础上，通过文本解读教学化推理使语文教师学科形态的文本解读转化为文本解读课程，但这还不是语文教师文本解读教学化的全部内容。完整的文本解读教学化还包括语文教师对文本解读教学化的评价和反思。通过对自身文本解读教学化的评价和反思，语文教师将开始新的一轮文本解读教学化心理过程。但是评价和反思是"教学化后"为新的教学化所做的准备，本书这里就不作为主要的研究内容。语文教师文本解读教学化的推理主要发生在教学计划环节，但是并非意味着只在教学计划环节发生。在教学实施过程中，语文教师进行生成性的文本解读知识教学时，通常也会经历文本解读教学化推理过程。不同的是，在教学实施中语文教师不像在教学计划阶段可以有充裕的时间进行推理认知操作，教学实施中的文本解读教学化推理更多地表现为一种决策性的操作形式。

语文教师在文本解读课程建构过程中一般都要进行文本解读教学化推理，但是不同老师在这些过程中所花费的时间和精力以及心理操作模式有可能是不同的，或者有可能有的教师并不是完全性地经历这些推理过程。比如，新教师往往不能从学生的角度去考虑文本解读教学化，所以在适应和裁剪这两个环节就是薄弱的。有的语文教师可能本身没有深入进行文本解读，直接看着教参去进行教学，这样语文教师在理解方面就是薄弱的。或者有的新手教师由于文本解读教学知识的缺乏并没有能力进行适应、裁剪等心理操作，从而忽视学生文本解读学习的基础和特点。

三 语文教师文本解读教学化推理与知识的关系

认知心理学把人的认知看作是知识的获得与应用的过程。语文教师文本解读教学推理是语文教师文本解读教学化的认知心理操作具体内容，语文教师文本解读教学化推理过程也应该是语文教师文本解读教学化知识的获得与应用过程。同时，语文教师文本解读教学化知识的发展，也会促进语文教师文本解读教学化推理水平的发展。所以，语文教师文本解读教学化推理和语文教师文本解读教学化知识之间是相互影响、相互促进的关系。

　　首先，语文教师文本解读教学化知识要在语文教师文本解读教学化推理实践中获得与发展。语文教师文本解读教学知识由文本解读的教学观念、文本解读知识的表征、对学生文本解读学习特点和基础的了解和文本解读课程知识转化、融合而成，而这个转化和融合的心理操作过程就是文本解读教学化推理。通过语文教师文本解读教学化推理实践，语文教师文本解读教学知识才得以形成、丰富和发展。理解环节对语文教师文本解读知识本身的发展具有重要的意义；组织对语文教师文本解读课程知识发展具有重要的意义；表征和选择会发展语文教师文本解读表征知识；而适应和裁剪则是发展语文教师对学生文本解读知识学习基础和特点了解的主要渠道。所以，语文教师文本解读教学知识就是在文本解读教学化推理实践中形成的一种实践性知识形态。文本解读教学知识形成后成为语文教师知识结构的一部分，语文教师文本解读教学知识是和具体的文本相关联的知识，当语文教师再次进行该文本或者与该文本相关联的文本教学时，此时建构的文本解读教学知识将发挥作用。所以，从这个意义上说语文教师文本解读教学化知识的发展不是一朝一夕可以做到的事情，而是一个长期的实践过程。关于语文教师文本解读教学知识产生的心理机制的研究，对于揭示语文教师文本解读教学知识发展规律，发展语文教师专业发展理论具有重要的意义。

　　其次，语文教师文本解读教学化推理操作水平的提高也要以语文教师文本解读教学知识的发展为前提。根据斯腾伯格的专家教师原型理论，[①]专家教师原型由知识、效率和洞察力三方面内容构成。其中知识支持了专家教师在效率与洞察力方面的表现，而专家教师的效率和洞察力正是专家教师认知操作方面的水平表现。如果一位语文教师对学生的文本解读学习基础和特点不了解，那么就会影响他在适应和裁剪这两个文本解读教学推理方面的表现。如果一位语文教师本身的文本解读知识匮乏，那么就会影响他在理解和组织方面的文本解读教学化推理表现。同样，如果一位语文教师对文本解读知识的表征和教学活动方式方面的知识了解有限，那么他在具体的文本解读知识表征和选择推理方面就会表现出较低水平。也就是

---

① Sternberg, R. J. & Hovath, J. A.：《专家型教师教学的原型观》，《华东师范大学学报》（教育科学版）1997 年第 1 期。

说，语文教师文本解读教学知识通过文本解读教学化推理转化为文本解读课程，对学生的文本解读学习产生影响。所以，本研究认为，语文教师的文本解读教学知识与语文教师文本解读教学化推理水平具有直接的关系，不同的文本解读教学化知识水平的语文教师会在文本解读教学化推理方面表现出不同水平的心理加工方式。

第二节　文本解读教学化的心理监控

一　文本解读教学化心理监控的内涵

"教学监控能力是指教师为了保证教学的成功、达到预期的教学目标，而在教学的全过程中，将教学活动本身作为意识的对象，不断地对其进行积极、主动的计划、检查、评价、反馈、控制和调节的能力。"[①] 本书根据一般教学监控能力的定义认为，语文教师文本解读教学化心理监控就是语文教师以自身的文本解读教学化为意识的对象，为了文本解读课程建构的有效性，对自身的文本解读教学化心理操作不断地进行计划、检查、评价、反馈、控制和调节的能力。

教师教学监控的意义在于可以对教学过程中各要素之间的关系进行协调，以达到各种教学要素作用发挥的最优化。语文教师文本解读教学化心理监控的作用也是如此。通过语文教师文本解读教学化心理监控，语文教师可以对文本解读教学化中的各个因素进行协调，这些因素包括文本解读教学化心理操作的各个环节，这样可以使文本解读教学化心理操作达到最优化的组合，从而提高语文教师文本解读教学化的有效性。因为，语文教师的文本解读教学化过程发生在复杂的教学情境中，虽然我们在文本解读教学化心理操作中提出了文本解读教学化推理的一般模型，但是语文教师具体的文本解读教学化认知加工要面临很多具体的问题，有的问题甚至是突发性的，这个时候就需要语文教师主动对文本解读教学化进行自我监控，对自身的文本解读教学化心理操作进行不断地调节和控制，以使自身的文本解读教学化达到理想的效果。所以，文本解读教学化心理监控能力

---

① 申继亮、辛涛：《论教师教学的监控能力》，《北京师范大学学报》（哲学与社会科学版）1995 年第 1 期。

是文本解读教学化能力的重要组成部分，属于文本解读教学化能力结构中最高层次的能力，对语文教师文本解读教学化具有重要的意义。

本书通过于漪《听潮》一课的教学理念、教学设计和教学实施各个环节的自我叙述来说明语文教师文本解读教学心理监控的意义。于漪认为语文教学有着自身的内在规律。语文教师要教学生学文，理解和运用祖国的语言文字，但是最重要的还是教学生做人。于漪认为，离开做"人"的培养去讲"文"的教学，就是丢弃了教师工作的制高点。因此，语文教师应该从"明确培养目标，了解学生现状和具有强烈的阶段感"这三方面勾画教文育人的蓝图。在《听潮》一课的教学设计中，于漪设置的第一个教学目的就是"咀嚼品味文中描绘大海神奇变幻和海潮涨落情景的词句段落，感受大海的雄壮美、大海的伟大力量，从而开阔自己的襟怀"。① 而且在其教学设计中也处处体现着这种教学目的。例如，于漪设计了这样的教学问题："作者从哪些角度调动了哪些艺术手法对海潮来临的情景进行渲染的？创造了怎样的艺术效果？歌颂了大海怎样的性格？寄寓了怎样的思想感情？"于漪想让学生在讨论中明确："作者用拟人、比喻等方法制造音响效果，描摹滔滔滚滚的雄姿，生动、逼真，给人以身临其境之感。作者精心描写海潮的雷霆万钧之势，摧坚吞垒之姿，目的在歌颂大海的伟大力量，歌颂它的雄壮美。作者在描绘这伟大的乐章时寄寓了无限热爱与赞美的感情。"② 可以看出，于漪一直通过教学观念影响下的教育监控在进行学生学习内容的预设、教学任务的设置以及课程实施方式的设计。正是因为丁漪老师的教学监控，丁漪的阅读教学总是在她的语文教学思想下进行，实践着她教书育人的语文教育思想。从于漪的案例中可以看出，文本解读教学化心理监控在实现语文教师教育目的方面的意义。

二　文本解读教学化心理监控的结构

依据不同的标准，可以对教师教学能力结构得出不同的认识。依据教学过程的不同阶段，一般认为教学监控主要包括三大方面：一是教师对自己教学活动的事先计划和安排；二是对自己实际教学活动进行有意识的监察、评价和反馈；三是对自己的教学活动进行调节、校正和有意识的自我

---

① 上海教育学院中文系：《于漪教案选》，上海教育出版社1984年版，第59—64页。

② 同上。

控制。① 语文教师文本解读教学化心理监控是教师心理监控的重要表现，本书依据一般教学监控能力结构的研究，结合文本解读教学化心理操作的特点，从计划与准备、控制与调节和评价与反馈三个维度对语文教师文本解读教学化能力进行阐述。

作为文本解读教学化心理监控结构中的计划与准备是对未进入课堂教学阶段的文本解读教学化心理加工的监控，主要表现为预测和确定。在未进入课程情境之前，语文教师的文本解读教学化都是在一定的课程期待中进行的，语文教师的文本解读教学化心理操作会在自己的文本解读课程能否达到自己所期望的结果和自己是否有能力完成文本解读课程建构两个方面的交互作用下进行文本解读教学化的心理操作。任何语文教师的文本解读教学化心理操作都要受到文本解读教学化课程的结果期待和效能期待的调节。所以，语文教师会通过计划和准备这一文本解读教学化监控能力结构，通过预测和确定两种调控方式对文本解读教学化心理操作进行监控。

如果说，在计划和准备中语文教师可以拥有相对充裕的时间对文本解读教学化心理操作进行调节的话，那么在进入课堂情境的文本解读教学化心理监控就表现为根据具体的情况进行的即时控制与调节。语文教师课堂情境的文本解读教学化心理操作是在两种心理状态下进行的，一方面语文教师要沿着教学计划中确定的文本解读课程进行课程的实施，另一方面语文教师还要面对变化的没有预知的课程情境。前一种情况，语文教师的文本解读教学化监控主要表现为控制，因为在教学计划与准备中建构的文本解读课程应该是课堂上主要实现的，有经验的语文教师通常都会力图实现自己预期的课程计划。而后一种情况，语文教师更多地表现为调节，毕竟计划好的文本解读课程并不能完全符合真实的课堂情境，语文教师必须要依据具体的课堂情境进行即时的文本解读教学化心理操作，以达到文本解读教学化的情境性、灵活性和适用性。事实上控制与调节也是文本解读教学化心理监控的核心作用。

语文教师文本解读教学化的计划与准备、控制与调节是建立在评价与反馈的基础上的。语文教师要通过课程实施中各种要素的变化来进行文本解读教学化的监控，基础是教师对课程实施中的诸要素的信息进行准确的

---

① ·申继亮、辛涛：《论教师教学的监控能力》，《北京师范大学学报》（哲学与社会科学版）1995 年第 1 期。

把握。语文教师获取课程实施中的相关信息，审视自身建构的文本解读课程效果就是文本解读教学化的评价与反馈。评价与反馈是文本解读教学化心理监控的基础，文本解读教学化心理监控是在语文教师对文本解读课程及文本解读教学化心理操作的反思、评价与反馈的基础上开始的，且评价和反馈会伴随在文本解读教学化心理操作的始终。

本书通过以钱梦龙从备课、教学实录到课后反思的一段自述作为案例来对语文教师文本解读教学化心理监控的结构进行说明。以下是案例的具体内容：

每次备课，我总要把课文一遍一遍地读，反反复复地想。有的课文语言优美，声情并茂；有的课文说理严密，逻辑性强。我就采用不同的读法来评析、鉴赏、品味，直到确实品出了味儿，读出了"心得"，才进一步考虑"教什么"和"怎样教"。由于这些心得都来自亲身的阅读体会，课文也早已烂熟于心，因此教学中常有得心应手、左右逢源的快感，还不时带一点激情。学生受到感染，学得也十分投入，教和学双方的合作愉快而默契，这样教了两三年，后来即使有了"教参"，我也始终没有改变这样的备课习惯，即基本不看"教参"。在我看来，"教参"是一种仅供参考的资料，看看未尝不可，但如果每教一课都按"教参"的思路来处理教材，那么本为帮助教学而编写的"教参"，必然会成为教学的累赘。记得你曾经问我"为什么你的教学设计常常有些新意？"我的回答挺简单：因为我很少看"教参"。

我在备课时反复揣摩课文，又设身处地为学生着想，相信学生未必不能主要依靠自己的力量读好课文。我想，能不能换一种思路来处理教材，让学生尽可能学得主动一些呢？"白蛇传"的故事学生并不陌生，这是他们学习这篇课文的有利条件，教学中应该充分加以利用；他们的困难只是由于时代的隔阂而无法把握作者写作的意图，这个难点一旦扫除，就会一通百通。下面是我教读这篇课文的起始环节的实录，不知是否有助于你大体了解和设计整个教学过程的思路。

师：这堂课我们要一起学习鲁迅的杂文《论雷峰塔的倒掉》。上一课，同学们认真自读了课文，提出了不少疑问，这说明你们读得很投入，都开动了脑筋。我相信，只要你们掌握了读懂这篇课文的钥匙，就一定能够自己解决这些疑问。现在我就来帮同学们一起掌握这把钥匙。我们先来说一说《白蛇传》的故事，这篇课文涉及一个传奇故事，你们知道一些

主要的情节（笑声）

师：你怎么知道的？

生：课文里说的"大约是出于一部弹词叫《义妖传》的……"说明她是"义妖"。

师：你读书很细心。既然白蛇娘娘是义妖，那么造塔镇压白蛇娘娘的法海是什么样的人呢？

生：不义之人！

师：那么，雷峰塔是一座什么塔呢？

生：（七嘴八舌）不义之塔，镇压之塔……

师：记得我小时候第一次听到这个故事，就希望雷峰塔倒掉。你们呢？

生：（齐）也希望它倒掉！

师：好极了！这说明我们的思想感情和鲁迅是一致的，跟"普天之下的人民"也是一致的。这是我们学习这篇课文的第二个有利条件，也是最重要的条件，相信同学们一定能学好。那么，雷峰塔后来是不是正像人们所希望的那样倒了？

生：（齐）倒了！

师：为什么会倒的，知道吗？"借题发挥"，写了这篇文章对复古派进行有力的抨击。大家想想：鲁迅借的什么题？发挥了什么意思？

生：他借的也是雷峰塔倒掉这个题，发挥了复古派必定要失败这个意思。

师：对！鲁迅在文章里警告那些主张倒退的人：一切镇压人民的人不会有好下场，封建势力的崩溃是历史发展的必然规律。文章里有一句话非常含蓄、深刻地表达了这个观点，不知道你们能把它找出来吗？

生："莫非他造塔的时候，竟没有想到塔是终究要倒的么？"

师：找得准！你知道这句话中的关键的词语是什么？

生："塔是终究要倒的"。

师：其中哪个词最关键？

生："终究"。

师：为什么？

生：因为它说明了这是历史发展的必然性。

师：好！你真会读书。同学们，刚才他找的这个句子是文章中最能集中表现作者观点的关键句，可以叫做"文眼"。

读杂文或散文，找到了文眼，事实上已经理解了作者写作的意图，引导他们在阅读中涵泳体会，独立思考，尽可能读出自己的心得。

（顺便插一句，这个过程完成得相当顺利）

这样教读，"教参"基本用不上，全靠自己在备课时的深入钻研。例如学生讨论本文的思路时，我就没有按"教参"上对课文的分段"硬牵"学生"就范"，而是要求学生紧扣论题"雷峰塔的倒掉"去寻绎作者思路的发展。

……

以上教例，未必就能说明我正在走向那个"成熟"的境界，但至少可以看出我的一种努力。其实，即使撇开类似的功利目的不说，我们在备课时独立研读课文，每有会意，便欣然忘食，难道不也是一份极好的精神享受吗？①

钱梦龙以导读法著称，但是导读法也需要导读的课程内容与之相匹配。钱梦龙在文本解读教学的设计阶段就做了充分的计划和准备。钱梦龙反复揣摩课文，而且一切从学生的角度去考虑文本的解读，对学生的文本解读学习进行准确的预期，然后对导读的重点与难点进行了确定，并对自己用于导读的文本解读知识的表征策略进行了充分地设计，力图做到"游刃有余"。从备课环节就可以看出钱梦龙的文本解读课程安排受到自己教育观念的影响，无论从课程内容的选择、课程目标预期和课程实施方略的制定，都以"导读"这个内核进行调控，并且这个内核也在影响着他的文本解读知识和文本解读教学知识的建构方式。在文本解读课程实施阶段，钱梦龙也在通过评价与反馈、控制与调节的形式进行文本解读教学化的监控。从钱梦龙插入的那句话和教后反思可以看出，钱梦龙在课堂实施中也在对自己的文本解读课程实施进行监控，他认为课堂进行得很顺利，而且从中还获取了学生文本解读学习规律的信息，这些都为他进一步的文本解读教学化心理加工奠定了基础。钱梦龙得出结论，之所以他可以这样顺利地对学生实施导读，就是因为他熟读了课文，没有僵化地执行"教参"，这是语文教师教学监控中自我自觉作用的集中体现。案例可以说明语文教师就是在不断地评价与反馈中对文本解读教学化进行调控，同

---

① 邹贤敏：《钱梦龙：导读的艺术》，湖北教育出版社 2001 年版，第 103—107 页。

时发展着自己的文本解读教学化心理监控能力。

三 文本解读教学化心理监控的影响因素

根据教师教学监控的研究，教师的教学效能感、自我知觉和教学观念是教师教学监控的主要影响因素。根据本书的文献研究和对语文教师文本解读教学化的访谈，本书也认为上述三个因素是影响语文教师文本解读教学化的三个主要因素。本研究认为，教师的教学效能感和自我认知是普遍意义上的教学监控影响因素，对语文教师文本解读教学化心理监控具有特殊意义的是语文教师的文本解读教学观念。

教师教学监控能力和教师的教学观念具有紧密的联系。[①] 教师观念是指教师对有关教与学现象的某种理论、观点和见解的判断。本书所说的文本解读教学观念指的就是语文教师对文本解读教学的观点、见解和判断。一般研究者都是从对学生、对自身和对教学的观念来研究教师的观念的，本书着重考察的是语文教师文本解读教学观点对语文教师文本解读教学化的监控意义。应该说，语文教师在拥有完善的文本解读知识和文本解读教学知识结构的基础上，具有完整的文本解读教学化推理过程就可以达到建构文本解读课程的目的。但本书研究者在中学考察专家型语文教师的文本解读教学和阅读优秀语文教师的文章时发现，由于他们对文本解读教学有自己独特的理解，使得他们的语文课堂有一种属于自己风格的"魂"在统摄他们的文本解读教学活动。语文教师成熟的文本解读教学观念确实对语文教师文本解读教学化起着监控作用。语文教师的观念确实对语文教师文本解读教学化具有定向功能，专家型语文教师凭借对文本解读和文本解读教学的成熟观念对自身的文本解读教学化心理操作和模式进行监控。本书通过案例研究的形式对教学观点对语文教师文本解读教学化监控的影响进行阐述，并结合案例对文本解读教学化监控的意义和结构中的相关问题进行说明。

本研究通过特级教师李镇西的案例来对语文教师文本解读教学观念对文本解读教学化的监控的影响进行阐述。李镇西认为"教育民主化"成为全球教育系统演变的总体趋势，语文作为"发展学生心灵的学科"，在

---

① 辛涛、林崇德、申继亮：《教师教学监控能力与其教育观念的关系研究》，《心理发展与教育》1997 年第 2 期。

民主教育中所起的特殊作用也是不言而喻的。李镇西认为语文民主教育应有以下特征：充满自由精神、充满平等精神、充满法治精神、充满宽容精神、充满妥协精神、充满创造精神。据此，李镇西认为"语文民主教育"就是"充满民主精神的语文教育，是尊重学生各种精神权利的语文教育，就是给学生以心灵自由的语文教育，就是师生平等、和谐、共同发展的语文教育。"① 李镇西的文本解读教学化过程是在他的教育观念统领下进行的。本研究先从李镇西对文本解读本身的认识和其具体教学形态文本解读两方面来探讨这个问题。

　　李镇西在其《阅读教学的解释学思考》等文章中表达了对于文本解读本身的认识。李镇西重视文本解读中对于文本意义的理解，他认为理解文本就是理解以符号系统所表达的思想、感情、意志和观念等。文本的言语形式只是理解文本意义必不可少的中介，但不是真正的或本质的理解对象。李镇西认为理解的意义指向于意义本身，而阅读的目的指向阅读者物质的或者是精神的需要。李镇西认为，理解有两种情况，一种是理解文本的意义，一种是理解作者是怎样表达意义的。李镇西更为认同作者——文本的文本解读指向，认为理解文本的目的就是把握文本自身的意义，或者说是为了把握作者的思想。李镇西认为创造性阅读并不是随心所欲的理解，文本的理解要尊重文本作者的本意。这样的文本解读理念其实已经在很大程度上决定了李镇西的文本解读教学知识的建构和课堂上的文本解读是偏重于文本意义的理解，文本的形式作为理解意义的中介来发挥作用。

　　本研究还是通过一个例子来说明李镇西建构自己文本解读教学知识的观念和确定教学形态文本解读的过程。在一篇文章中，李镇西谈了自己如何准备《祝福》一文的教学："……我当然可以设计一个可以'讲'得比较精彩的教案，但我首先着眼于学生的'学'。这篇课文的参考资料浩如烟海，可以毫不夸张地说，仅凭我已有的对鲁迅这篇文章的理解，就可以把这篇内涵丰富，思想厚重的文章'讲'好。但是，现在我思考的或者没有把握的，不是我如何'讲'好，而是如何让学生'学'好？所有的教学设计和教学程序都应该以学生的心灵为起点，这是我现在坚定不移的原则。尽可能引导和调动学生运用已有的生活经验去感悟课文，尽可能地尊重学生的哪怕是肤浅但很真诚的理解，尽可能地让学生自己去与课文中

---

① 李镇西：《李镇西与语文民主教育》，北京师范大学出版社 2006 年版，第 44—58 页。

的人物对话进而贴近作者的精神世界，这比我个人滔滔不绝或慷慨激昂地精辟分析更为重要。"① 这些都表现了李镇西的文本解读知识绝对不只是一般意义上的文本解读知识，而是融合了对于学生的理解，对于文本解读知识的表征，还有就是融合了自己对于文本解读教学的观念。

在具体的文本解读教学推理方面，李镇西的教学观念也起着监控和统摄的作用。例如，下面一段话："我主张，教学预设既应该依据教学大纲、课程标准、教材要求，更应该面对学生的实际，而且，更重要的是，对教学环节的预设应该富有弹性，要留有机动灵活的创造空间。任何教学预设都是可以也应该根据课堂上学生的变化而予以调整。而所谓的'引导'正体现在这调整的艺术中。《世间最美的坟墓》一文，按照教材单元规定的教学重点是'概括要点，提取精要'。但我课前通过检查学生的预习，发现绝大多数学生已经达到这个要求。如果我的教学重点仍然定位于'概括要点，提取精要'，这不但会使教学成为无效或低效劳动，而且是对学生的不尊重。于是我研究学生预习时的提问：'为什么朴素的坟墓作者却说最美？''作者为什么提到拿破仑等人的坟墓？''为什么作者要反复提到小小长方形的土丘，而且强调没有十字架，没有墓碑，没有墓志铭？'……学生的提问是很散乱的，但我将这些提问上升概括为这篇课文的学习重点：'探究本文对比修辞手法的运用'。从学生散漫的问题中提炼出带有共同性的研究课题，以此作为教学重点，并引导学生去探寻，这也是'引导'。"李镇西这一段自述涵盖了语文教师文本解读教学化推理的各个环节。有在整个教学计划中进行文本解读知识的组织，这表现在对本文教学重点的探寻上。有对学生文本解读学习的研究，表现在对学生预习问题的分析上。有对活动形式的设计，例如决定采用对话和引导的方式。"理解"和"表征"两个方面虽然没有充分的表现，但是李镇西以上的心理操作一定是建立在自身文本解读知识建构的基础上。李镇西的文本解读表征方式一贯以对话、引导和调动为主。这些文本解读教学化推理环节都是以其民主教育理念为指导的，每一个环节都渗透在其中。充分尊重学生的文本解读学习需求，活动形式的设计也是以对话为主，最后虽然确定的教学重点看似与民主教育没什么关系，但是这个内容却是在分析学生

---

① 李镇西：《"礼教"何以杀人：〈祝福〉教学实录及整理附言》，《新语文学习（教师版·中学专辑）》2006 年第 2 期。

的文本解读需要基础上确定的，这本身就体现了李镇西的语文民主教育思想。从李镇西的文本解读教学化知识建构和文本解读教学化推理两方面都可以看出他语文民主教育思想对文本解读教学化的影响。

语文教师文本解读推理操作在语文教师文本解读观念的监控下进行，由于语文教师文本解读教学知识水平的不同，文本解读教学化推理会表现出不同的水平和加工模式。

第三节　语文教师文本解读教学化心理加工模式和水平

一　语文教师文本解读教学化心理加工模式

在舒尔曼的转化推论模型中并没有对推论的心理加工模式进行研究，但是在该文章的一个注释中本研究看出其对转化加工模式的关注。舒尔曼在对转化的起点进行解释时提到，通常转化的起点是"理解"，但是如果不是文本和观点的教学，转化的起点也可能是学生的兴趣、基础、需要、个性，或者是适用于部分群体或者是特殊个体。[①] 舒尔曼还谈到，教师面对的教学情境非常复杂，教师在面对复杂的教学情境时要凭借系统的转化能力去解决问题。[②] 舒尔曼这些方面的论述引起了研究者对语文教师文本解读教学化加工模式的关注。根据认知心理学的研究，人的认知模式分为三种类型：自下而上的加工与自上而下的加工；系列加工与平行加工；控制加工和自动化加工。[③] 本研究借助认知心理学的心理加工理论对语文教师文本解读教学化的心理加工模式进行描述。

自下而上的加工与自上而下的加工。人的认知加工既依赖于感官直接输入的信息，又依赖于原有的知识与经验。当个体的信息加工直接依赖于外界输入的信息进行认知操作，那么这样的加工模式就属于自下而上的心理加工模式；当个体的信息加工主要靠原有的知识与经验，那么这样的加工模式就属于自上而下的心理加工模式。现代认知心理学通过研究表明，

---

① Shulman, L. S. （1987）, Knowledge and teaching：Foundations of the new reform. *Harvard Educational Review*, 57 （1）, p.14.

② 同上。

③ 彭聃龄、张必隐：《认知心理学》，浙江教育出版社 2004 年版，第 6—7 页。

所有的认知活动实际上都包括两种加工的相互作用，只不过在不同的心理加工任务中二者的重要性比重不同。当教师依据外部信息进行文本解读教学化推理时，那么语文教师执行的就是自下而上的心理加工模式。自下而上的文本解读教学化加工模式通常出现在语文教师面对不熟悉的文本、陌生的教学环境和不了解的学生等情况下。这个时候，语文教师的文本解读教学化推理主要是自下而上的心理模式。先看上文中特级教师邓彤的自述："但是，并不是（戏剧文本中）所有的对话都可以成为教学的关键点。我在反复阅读剧本的基础上体会到剧本中能够牵一发动全身的语句——'这间房底下人不准随便进来'——然后以此为平台，又找到了'关窗'、'衬衣'、'死别'三个点。结果整个教学过程因此纲举目张，课堂不枝不蔓，学生思维积极活跃，取得了良好的教学效果。"[①] 这一段自述更多地表现的就是语文教师自下而上的心理加工模式。邓彤在组织文本解读教学内容的时候，不是以以前的知识经验为主要依据，而是在继续深入地解读文本建立对文本的重新认识基础上进行了教学内容组织。如果教师根据原有的文本解读知识、文本解读教学知识和教学经验进行文本解读教学化推理，那么这样的加工模式就是自上而下的。下面，本书再通过上文中举的另外一个例子进行比较说明。例如，李海林关于"组织"的一段心理操作自述："本单元的学习内容是诗歌的韵律和隐喻。诗歌的韵律表现在诗歌语言的抑扬顿挫和诗人情绪的起伏消长两方面，感受诗歌的韵律，一是对诗歌语言节奏的把握，二是对诗歌情感节奏的把握。诗歌的隐喻隐藏在意象和意象的联系中。理解诗歌的隐喻，一是理解意象的内涵，二是理解意象的组合关系。本单元共有四课，前两课主要学习如何感受诗歌的韵律，后两课主要学习如何理解诗歌的隐喻。"这一段话中，李海林是以以往的文本解读知识为基础进行文本解读教学内容"组织"的，所以这和上面建立在重新建立对外部信息认识基础上的心理操作方式是不同的。通常情况下，语文教师文本解读教学化推理是两种加工模式的互动过程。新手教师一般以自下而上的文本解读教学化的心理加工模式为主，随着知识和经验的积累，到了专家教师阶段自上而下的心理加工模式比重逐渐增加。语文教师接触到新的学生和新的教材的初始阶段自下而上的心理加工模式占有较大比重，随着对文本的熟悉和学生的了解，自上而下的

---

① 邓彤：《邓彤讲语文》，语文出版社 2008 年版，第 153—154 页。

心理加工模式比重逐渐增加。这方面本研究在一线语文教师文本解读教学化实地考察中得到了证明。但是，有的专家教师由于知识和经验的丰富，有时候只用自上而下的形式进行文本解读教学化加工，自己以为自己已经知道文本解读教学化的全部信息，会忽视具体的教学情境的变化。本书以于漪老师的一段教学反思来说明这种情况："教课的时候完全是'想当然'，认为这点要求下去，不会有问题，学生'吃得下'，多'压'一点，学生就'吃得饱一点'。殊不知学生毕竟是娃娃，我们常把他们当作成人，脑子里可以同时装好几件事，于是就不恰当地扩容，超越现有的学习能力。"这是于漪老师《范进中举》一课的教后反思，可见于漪对自己学生文本解读学习的基础把握不满意。本研究认为，这可能就是因为语文教师只凭借以往的经验，而没有对直接的外部信息进行了解而造成的结果。

　　系列加工与平行加工。对输入的信息依次一个一个地加工处理就是系列加工，同时对输入的信息进行处理就是平行加工。本研究将文本解读教学化推理心理操作的各个环节作为认知信息环节，对这些信息的加工顺序就可以看出语文教师文本解读教学化心理加工的系列和平行的特点。一般新手教师采用系列加工的模式较多，因为其在每一个信息点上都不熟悉，所以每一个信息点都占用了他的认知资源，所以新手教师没有更多的认知资源去进行其他信息的加工。而有经验教师拥有丰富的知识和经验，他们可以同时处理文本解读教学化中的相关信息。例如，有经验的教师在文本解读知识建构的"理解"环节同时就在考虑学生的文本解读学习基础和思维特点，同时还在考虑文本解读知识的组织等问题。通常情况下，平行加工相对于系列加工在文本解读教学化推理的速度上会表现出明显的优势。同样，语文教师文本解读教学化推理过程中，系列加工和平行加工往往是并存的，只是在不同的语文教师身上表现出二者的比重不同。本书以在一线考察时采集的一段专家教师的访谈记录进行说明："对，读课文，然后根据教学重难点也好，选个突破还是啥的。一个单元，一共五篇文章，那么这三篇文章重点讲什么，那两篇自读我怎么处理，这三篇文章侧重点又是啥，都是说明文，这课是强调学生明白写说明文，要注重抓住事物的特征，这课是说明顺序，这课就是说明方法，我不是面面俱到那种，一课抓几个重点就完事儿了。孩子写人出现问题了，那么哪篇文章重点强化，比如讲《背影》那篇文章了，动作描写那是典型，那么就拿这篇文章。哪篇文章哪处的闪光点大，就要根据这个文章和学生的能力水平确定教学目标和教学重点，这样的话效果好一点。如果我原先怎样教，我还按照原来的方法教，那收获就不行。语文教学这一块，不仅在教，重点还在积累，就是这个积累非常重要，积累多了，他的成绩就提高了。"以上这一段话中，语文教师先进行文本的"理解"，然后进行"组织"、"适应"等心理操作，这属于系列加工的推理操作模式。同时可以看出，这位教师在论述中表现出"组织"和"适应"同时加工的特征，这就属于平行加工的形式。可见，语文教师的系列加工和平行加工同时存在于文本解读教学化过程中。本研究在一线考察的时候发现，一些有经验的教师仍然保持着线性加工的习惯，这些老师一开始以线性加工的形式进行，后面把前面线性加工的内容进行整合。例如，本书在调查研究中采集的一段访谈记录："我就是教这个《登上地球之巅》这篇课文，这篇课文写登山队员登上珠穆朗玛峰，带着国家的荣誉去的，我们中国人第一次登上世界屋脊的描述，一开始我在读的时候就想呢，就是看到事情发展的顺序一段一段地开展教学，然后其中的字啊、词啊、标点啊、人物动作描写啊、心理描写啊，然后对人物的精神品质啊，爱国精神的赞颂啊，这些进行设计。后来我一想呢，如果按这个一步一步地进行设计，就好像是牵着学生的鼻子走，他会觉得老师你都安排了，我能答我就答了，我不答坐在那里不思考，也没有什么事。后来我就想，读完让他们找一下有几位登山队员。……是首先自己要把所有的方面都要考虑到，作为老师自己要多读课文，关于这种文体主要涉及的题型都有考虑到，考虑到之后呢，因为你每天都在讲课文，而前面的叙事课文也有，有很多的知识点已经讲过了，围绕这篇课文你要设计哪几个问题。也就是说不能一篇课文都面面俱到，这篇课文所有题型都做一遍。那么这一篇课文的标题，《登上地球之巅》，标题高度地概括了这篇课文的全部内容，就是讲四位登山队员登上山顶的过程，首尾有没有呼应啊，然后其中的标点什么的，人物描写啊，还有词语的运用啊。当所有的问题都准备好，之前的几篇课文介绍了几个知识点，这篇课文最突出的能体现哪个知识点，然后你要设计几个问题，并不是一篇课文把所有的知识点都重复一遍，你这一节课设计的教学目标要体现哪几点。"这是一位有经验的语文教师对自己文本解读教学化过程的自述，这位语文教师在文本解读教学化推理中主要采用了系列加工的模式。具体表现在，这位老师一般都是一个环节完成后再进行下一推理内容的操作。这位老师心理加工的路径是先进行文本解读理解，然后进行教学内容的组织，接着进行学生学习特点和基础的了解，最后确定文本解读教学的活动方式。

控制性加工和自动化加工。控制性加工指各种需要意识努力的认知加工；没有注意的条件下，人也能进行信息加工活动，这种叫自动化加工。多重水平加工模式指的是语文教师在这些成分中加工水平是不一样的，有的环节加工水平高，有的环节加工水平低。语文教师在具体的文本解读教学化过程中如果遇到自己加工水平高的地方，那么语文教师在这个地方使用的认知资源就少了，那么语文教师就可以将自己的认知资源分配到其他的环节中，这样就可以调高文本解读教学化的水平。一般教材中的文本是相对固定的，语文教师已经非常熟悉教材中文本的意义和意味，并且理解得很透彻了，那么语文教师就可以将更多的认知资源使用在组织、表征、适应、剪裁等方面。如果语文教师对班级学生的阅读学习水平和个性已经非常了解了，那么语文教师就可以将更多的精力使用在教学形态文本解读的表征方面，那么这就是一种比较理想的状态。钱梦龙对自己备课的自述可以看出这一点来。钱梦龙谈道："每次备课，我总要把课文一遍一遍地读，反反复复地想。有的课文语言优美，声情并茂；有的课文说理严密，逻辑性强。我就采用不同的读法来评析、鉴赏、品味，直到确实品出了味儿，读出了'心得'，才进一步考虑'教什么'和'怎样教'。由于这些心得都来自亲身的阅读体会，课文也早已烂熟于心，因此教学中常有得心应手、左右逢源的快感，还不时带一点激情。"① 从钱梦龙的自述中可以看出，他对文本解读知识的把握已经做到了自动化，然后就可以将自己的认知资源用到其他方面，最终做到"得心应手、左右逢源"。在具体的语文教师专业发展中，本书提倡语文教师预先建立完备的文本解读知识体系，然后在具体的教学实践中自觉地发展自己的文本解读教学知识，争取在知识方面做到自动化，将自己的认知资源集中到具体的教学情境的感知与理解，有针对性地进行文本解读课程建构。

语文教师文本解读教学化心理模式与语文教师的文本解读知识、文本解读教学知识和认知操作习惯都有密切的关系。因为上述对语文教师文本解读教学化心理模式的影响因素都具有很强的实践特征，所以本研究认

———————

① 邹贤敏：《钱梦龙：导读的艺术》，湖北教育出版社 2001 年版，第 103—107 页。

为，语文教师文本解读教学化心理模式也在不同的教师身上表现出不同的风格。本书所引用的事例旨在用来证明语文教师身上确实存在不同的文本解读教学化心理模式，但是如果想继续揭示文本解读教学化心理模式的规律还需要对此进行专门的研究。

本研究从文本解读教学化推理、文本解读教学化心理水平和加工模式、文本解读教学化监控三个方面对文本解读教学化的心理过程进行了描述性研究。通过本研究可以建立语文教师文本解读教学化能力分析框架，为语文教师文本解读教学化能力评价及评价工具的制订提供理论依据。本研究通过专家和新手教师比较的研究策略对文本解读教学化知识和心理过程的理论研究进行实证检验。本研究倾向于建立一种理想化的文本解读心理过程，所以其中所引的案例主要来自于优秀的语文教师。在具体的语文教师身上，文本解读教学化知识和心理过程方面应该有水平上的差异，本研究将借助有经验教师和新手教师对比研究的范式对语文教师文本解读教学化知识和语文教师文本解读教学化心理过程的理论研究进行实证方面的检验。同时，希望可以通过这种研究范式发现新手教师在语文教师文本解读教学化方面的不足，以指导语文教师的专业发展。

二　语文教师文本解读教学化心理加工水平

在教师专长与认知技能的研究中发现，专家教师和新手教师认知操作过程中在推理速度、精确性和问题表征的深度方面都存在显著差异。斯腾伯格（Sternberg）在专家教师原型观里提出专家教师的三个相互联系的特点：知识、效率和洞察力。其中，知识是基础，效率和洞察力是专家教师认知操作的特点。[①] 伯利纳（Berliner）对教师信息加工的研究中发现，专家教师对典型的课堂信息加工具有很高的效率，可以达到或者接近于自动化的水平。而且在伯利纳等的研究中还发现，教师对自己的学生学习特点和学习基础有敏锐的把握，可以对教学信息做出准确的判断并对教学问题的本质进行表征。[②] 国内的一些学者也通过实证研究对教师的认知技能进行了研究，验证了专家教师相对于新手教师在认知加工的效率、精确性

---

① Sternberg, R. J. & Hovath, J. A.：《专家型教师教学的原型观》，《华东师范大学学报》（教育科学版）1997 年第 1 期。

② Berliner, D. C. （1988），The Development of Expertise in Pedagogy. *American Association of College for Teacher Education*，New Orleans, La.

和问题表征的深度方面的突出表现，并且对不同学科教师在上述方面的特点进行了比较研究。[①] 本研究认为，语文教师文本解读教学化推理作为教师认知操作的具体表现，可以从推理速度、精确性和问题表征的深度方面进行测量和评价。

专家教师与新手教师在教师文本解读教学化推理操作中表现出的效率应该是不同的。专家教师由于文本解读知识和文本解读教学知识丰富，在文本解读教学化中会表现出灵活自如地解决文本解读课程建构与实施中的各种问题，所以表现出较高的效率。而新手教师由于文本解读教学知识和经验的缺乏，会按照特定的文本解读教学化步骤进行文本解读教学化中的问题解决，很多操作都不能实现自动化的水平，所以文本解读教学化的推理速度会慢于专家教师。例如，在文本解读课程建构与实施环节，由于对文本解读知识本身的不熟悉，新手教师可能会花很多的时间和精力在文本的理解方面，这样就会占用文本解读教学化中其他环节方面操作的心理资源，造成文本解读教学化心理操作的效率低下。而专家教师一般对文本理解已经很透彻了，所以专家教师就可以将自己的认知资源投入其他的环节，从而提高文本解读教学化的效率。通常语文教师在文本解读教学化推理操作各个环节心理操作的效率越高，那么就越接近于专家教师的原型。

专家和新手语文教师在文本解读教学化推理操作中也应该会表现出不同的精确性。专家教师由于文本解读教学化知识丰富，所以可以对文本解读教学化推理中的心理做出准确的判断，并做出确切地解释。而新手教师由于文本解读教学化知识的缺乏，在文本解读教学化推理中对信息的辨别和解释缺乏准确性。例如，在文本解读教学中专家教师往往可以对学生文本解读学习的重点和难点做出准确地判断和分析，但是新手教师在这方面显得缺乏信心和准确性。

另外，语文专家教师在文本解读教学化过程中可以对文本解读教学化过程中出现的问题的本质进行表征，而新手教师只能对问题的现象进行表征。语文专家教师由于揭示了文本解读教学化中问题的本质，所以在具体的文本解读教学化推理中表现出更高的效率和准确性，而新手教师往往不

[①] 张学民：《教师职业发展与培训——教师教学专长发展的研究》，知识产权出版社 2007 年版。

能从问题的本质出发对文本解读教学化中面临的问题进行分析和判断，新手教师文本解读课程建构和实施的决策效率和准确性都会受到影响。

语文教师文本解读教学化知识、文本解读教学化推理的效率、文本解读教学化推理的准确性以及对文本解读教学化问题的表征是专家教师文本解读教学化的原型特征。文本解读教学化推理水平的考察可以从推理速度、精确性和问题表征的深度方面进行。本书实证研究部分主要从文本解读教学化推理的精确性方面对专家教师和新手教师文本解读教学化心理操作水平的差异进行了研究。

三 有经验教师与新手教师文本解读教学化心理加工比较

本书主要考察的是有经验教师和新手教师在文本解读教学化心理加工水平方面的差异。这部分研究所用的研究设计和过程与语文教师文本解读教学化知识水平比较是相同的，具体内容见附录5。本书从组织、表征、选择、适应与剪裁几个维度对文本解读教学化推理进行定性评价。

"组织"维度重点考察语文教师依据具体的教学目标对具体课文文本解读知识进行批判性分析、整理和重构的具体推理操作水平。如果一位语文教师可以依据文本解读知识对具体课文的意义和言语形式进行批判性分析，并经过结合具体的概念和文本分析的角度对文本解读知识进行条理化组织，使得单篇课文的文本解读知识在教师心中形成结构完善的知识体系，并准确地确定文本解读知识的教学重点，那么这样的教师文本解读知识组织加工水平高，在具体的定性评价中用代码3标注。如果一位语文教师具体课文的文本解读知识组织性差，不能准确判断文本解读知识教学重点，那么本研究认为该语文教师文本解读知识组织加工水平低，在具体的定性评价中以代码1标注。中间水平的文本解读知识组织加工本研究以代码2标注。

"表征"维度重点考察语文教师对所教授课文的文本解读知识表征水平。如果一位语文教师可以运用合理、灵活、多样和具有创造性的形式对具体课文的文本解读知识进行表征，本研究认为该语文教师的文本解读知识表征推理水平高，在具体的定性评价中用代码3标注。如果一位语文教师对具体课文解读知识表征形式单一僵化，那么本研究认为该语文教师具体课文文本解读知识表征水平低，在具体的定性评价时用代码1标注。处于中间状态的本研究用代码2标注。

　　"选择"维度重点考察语文教师对所教课文将文本解读知识置于具体的教学组织形式中的心理加工水平。如果一位语文教师可以用合理而灵活多样的教学组织形式进行文本解读知识的教学，那么本研究认为该语文教师文本解读教学选择加工水平高，定性评价用代码3标注。如果一位语文教师文本解读教学知识组织不合理、形式单一僵化，那么本研究认为该语文教师文本解读教学选择加工水平低，本研究用代码1标注。处于中间水平的本研究用代码2标注。

　　"适应"维度重点考察语文教师对整体学生课文文本解读的基础及思维特点的推理。如果一位语文教师可以对学生一篇课文的整体解读水平及思维特点进行合理准确地推理，本研究认为该教师的文本解读教学适应加工水平高，定性研究用代码3标注。如果一位语文教师不能对学生一般的文本解读水平及思维特点进行准确的推理，那么本研究就认为该语文教师文本解读教学适应推理加工水平低，在具体的定性评价时用代码1标注。中间水平状态本研究用代码2标注。

　　"剪裁"维度重点考察语文教师对个别学生文本解读水平及思维特点的推理。如果一位语文教师既知道一般学生的文本解读水平及思维特点，又对个别学生的情况熟悉，那么本研究就认为该教师文本解读教学裁剪加工水平高，本研究定性评价用代码3标注。如果一位语文教师忽视个别学生的文本解读基础及思维特点，或者不能对个别学生的文本解读基础和思维特点进行了解，那么本研究认为该语文教师文本解读教学裁剪加工水平低，本研究用代码1标注。处于中间水平状态的本研究用代码2标注。

　　文本解读教学化推理是语文教师在文本解读教学知识的基础上确定具体的课堂情境文本解读课程内容的心理加工过程，具体课堂情境文本解读课程内容就是在这些心理加工综合作用下形成的。这个心理加工过程的完整性和水平直接影响语文教师文本解读教学化的效果。

　　本研究假设：有经验语文教师和新手教师在具体的文本解读教学推理过程中会表现出较大差异，根据前面的研究结果，相对而言在表征和选择两个维度的差异会小于组织、适应和剪裁三个维度。

　　表4-1是在访谈基础上对有经验教师和新手教师文本解读教学推理的定性评价结果。根据定性评价结果，新手教师与有经验教师相比较在文本解读教学推理方面同样存在差距。分析结果验证了本研究前期的假设。

表4－1 语文教师文本解读教学化心理操作水平定性评价结果

分析维度	反应代码	有经验教师		新手教师	
		频次	百分比	频次	百分比
组织	1	0	0	7	70
	2	4	40	3	30
	3	6	60	0	0
表征	1	0	0	5	50
	2	2	20	3	30
	3	8	80	2	20
选择	1	2	20	5	50
	2	0	0	4	40
	3	8	80	1	10
适应	1	0	0	4	4
	2	1	10	6	60
	3	9	90	0	0
剪裁	1	1	10	7	70
	2	0	0	3	30
	3	9	90	0	0

"组织"维度方面。由于文本解读教学推理中的组织加工与文本解读教学知识中的文本解读课程知识联系紧密，所以有经验教师中有4人在中等水平，6人表现出高水平。新手教师中有3人可以达到中等水平，其余7人均在组织方面水平较低。不同组织水平具体表现在，高水平的语文教师可以结合学生和课文的实际情况，从课程进展的角度考虑课堂情境文本解读课程内容的建构，而这方面表现出组织加工能力弱的语文教师或者缺乏课程思维，或者不能结合文章的"闪光点"和学生确定具体的课堂情境文本解读课程内容与重难点。例如，在组织方面表现突出的语文教师是这样表述自己的组织加工过程的："根据课程标准，和初一、初二、初三根据教材的编排，根据这个进行教学，都一个计划性。但是也不全然。当你亲自一教的时候，完全和计划不一样，因为孩子们的基础有的太差了，有的孩子连拼音都不会，所以计划得改。一部分尖子生还不错，起码能把文章读通，计划好的得根据孩子进行变化。一课一个单元，一共五篇文章，那么这三篇文章重点讲什么，那两篇自读我怎么处理，这三篇文章侧重点又是啥，都是说明文，这课是强调学生明白写说明文，要注重抓住事物的特征，这课是说明顺序，这课就是说明方法，我不是面面俱到那种，一课抓几个重点就完事儿了。哪篇文章哪出的闪光点大，就要根据这个文章和学生的能力水平确定教学目标和教学重点，这样的话效果好一点。"

在组织方面表现出高水平的语文教师都有这样的思维特点。在组织方面加工水平低的语文教师往往有这样的典型表述："首先要看很多资料才能很好的解读，现在欠缺经验，可能要看很多的教参去解读，更多地借助参考书去设计一些教学问题才能让学生更好地突破那些教学的重难点。更主要的是要借助教参。"还有下面的表述本研究也定性为低水平的组织加工，例如："解读到的所有内容都要传达给学生。"因为，这样的老师并没有对文本解读知识进行进一步加工。组织是课堂情境文本解读课程建构的基础，这个环节会直接影响后面文本解读教学推理的进行，新手教师文本解读教学开始阶段在这方面的困难是最大的，有的新手教师是这样说的："反正校领导就说重点难点把握不到位，大概过了两个月，又去听，说进步挺多的，我也不知道进步在哪里。具体的环节，哪些地方进步了，还是不知道。（听课的老师说）一篇课文都得出来教学目标，教学重点难点（对我来说很困难）。"处于中间水平状态的语文教师虽然具有课程意识，但是在具体的操作中还是感到困难，或者组织的文本解读课程材料恰当性欠缺，例如："看完之后，第三遍我才把教参拿出来，看看我想的课后题答案和教参的一样不一样，教参想让学生掌握到什么，比如说重点是这一段，重点是让学生掌握人物描写，那么我就重点去看，对这个人物，文章里哪一段描写得好，那么行。一篇课文点很多，不能都给学生讲，这篇重点讲这个，下一篇讲那个。我们要是经历几轮的话，我们就能抓住重点了，现在对我来说还有困难。"这样的老师已经具有文本解读的课程意识，但是在具体文本解读课程材料组织中还是感到困难，那么本研究就定性为中间水平状态。

　　"表征"维度方面。有经验语文教师和新手教师之间表现出明显的差异，有经验语文教师的普遍水平高于新手教师。具体文本解读知识表征水平高的语文教师表现出表征的针对性、灵活性和创造性，例如："今天听了一节课，听的是《故宫博物院》，他就是完全按照课件讲的，我就和我以前的进行对比。这是一篇说明文，是按照空间顺序来写的，但是他讲的是按照课文的平面图进行讲解的，就是文中的顺序讲的，依次按照课件，说按照故宫在北京城的位置。但是另外还有角度，看文中都有哪些方位词，让学生在文中都勾画出来，你看看圈点勾画出来你能够发现作者是如何巧妙地用这些词的，而且这些词正是按照空间顺序来写作的，这种方式是不是比直接那样讲的方式更要巧妙一些，让学生很快能理解这些方位词的运用，而他那样说是很模糊的。"再例如："是不是我的语言表达有问题，是我的表达他不理解，那么这个时候就要换句话表达。"从中我们可以看出这些语文教师在表征文本解读知识方面的特点。低水平的文本解读知识表征表现为表征形式单一僵化，例如："反正就是先让学生自己读，先让他们自己理解，理解不了就用查到的资料引导，看他们能不能说出来。具体的一个知识点，可能就是诗歌的意象和诗歌的意境，这方面简单的涉及一点，然后再讲一些诗人写这首诗时的心情和心态，引导学生理解这首诗表达了什么样的思想感情。"还有这样的表达："如果要我教的话，我会把我的感觉告诉学生，或者说把我的这种想法强加在学生的身上，就是让他们通过心理和背景学习这首诗。"这些与高水平的文本解读知识表征相比就可以看出差距了。处于中间水平的已经具有一定的表征水平，但是灵活性和创造性欠缺，例如："我怎么样说的他能接受了，他能理解在哪里，我在什么地方给他帮一下，我的定格就是这样的。帮助的办法就是讲了，作者、背景、文本，没有其他的办法。学生没有吃过苹果，那么就是给他吃了，没有其他办法，他没有体会。"总的来说，文本解读教学表征方面，新手教师和有经验教师相比差距明显。

"选择"维度方面。总体来说，有经验的教师可以根据课文自身的特点去组织教学活动，表现出合理性、灵活性和创造性的特点；而新手教师在这方面与有经验教师差距明显。但是，个别有经验教师中也表现出不善于利用教学组织形式的情况，而有的新手教师则努力探寻灵活多样的教学组织形式。新手教师在利用多媒体等教学辅助手段组织教学的意识更强。有经验教师中文本解读教学组织水平高的语文教师有这样的表现："但是，我觉得还有一些更简单的方法，就是让孩子收集背影的照片，父亲的和母亲的都可以，在背影的照片后面附一句感受最深的话，课上就交流了这些照片，说了一些话，课下就是一篇作文，整个这个课时省了很多，然后反过头再读这篇课文就太简单了。"属于这一水平的老师还有这样的表述："我讲《登上世界之巅》这一课，我让他们把这一单元读了，做了一个单元活动就是'我是追星族'，（让学生在）这些人中选一个，你为什么选他，最后做一个总结。"有的老师也有这样的表达："像现在的大学老师在前面把所有的内容就直接讲给学生，初中老师不是那样的，甚至要和他们共同唱歌呀，共同拍手啊，共同做游戏，要把知识点用活动的形式来体现。"可以看出，有经验的语文教师确实在文本解读知识教学活动组织的针对性、灵活性和创造性方面表现出其特点。新手教师中大多数没有这样的能力，本研究做出这样结论的主要依据是新手教师的访谈中针对这个问题，涉及的都是常规的教学流程性介绍，很少涉及针对具体文本有针对性的教学组织设计。但是个别的新手教师也表现出有针对性地文本解读教学组织设计的意识，例如："而且现在的阅读课，我不想以一种固定的模式去讲，第一步干什么，第二步干什么，因为学生一旦知道了你的思路，他就不会再喜欢这个老师了。"但是，这在访谈的新手教师中属于个别现象。

　　"适应"与"剪裁"维度方面。有经验教师和新手教师之间表现出不同的特点，新手教师往往表现出具体课文中把握学生文本解读基础和思维特点的困难，忽视学生文本解读学习的个体差异，而有经验教师则可以通过各种形式把握学生的文本解读情况，既照顾到一般同学，又兼顾到个别同学的情况。例如，有经验的教师普遍有这样的表述："我一般接到班的时候，先了解学生再去读课文，按照学生的基础和他们的能力水平咋样，我想办法如何帮助他们，我给他讲太多或者太深入，他理解不了，所以从学生实际出发，必须重新读课文，如果我原先怎样教，我还按照原来的方法教，那收获就不行。我总觉得语文老师必须得认真备课才能上课，不能吃老本，面对不同的学生都得重新审视一下教材，还有就是自己如何去讲，原来那样讲行不行，始终是这样想的。"有经验的老师还表达根据学生水平进行文本解读课程材料组织的方法和重要性："还要把一个知识点设计出多层面的练习题，一个知识点你至少要设计三道题，所有同学都能做的，初等的同学能做的，最优秀的同学们能做的，你还要把这些题掺在一起，不能让学生觉得有轻视他的感觉。第一道题就是大家都能答的，最轻松的，然后让所有同学都觉得能举手，这样他们才觉得有自尊和自信，有乐趣，才乐于去解决。"有的教师在获取学生文本解读水平的方法表现出这方面的能力："我根据作业就可以判断，学生有没有认真听，有没有学到该学的东西。"而这些想法很难在新手教师的言语表述中获取，有的新手教师这方面意识较强，但是同时也感觉到困难，例如："带学生时间长了就对他们了解了，再有就是根据课下作业了，课堂的表现，平时叫到办公室进行谈话等，可以通过多种方式去了解学生。对于我自己也是压力，需要站在学生的角度调整自己，考虑文本，你上过大学，学生没有上过大学，你的文本解读能力比学生强，可能你就主观上认为我就理解到这个程度了。"这样的语文教师虽然已经有意识，并且注重考查学生的文本解读学习特点，但与在"适应"与"剪裁"维度方面表现优异的语文教师比较在把握学生具体文本解读基础的准确性和全面性上存在差距。例如："肯定会，学生在课堂上可能会遇到困难，最主要的可能是体会不到作者的思想感情，如果比较明显的可能会，这首诗对学生来说的话，感觉第一个写作手法和修辞手法运用这些学生可能不会了解，对具体的去把握作者的思想感情可能不是很准确，主要这方面。诗歌的语言毕竟不像现代文，它是言简意赅的，然后很凝练的，学生不一定会体会到。"像"可能"这些词在水平高的语文老师那里是很少出现的，所以可以看出这样的教师还是拿不准学生的文本解读基础及特点，这样的表述本研究定性评价为中等水平。

综合看新手教师和有经验教师文本解读教学化的对比，新手教师在文本解读知识、文本解读教学知识和文本解读教学推理方面都与有经验教师有明显的差距。这验证了语文教师文本解读教学化原型理论的合理性和解释能力。

文本解读教学推理方面。虽然这里讨论的是某一篇课文的文本解读课程建构的教学推理过程，但是其实一篇课文是置于整个文本解读课程进展中的，这是语文教师在课堂情境文本解读课程建构具有重要意义的原因所在。其实，一篇文章的文本解读教学推理就是文本解读教学知识的具体运用的心理加工过程。只不过，文本解读教学知识是潜在的，还没有进入课堂教学情境，而语文教师要让自己已有的文本解读知识在具体教学情境中有效发挥作用就要做具体的教学推理。文本解读教学推理的价值在于其结合具体的情境的判断和决策性，是语文教师文本教学课程建构的具体实施环节，语文教师文本解读教学推理水平直接决定了语文教师文本解读教学的有效性。数学等居于学问中心的课程本身具有其序列性，其表现为课程前面的内容和课程后面内容的紧密衔接性。而由于语文和艺术等课程离学问中心较远，其本身的序列性不强，所以导致学生较长时间不学语文也没有什么影响的情况，尤其在文本解读教学中表现得尤为明显。这个问题本身是由于学科的性质决定的，但是优秀的语文教师仍然可以通过自己具体的文本解读课程建构让学生的文本解读学习表现出文本解读知识新旧和难易方面的差别。这方面是语文教师通过一篇篇课文的文本解读教学推理和设计来实现的。但是，文本解读教学推理和语文教师文本解读教学知识有密切关系，正如一位语文教师讲的："一课一个单元，一共五篇文章，那么这三篇文章重点讲什么，那两篇自读我怎么处理，这三篇文章侧重点又是啥，都是说明文，这课是强调学生明白写说明文，要注重抓住事物的特征，这课是说明顺序，这课就是说明方法，我不是面面俱到那种，一课抓几个重点就完事儿了。哪篇文章哪出的闪光点大，就要根据这个文章，和学生的能力水平确定教学目标和教学重点，这样的话效果好一点。"新手语文教师由于其文本解读知识和文本解读教学知识方面的欠缺，本身限制了其文本解读教学推理加工水平，所以和有经验语文教师在文本解读教学推理方面表现出较大的差距。

综合语文教师文本解读教学化知识和语文教师文本解读教学化心理加工方面新手和有经验语文教师的比较研究可以得出以下结论：

通过新手教师和有经验教师文本解读教学化的比较研究结果分析，语文新手教师在文本解读知识、文本解读教学知识和文本解读教学推理几个考察维度与有经验教师比较均有明显的差距，这也验证了本研究建构的文本解读教学化理论研究的观点。

语文教师文本解读知识、文本解读教学知识和文本解读教学推理之间有着密切的联系。其中文本解读知识是文本解读教学化的基础，文本解读教学知识和文本教学推理都以文本解读知识为基础，完善的文本解读知识结构是语文教师文本解读教学化有效性的保证。文本解读教学知识是文本解读教学化的中介环节，文本解读教学知识以文本解读知识为基础进行一系列加工而来，并为文本解读教学推理提供直接的最有利于教学的知识，文本解读知识有效地转化为文本解读教学知识才可以保证文本解读教学化的有效性。文本解读教学推理是文本解读教学知识的具体实施阶段，是具体的文本解读课程建构过程。

语文教师文本解读知识建构、文本解读教学知识的建构及文本解读教学推理能力的发展需要一定时期的积累过程。以教材篇目为系统的文本解读知识的建构需要语文教师熟悉教材中所有的文章，并通过反复的研究文本才能建构起完善的文本解读知识系统，而文本解读教学知识和文本解读教学推理是以文本解读知识的建构为基础的，其建构的过程更是要滞后于文本解读知识的建构。

语文学科的性质决定了文本解读教学的有效性与语文教师文本解读教学化能力密切相关，而语文教师文本解读要以语文教师文本解读知识、文本解读教学知识和文本解读教学推理为支持性因素，而不是单纯的教学方法可以解决的问题，也不是单纯意义上可以通过文本解读能力的提升可以解决的问题，文本解读教学化能力的发展是语文教师在教学实践中不断地与教学情境、学生与课程互动过程中知识积累的过程，其中语文教师文本解读教学知识是具有语文教师专业属性的知识形态。文本解读知识和文本解读教学知识共同构成了文本解读教学化的知识基础，文本解读教学推理是文本解读教学化具体的加工环节，语文教师语文教学观念是语文教师文本解读教学化的统领，这些因素共同构成了语文教师文本解读教学化的心理原型。

　　语文教师文本解读教学化要受到具体的教学情境的影响，升学考试制度、学校课程制度以及学生的学习特点都会对语文教师文本解读教学化及语文教师文本解读教学化能力发展产生影响。虽然本研究是通过新手教师和有经验教师的对比研究验证本研究提出的文本解读教学化理论观点，但是在具体的研究中还是发现了语文教师文本解读教学化过程中普遍存在的问题。首先，就本研究访谈的对象看，语文教师文本解读知识建构的范围很少超出教材选篇，基本在语文教材建立的选篇系统中运行；其次，就本研究访谈的对象看，语文教师文本解读教学知识中的文本解读课程知识是语文教师普遍薄弱的地方；最后，语文教师文本解读教学化过程中具有极强的应试倾向，语文教师文本解读课程的建构往往指向于"应试课程"。

第五章

语文教师文本解读教学化的外在因素支持研究

上述语文教师文本解读教学化研究的问题是文本解读教学化在教师自身方面的内部运行。本研究一再强调语文教师文本解读教学化发生在"多重话语空间"中，是在教师和教学情境的互动中发生发展的，语文教师文本解读教学化同样需要外在因素的支持。

第一节　教师为主体的课程建构环境支持

一　现有文本解读课程建构模式的修补

现有的阅读课程开发是沿着"研究—开发—推广"的模式展开的。具体表现为，语文学科专家和教育工作者根据社会的需求决定阅读课程的基础性素养目标，然后教材出版机构根据课程标准开发阅读课程课本和教学参考书，最后进行课堂教学推广和课程评价。"研究—开发—推广"的模式下文本解读课程建构在现阶段存在以下问题：首先，语文教材及教学参考书的开发体制和具体的阅读教学实践是脱离的，结果会造成把阅读课程强加给课堂的问题，这种情况在语文教育发达地区和落后地区表现得尤为明显；其次，由于课程标准中对阅读素养有了较为明确的规定，教材与教参对文本解读内容也进行了确定，这就会导致学生文本解读学习经验的狭窄和划一性倾向；教材和教参的开发者往往本着构建语文教师人人都能用，人人喜欢用的语文教材的情怀，却低估或者忽视语文教师的创造性和专业性，导致语文教师教学实践中文本解读划一性现象；确定的文本解读内容还会造成忽略潜在课程开发的可能性。

面对现有的阅读课程开发模式和具体的教学情境因素，语文教师文本解读教学化及能力发展是非常被动的。语文教师一方面要以语文教材为依托进行文本解读教学化实践，另一方面时刻感觉到语文教材框架下给自己文本解读教学化能力发展带来的束缚。本研究在访谈的时候就有老师发出这样的感慨："我现在这方面（文本解读）也挺困惑的，这个教学我们现在一刀切，我所在的学校学生的水平较差，学生的水平和教师的水平有时候达不到同一，但是你一考试就拿统考卷，中考都是统一的考试卷，现在社会家庭都要求你的分数。脱离考试大纲搞自己的一套也不行，必须按照人家大纲，教参确定的目标是什么样的，都得参考。我倒是很愿意放低难度，适合我的学生，但是我那一套能行通不，我现在考虑这个，必须把人家进度完成，人家要求的你没有完成不行。现在老师们的困惑就在这里，本来学生们达不到这个程度，但是我必须赶进度，必须把该讲的都讲到，尽心了！"

面对现有阅读课程的开发模式和语文教师文本解读教学化过程中的尴尬局面，本研究认为有必要推进以教师为主体的扎根于文本解读教学实践的课程开发模式，对现有的文本解读课程开发模式进行修补。具体模式见图5.1。

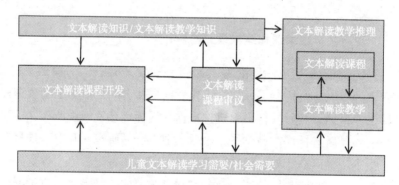

图5.1　文本解读课程建构模式修补示意图

在以教师为主体的阅读课程开发模式中，文本解读课程的开发不是以教材编制的课程框架决定学生的学习活动，而是以儿童的文本解读学习需要为基础，结合社会的需求进行文本解读课程的开发。以教师构想的文本解读课程为中心，语文教师在开发模式中既是实践者又是开发者和研究者，文本解读课程与教学处于互动的关系中。也就是说，在以语文教师为中心的文本解读课程开放模式下，语文教师有可能在文本解读课程的展开中同时也在进行着文本解读课程的决策，这样教师预想的文本解读课程和在实践中生成的文本解读课程共同修正了教材和课程计划中的文本解读课程，这样的文本解读课程总是处于国家课程计划中的文本解读课程、教师计划的课程与学生、教学情境的互动中，体现了课程建构的实践性、情境性和真实性。

文本解读课程的审议是文本解读课程开发与实践的中介环节，这一环节本质上是对文本解读课程实施的评价和反思环节。通过语文教师对学生文本解读学习活动的评价，语文教师就要进一步思考课程计划的有效性和需要修正的环节。课程审议中文本解读的评价通常是很难量化的，需要语文教师结合教学经验的积累进行"质的评价"。因为越是教育性价值高的学习经验，要进行定量评价和表述其价值就越是困难。[①]

具体的文本解读课程开发是适应特定教材、教师、特定学生和特定教学情境的局部或者个案式课程开发模式，这种开发模式区别于当下普适性的文本解读课程模式研究。其实即使像数学、科学等学科逻辑体系较强的课程，总体教学计划和教材体系的形式作为直接的课程内容弊端已经开始显现。文本解读这种学科体系本身逻辑性不强的课程以教师为主体进行开发就显得更为关键，因为即使有再好的语文教材及配套的材料，作为课程开发基础的文本解读知识建构都要语文教师依据文本亲自实践，以语文教师为主体进行文本解读课程建构是语文课程开发的应然选择。语文教师文本解读教学化的能力就是在以语文教师为主体的文本解读课程建构中不断积累实践经验获得发展的。

二　以分科为内容的学校阅读课程体系构建

通过本研究对文本解读概念界定可以看出，文本解读事实上已经超过了一般意义上的阅读教学范畴。长期以来，语文教育领域把文本解读课程作为阅读课程的核心课程内容来进行教学，其实是对阅读课程没有进行深入理解的结果。其实，当下的阅读课程至少包括以下内容：一般意义上的阅读课程、语言（或言语）知识课程、文学课程和写作课程几个方面。甚至，有的阅读课还承担着口语交际教学的任务。再加上语文课程标准从知识和能力、过程与方法、情感态度价值观等方面对课程目标进行了要求，使得语文阅读课程承担了太多的内容，最后很容易造成语文课程什么都在承担，其实最后什么也没有承担的结果。如果按照对阅读课程以上的

---

① ［日］佐藤学：《课程与教师》，钟启泉译，教育科学出版社2003年版，第36页。

分析，可以将阅读课程进行分化，分成一般意义上的阅读课、文学课和语言课，写作和口语交际本身不应该成为阅读教学中的内容。如果将以往的阅读课划分为一般意义上的阅读课程、语言课程和文学课程，文本解读本质上是语言课和文学课的课程内容，而不是一般意义上的阅读课的主要内容。也就是说，在一般意义的阅读课上，语文教师是不用引导学生进行深入的文本解读的，只需要像普通的阅读一样就可以，这样的阅读教学目标可以采用国际上流行的阅读能力测试体系来进行评价。而语言课程和文学课程需要对文本内在的形式和意义知识进行深入地学习，这种学习目的是为了认识母语的本质，为了学习母语在历史传承中积淀的意义，这种学习要透过文本的符号表层去探究其背后深层次的内容，所以文本解读必然成为其核心的课程内容。阅读的学习主要是阅读能力发展过程，语言课与文学课中的文本解读应该主要是带有研究性质的知识学习过程。阅读课程不对语文教师的以文本解读为代表的"语文学"知识作太多的要求，但是对阅读知识、方法和策略性知识等阅读心理知识或者言语知识有较多的要求。而语言课和文学课对语文教师的文本解读知识有很高的要求，语文教师以文本解读知识为代表的"语文学"知识以语文学科知识的形式出现。

　　将传统意义上的阅读课程分为阅读课、语言课和文学课可以解决长期以来困扰语文教育的阅读课程内容问题。阅读课的课程目标就是为完成任务、为学习、为文学娱乐的能力提升，工具性是阅读课的基本性质，言语训练应该成为阅读课程的主要教学方式。而母语教育中的语言课和文学课已经超越了阅读作为人的生存技能方面的层面，语言课和文学课不仅仅局限于教给学生掌握一种生活的工具，更重要的是要让学生在理解和诠释中让文本世界呈现在自己面前并且让自己走入文本世界，在这样的过程中让学生的母语学习成为确立自己具有独特生命体验的真实存在并且形成对人之为人及真善美进行选择的实践智慧，人文素养成为语言课和文学课的基本性质，文本解读应为语言课和文学课的核心课程内容。语言课和文学课可以不是语文课程体系中的必要内容，在低年级阶段可以更多地安排阅读课，随着年龄的增长可以逐渐增加语言课和文学课，或者以选修课和必修课的形式处理阅读课与语言课、文学课之间的关系。

　　将传统的阅读课程进行分科，对于语文教师专业发展的意义在于，有利于语文教师有针对性地建构自己的文本解读知识结构，进而优化其文本解读教学知识结构和文本解读教学推理能力。以现在的初中语文教学为例，语文教师在一篇文章中首先要解决字词问题，然后着手进行一般意义上的文本认知、感知和理解，接着就是以文本解读为中心的教学，有时候还要安排写作和其他的语文活动。在这种课程模式内，课程内容之间往往有交叉，关系不明，这给语文教师建构自己语文学科知识方面造成巨大的困难。如果可以将现在的阅读课程分科，阅读课只要解决一般意义上的阅读认知和理解就可以，而语言课和文学课则主要以文本解读知识的学习为主，这有利于语文教师文本解读教学化能力的发展，提高语文教学有效性。

三　语文教师文本解读教学化情境的优化

语文教师文本解读教学化发生在一定的社会、学校和课堂情境中，情境因素会对语文教师文本解读教学化产生重要影响，所以为语文教师文本解读教学化营造良好的情境是语文教师文本解读教学化有效性的重要保障。

从社会情境方面讲，语文课程标准、升学体制、社会舆论等都会对文本解读教学化产生影响。语文课程标准作为阅读课程组织、实施和评价的纲领性文件对于语文教师的影响是最大的。课程标准代表着社会发展对于语文教育的需求，是语文教育教学目标要求的集中陈述，是语文教师实施阅读教学的最终指向。基础教育阶段的其他学科的课程标准既有内容标准也有目标标准，而语文学科只有语文素养目标标准而没有内容标准。这就意味着语文教师面对一篇课文的时候，就要面临着文本解读课程建构方面的困境。当下文本解读教学中，语文教师既要落实新课标的精神，但是又不知道用什么内容去落实。所以，在新课改之初语文教师遇到的最大的问题就是不知道该教什么。但是从积极的角度看待这个问题，正好给语文教师文本解读教学化能力发展提供了巨大的空间，为语文教师凸显其专业地位创造了良好的社会环境。所以，现阶段从社会环境的角度看，语文教师的文本解读教学化能力发展既面临巨大的挑战，也拥有巨大的机遇。国家升学体制也是语文教师文本解读教学化的重要影响因素。虽然语文中考和高考并不是语文课程和教学范畴内的内容，但是不可否认的是国家的升学考试确实在影响着语文教师文本解读教学化。语文教师，尤其是高中语文教师，在实现文本解读教育价值的思维过程中如何提高学生在考试中的成绩总是作为一个很重要的影响因素。更有甚者，有的语文教师甚至在中学语文课程上直接以高考阅读训练作为语文文本解读教学化的终极指向。如果在文本解读知识建构、文本解读教学知识建构和文本解读教学推理中，老师们普遍都是围绕考试展开的，这样的背景下，语文教师文本解读教学化能力的发展也就可想而知了。社会舆论也在影响着语文教师文本解读教学化能力的发展。语文教师除了受到和自己文本解读直接相关的影响外，社会舆论对于语文教师的文本解读也造成了不同程度的影响。中学的语文教育一直以来就是饱受质疑的，其中最受质疑的就是阅读教学领域。语文教师在文本解读教学化思维过程中不可能把这些问题屏蔽掉，语文教师会自觉不自觉地去尽可能地避免这些问题的发生，或者去解决一些问题，也就是说语文教师文本解读教学化思维受到了社会舆论的影响。以上论述的只是对语文教师文本解读教学化思维产生影响的几个典型因素，在语文教师具体的文本解读教学化实践中还有一些其他方面的社会环境因素，例如人文环境、经济条件等一般意义上的社会环境，这些不是对于语文教师文本解读教学化具有特殊意义的社会环境因素，本书在这里不做过多地阐释。

学校是语文教师生活和学习的主要场所，学校的整个内部环境也会对语文教师文本解读教学化产生影响。学校环境对于语文教师的影响主要体现在对于语文教师教学效能感的影响。具体来说学校环境的影响表现在学校为语文教师创造的发展条件、学校的教学管理导向、校本课程建设情况、学校语文教师的群体特征及学校的学习风气等方面。这些方面的因素会影响语文教师对于自己文本解读教学化能力的一种直觉和信念，进而影响语文教师文本解读教学化。

课堂教学环境是语文教师实施具体阅读教学行为的环境，同时也是语文教师进行文本解读教学化思维的具体情境之一。语文教师的文本解读教学化思维是在与具体的课堂情境的交互作用中开展和发展的。课堂情境看似很小，其实也是一个较为复杂的社会结构体，课堂教学环境往往也会使语文教师的文本解读陷入困境，需要用文本解读教学化思维去解决。正如日本课程研究著名学者佐藤学所言"教与学这一活动，是通过无数的冲突与妥协才得以实现的，它绝不是作为理想环境中的纯粹的过程展开的。"①

---

① ［日］佐藤学：《课程与教师》，钟启泉译，教育科学出版社 2003 年版，第 139 页。

　　既然社会环境、学校环境和课堂教学环境都对语文教师文本解读教学化产生这样那样的影响，相关的职能部门和研究者就应该对优化语文教师文本解读教学化的情境进行相关研究，并在此基础上尽量为语文教师文本解读教学化营造良好的情境氛围。

第二节　实现课程建构诸要素的最大价值

一　学科专家的价值实现

　　公共文本解读知识作为实践材料对语文教师文本解读教学化具有重要的价值。公共文本解读知识的主要生产共同体是学科专家，也就是说学科专家也是语文教师文本解读教学化的影响因素之一。学科专家在语文教师文本解读教学化中应该如何实现其应有的价值是需要讨论的问题。

　　首先，文本解读知识的研究。学科专家是文本解读知识研究的专门从业者，虽然文本解读知识的生产有广泛的共同体，但是其中学科专家的研究最具有系统性和持续性，当然也具有权威性。但是正如杜威所言，学科专家的学科知识和教师的学科知识研究是沿着两条不同的路径延续的。学科专家以发展新的知识为目的，这种研究目的指导下可以形成文本解读知识的丰富与更新。由于学科专家的工作，使得言语作品的文本解读知识以公共知识的形式得以传播，为文本解读知识实践提供了丰富的材料。所以，从这方面学科专家体现了其在文本解读教学化中的价值。但是，这种价值的实现并不是学科专家有意而为之的，很少有学科专家专门为语文教学中的文本解读课程做专门的文本解读知识研究，这可以从文本解读知识研究的著作中看出。本研究认为，如果在教材"选篇"确定的情况下，学科专家可以做一些针对文本解读教学的文本解读知识研究，为语文教师文本解读教学化提供更多的帮助。但是学科专家文本解读教学化过程中的作用是有限的，因为学科专家不具备课程其他要素的知识，但是由于学科专家精通文本解读知识，很容易对文本解读课程走向产生影响。文艺学理论对文本解读课程的影响就充分地说明了这一点。

　　其次，提供文本解读知识观点。学科专家为文本解读课程进行文本解读知识研究时正确的策略是尽可能地为文本解读教学化提供相关的研究材料，而不是提供"我主张式"的结论性观点。其实，无论是自然科学、社会科学和人文科学的知识都是在流动的状态下发展的，自然科学领域的理论知识尚且没有绝对地正确的结论，何况文本解读知识这样人文性极强的知识形态。当下的学科专家忽视基础教育阶段的文本解读知识研究，一旦做了针对性的研究，就会以居高临下的态度对当下的文本解读知识提出绝对性的批评，并在语文教育领域推行自己的文本解读理论与实践主张。这样的文本解读知识研究形态不符合人类知识发展的规律，对于文本解读知识这样处于学问边缘的实践性极强的学识更加不适用。但是，由于学科专家在该领域研究的强势，而本身文本解读知识具有实践属性，语文教师往往在二者之间处于尴尬的境地。如果学科专家硬生生地将自己的主张强加给语文教学，那么就会造成文本解读课程的僵化、单一和抽象。学科专家应该做的事情是尽可能地将自己占有的文本解读学术资源提供给教师，帮助教师提升其文本解读知识建构的能力。

最后，精选高品质语文文本。因为，文本解读课程中的文本具有教育性，所以文本质量的高低对文本解读教学化的有效性有重要的影响。由于学科专家对文本研究的专业性，学科专家在确定文本质量方面具有天然的优势。学科专家可以帮助教材编撰者或者语文教师挑选高品质的文本，供文本解读课程建构使用。

二　教材编者的价值实现

文本解读教学服务的理想教材应该可以对课程标准的要求进行有效的传达，拥有高质量的选文，并可以将最前沿的文本解读知识进行反映。以下三个方面体现出教材编者的价值。

首先，传达课程标准要求。教材的意义就在于其文本解读教学的凭借，那么教材就成为课程标准对文本解读课程要求传达的和具体教学内容相结合的具体途径。所以教材编辑人员不仅仅是要体现选文的选择问题，而且还要思考如何通过选文和知识的呈现为文本解读课程目标的达成服务。

其次，编辑高质量的文本。学科专家可以为教参编辑推荐高质量的文本，但是具体的文本编撰工作还需要教材编选者来实施。本研究认为，文本的编选可以采取审议的原则。学科专家、心理专家、课程专家、教师代表都可以参与审议，最后由教材编者进行决策，进行最后进入教材的文本的确定。

最后，呈现不同观点文本解读知识。由于文本解读知识的实践性和学问边缘性，同一文本的文本解读知识往往有不同的观点。教材应该将这些观点进行呈现，这样学生就可以在这些认识的基础上和语文教师展开文本解读知识学习实践方面的对话。以往的教材是很少有文本解读知识的呈现的，这不利于文本解读教学。究其原因，还是语文教育研究领域没有把握文本解读的本质内涵。

三　心理学专家的价值实现

当代课程的发展与心理学有着密切的联系。在文本解读教学化过程中，心理学理论都或多或少地发挥作用。本研究认为，在具体的教学情境中，文本解读知识的心理化是语文教师具体实施的，在语文教师文本解读教学化过程中，心理学理论可以提供两方面的帮助。

首先，界定文本及文本解读知识的难度。心理学家可以通过参与教材编撰或者具体的其他层面的文本编选或者文本解读知识编制实现其价值。心理学家的主要工作是帮助确定文本的难度和文本解读知识的难度，并提供表征方式的建议。但是心理学家往往对具体的文本解读知识了解不多，限制了这方面作用的发挥。

其次，文本解读学习心理研究。语文教师文本解读教学化不能忽视学生心理发展的一般特点，在这方面心理学专家有丰富的知识。心理专家应该发挥在学生心理发展研究方面的优势，帮助语文教师提高文本解读教学的有效性。语文教师虽然也可以把握学生的心理特点，但是语文教师对学生心理的把握倾向于情境性和经验性。心理学家从理论和实证的角度对学生心理进行研究，可以帮助语文教师提升学生心理特点方面的知识素养。语文教师可以将心理学家的研究成果纳入自己的文本解读教学化实践，提高文本解读教学化的有效性。

四　课程专家的价值实现

本研究认为，在具体的教学情境中文本解读教学化的主体应该是语文教师，但是课程专家在宏观的文本解读课程实施中有重要的意义和作用，具体表现在以下两个方面。

首先，制定和表达课程标准。课程专家需要根据社会的需要，根据儿童文本解读知识的学习价值制定文本解读学习经验的素养标准。课程专家需要做的是文本解读课程发展方向性的引导，在集体审议的基础上确定文本解读课程的总体目标取向。同时，课程专家还需要将文本解读知识课程目标的设定及原因用精确的语言进行表达。由于文本解读知识的特点决定了文本解读课程很难设定具体的内容目标，但是素养目标的设定与精确表达同样重要，这在很大程度上决定着文本解读课程的走向，这在当下的课程改革中已经有明显的表现。

其次，主持和监控文本解读课程的实施。课程专家是文本解读课程标准的制定者，课程专家有责任从全局上掌控文本解读课程的实施。原先制定的课程方案在具体的实施中情况如何，课程专家应该做到全局的监控，从中发现课程实施的成效，发现课程实施的问题，再进行有针对性的调整。国家层面的宏观文本解读课程也应该是审议、制定、监控和调整的流动过程，课程专家的主要职责就在于此。一定时期后，在对以往的文本解读课程实施情况的评价与反思的基础上，课程专家需要再次组织课程标准的研究、制定和表达。

第六章

结　语

第一节　研究贡献

一　理论贡献

本书核心的理论贡献在于提出了"语文教师文本解读教学化"这一命题，并研究了该命题所涵盖的语文教师从学科层面文本解读向文本解读课程的转换过程。具体的理论贡献包括对"语文教育领域的文本解读及文本解读课程的属性是什么"、"学科层面文本解读和课程层面文本解读是什么关系"、"文本解读课程建构的决定性因素是什么"、"如何保证和提高语文教师文本解读教学化的有效性"等问题的有效回答。

首先，在语文教育领域文本解读本质认识方面的贡献。通过文本解读概念的界定，本书得出语文教育领域的文本解读主要体现在语文教师和学生两个方面。在语文教师为主体方面具有两种文本解读形态，一种是作为文本解读心理行为的基础上建构自己文本解读知识体系的过程；一种是课堂文本解读课程建构与实施过程。在学生方面，文本解读是作为一种经验而存在的，是与文本和语文教师展开对话的文本解读经验和履历。教师在文本解读基础上建构文本解读知识，教师在课堂文本解读建构和实施与学生在课堂上的文本解读经验和履历是集中体现语文教育领域文本解读本质特征之所在，其中语文教师课堂教学的文本解读过程与学生文本解读的学习过程理论上是同一的。语文教师文本解读知识是文本解读教学化的起点和基础。语文教师文本解读知识是语文教师在达成共识的公共文本解读知识学习与自身文本解读基础上建构的个人学识，语文教师文本解读知识是语文教师群体内普遍存在的一种知识形态，既表现出一定的确定性，又表现出个性化的一面。

其次，文本解读课程属性的理论研究方面的贡献。从文本解读概念界定和文本解读知识属性的研究出发，本研究界定了文本解读课程的性质。语文教师文本解读知识是语文教师对已达成共识的公共文本解读知识和自身文本理解认识的混合体，具体的文本解读课程取决于语文教师具体文本解读知识的属性与语文教师对文本解读本身的认识。语文教师对文本解读的认识直接影响语文教师文本解读课程内容的取舍，语文教师文本解读知识中公共知识和个人观点的比重及水平，决定着文本解读课程内容的属性和特点。所以，文本解读课程是语文教师在自身文本解读知识基础上建构的一种实践性课程。

文本解读课程是实践性课程，语文教师在文本解读教学化过程中居于关键地位。文本解读教学化既是课程问题，也是教学问题，语文教师文本解读教学化能力是文本解读课程建构的核心。

本书在语文教师文本解读教学化能力研究方面的贡献有两个方面。一方面，本研究确立了文本解读知识和文本解读教学知识作为语文教师文本解读教学化知识基础的地位。本研究通过理论和实证研究对文本解读知识进行了深入的研究，提出语文教师在文本解读基础上建构的文本解读知识体系是文本解读教学化的学科知识来源。本研究提出文本解读教学知识的概念，文本解读教学知识就是学科知识的一种具体表现形式，是语文教师在经过认知加工后以适合学生理解的方式进行表征的一种文本解读知识，是最具有可教性的文本解读知识，是语文教师文本解读知识和教育学知识的特殊合金。正是由于语文教师身上具备文本解读教学知识，语文教师才表现出文本解读教学的专业属性。语文教师分别只具备文本解读知识和教育学知识都是不充分的，语文教师文本解读教学的专业性表现在，语文教师可以深刻地理解和掌握丰富的文本解读知识，可以用最佳的方式去呈现特定主题下的文本解读知识，可以了解学生在特定主题下文本解读知识学习的困难和基础，可以促使学生逼近特定主题下文本解读教育内容。语文教师只具备文本解读教学知识或者教育学知识都不能有效达成上述效果。因为语文教师有了文本解读教学知识，使得语文教师有别于中文学科领域文本解读研究方面的学科专家，表现出其专业性。在教学情境中语文教师在文本解读知识基础上转化而来的文本解读教学知识是语文教师文本解读教学化的中介环节，文本解读教学知识和文本解读知识共同构成了文本解读教学化的知识基础。另一方面，本研究结合教师认知过程研究，对语文教师文本解读教学化的心理过程进行了研究。文本解读教学化推理是课堂情境对文本解读教学知识的具体运用，通过文本解读教学化推理加工，语文教师的文本解读转化为课堂教学形态的文本解读。而语文教师的文本解读教学化的整个过程是在文本解读教学观念的监控下进行的。具有不同的知识结构与水平的语文教师在文本解读教学化心理加工模式和水平方面会表现出差异。语文教师文本解读教学化心理过程理论可以有效地解释阅读课程与教学研究及语文教师文本解读教学能力发展中的诸多理论问题，可以作为语文教师文本解读教学及语文教师阅读教学专业能力发展的理论分析框架及建构语文教师文本解读教学能力评价体系的理论依据。

本书通过新手教师和有经验教师之间的对比研究，验证了本研究提出的语文教师文本解读知识和文本解读教学知识是语文教师文本解读教学化的知识基础，语文教师文本解读教学化推理操作模型。在所考查的文本解读知识、文本解读教学知识和文本解读教学推理三个维度，有经验教师都明显强于新手教师。语文新手教师和有经验教师在各个维度上都有明显的差距，说明语文教师的文本解读知识、文本解读教学知识和文本解读教学推理对语文教师文本解读教学化都有重要的影响，另外，通过实证研究可以看出语文教师文本解读知识、文本解读教学知识与文本解读教学推理之间关系密切。尤其是文本解读教学知识和文本解读教学推理之间关系更为紧密，这也证明了文本解读教学知识在文本解读教学化过程中的关键作用。

通过实证研究可以看出，语文教师文本解读教学化发展是长期的实践过程，语文教师文本解读教学化在现阶段表现出如下特征。首先，语文教师文本解读知识的建构是一个基于教材课文选篇和教学参考书的较为封闭的学科教学知识生产系统，这与学术领域文本解读知识的生产表现出较大的差异，这样的文本解读知识生成方式导致学校层面文本解读知识的陈旧和滞后。其次，学校课程制度对语文教师文本解读教学化的自主性束缚严重。还有，升学考试制度对语文教师文本解读教学化的内容产生重要的影响。这些研究为本书的后续研究提供了重要的参考信息。

二 实践意义

本书的实践意义有以下几方面。

首先，推动语文课程研究范式的发展。现有的课程开发语文课程研究范式经过长时间的发展积累了许多宝贵的经验，在语文课程的本质研究、语文课程内容的探讨与语文教材编写方面都取得了丰富的研究成果。但是，课程开发研究范式的局限性也是明显的。本书认为，今后的语文课程研究应该突破单一的研究范式，借鉴相关研究范式的合理之处，实现研究范式之间的对话和融合。本书采用了"教师中心"课程研究范式对文本解读课程建构进行研究，在课程研究实践方面具有特殊的意义。

其次，对文本解读课程属性的揭示可以提高语文课程建构与实施的有效性。文本解读课程是语文课程的核心内容之一，但是从现有的研究文献看，语文教育领域对文本解读、文本解读课程及文本解读课程建构的相关关系方面的认识并不明确，这在一定程度上制约了语文课程建构与实施的有效性。本书从文本解读的本体研究出发，对上述相关问题进行了深入的探讨，深化了对文本解读课程属性的认识，厘清了文本解读建构中相关影响因素的价值。以上研究对明确文本解读课程建构内容、建构途径和如何提高文本解读课程建构的有效性都有重要的意义，并会对文本解读课程实施的有效性产生积极影响。

最后，对语文教师文本解读教学化认知能力的研究对促进语文教师专业发展具有现实的意义。语文课程研究领域在语文教师参与语文课程建构方面其实是存在分歧的，有的研究者主张教师的自主性，语文课程就是教师的课程；有的研究者认为当前语文教师在整体素养方面整体还没有达到自主建构课程的水平，所以教材建设是关键。从本书对文本解读课程属性的研究看，语文教师为主导建构文本解读课程是文本解读课程建构的应然取向。与以往的语文教师参与课程建构研究注重对语文教师的课程建构手段和行为的规定不同，本书认为，提高语文教师文本解读课程建构的有效性关键在于提高语文教师文本解读教学化能力。本书提出语文教师文本解读知识和文本解读教学化知识是语文教师文本解读教学化的能力基础，语文教师文本解读教学化的心理加工是语文教师运用文本解读教学化知识解决文本解读课程建构问题的认知技能表现。语文教师文本解读教学化能力发展的基础是提高自身的文本解读教学化知识水平和心理加工水平。如果在教师教育中有针对性地对语文教师的文本解读教学化知识和认知技能进行培育，那么对于语文教师专业发展具有重要的意义。

第二节 研究局限与有待于继续研究的问题

一 研究局限

本书对语文教师文本解读教学化能力研究主要集中在教师认知领域，对语文教师文本解读教学化的情境因素和非智力因素研究较少。另外本书对语文教师文本解读教学化能力的研究重点在于揭示语文教师文本解读教学化能力需要什么样的知识，需要执行什么样的心理过程，重在阐释语文教师文本解读教学化能力的心理机制，而对于语文教师文本解读教学化能力发展方面的研究较少。

在实证研究的选样方面，本书选取的样本是基础教育阶段一线的初中语文教师，在有经验教师和新手教师进行配对时主要从教龄与职称两方面来进行界定，选取时有人为的因素在其中，因而其代表性方面不是很严密。还有，本书实证研究的取样限于内蒙古自治区范围内的初中语文教师，选样地域范围有限，可能影响实证研究结论的推广。

本研究的实证研究主要采用访谈基础上的定性分析策略。访谈法的局限在于访谈数据的处理及分析。本研究主要采用定性分析技术，使实证研究结果的精确性受到影响。

二 有待于继续研究的问题

本研究明确了语文教师文本解读教学化能力结构，指出了语文教师文本解读教学化能力的发展方向，并提出了以反思和实践为主要方式的文本解读教学化能力发展理念，这些都奠定了语文教师文本解读教学化能力的研究基础。但是，具体的语文教师文本解读教学化能力发展的规律、运行方式、影响因素等相关问题还没有纳入本研究的视域，这些方面将会是本研究继续开掘的地方。

本研究力图揭示教师个体在教学情境中的文本解读教学化过程，但是在具体的研究过程中，由于受到研究条件的限制，更倾向于教师认知方面的探讨。将教师的认知置于和课程环境中诸要素的互动关系中去考察语文教师的文本解读教学化是本研究下一步要进行的工作之一。

本研究已经建构了语文教师文本解读知识基础和文本解读教学化的心

理过程理论，为语文教师文本解读教学化专业发展构建了理论分析框架和文本解读教学化有效性评价的理论基础。但是，在具体的文本解读教学化有效性评价中还需要建立有针对性的评价体系。本研究的实证部分是通过定性评价的方式进行研究的，但是在具体的文本解读教学化有效性评价中还需要结合量化来提高评价的精确性。所以，构建语文教师文本解读教学化有效性的评价理论和工具是本研究继续要深入研究的领域。

附　录

附录1：访谈提纲

访谈提纲1

说明：首先，谢谢您拿出宝贵的时间来接受访谈。这次访谈纯粹为科学研究之用，不会涉及其他方面的问题，也不会泄露您的任何信息。您的回答会影响我的研究过程与结果，所以恳请您认真地回答我的问题，在此再次表示感谢！

导言：首先，我把您当作中文专业出身的普通人士进行访谈，我们会谈一些您在职前和职后的汉语言文学专业学习背景。这里我们不涉及语文教学，只把汉语言文学当作一个学科。

1. 能告诉我一下您的学科背景吗？

您在大学（硕士）或者职后期间都上过什么样的中文（汉语言文学）专业课程，你最喜欢哪一门，最不喜欢哪一门？您在语文学科哪些领域有专长？或者重视哪些领域？您觉得您中文（汉语言文学）水平怎么样？文本解读（课文分析，文章理解）水平如何？您觉得在哪些方面较弱？哪些领域对您来说最难？最容易？您写过学术类的文章有哪些？

2. 您如何理解一个人能够读懂文章？一个人自认为是文本解读，文章分析专家，您希望他知道什么？

3. 您能告诉我对文章分析相关的课程专业（大学或者职后学习过的课程）吗？请告诉我一下他们之间的关系好吗？（画图表示）

4. 现在我把您当作语文教师来访谈了。是什么原因让您成为语文教师的？

5. 您理解学生要在学校进行阅读学习的原因是什么（区别于自然形

态的阅读学习)？您对您的学生设立的阅读学习目的是什么？您设想（理想）中的阅读课堂是什么样的？

6. 您认为学生的阅读学习哪些方面会遇到困难？有没有想过是什么让学生的阅读学习产生困难的？有没有想过如何使得学生的阅读学习更容易？

7. 可以谈谈您这学期阅读教学的相关情况吗？包括：年级？学生（生源）的基础？所用的教材？班级容量？您熟悉教材吗？以前读过吗？以前教过吗？可以谈谈班里的学生吗？

访谈提纲2

1. 我已经知道了您所学的汉语言文学类课程了，您能将这些课程对你产生影响的程度排个序吗？这些科目是如何影响您对中文专业的理解的？

2. 您能对这些学科对您阅读教学的理解影响程度排个序吗？这些科目是如何影响您的阅读教学的？

3. 另外，能告诉我一些影响您阅读教学的其他经历吗？

访谈提纲3

1. 您在教学之前会对文本进行全方位的解读吗？如果抛开教学，就作为一名中文专业出身的人士，您会对这个文章如何进行分析，如何进行解读？谈谈您对这篇文章的理解和认识好吗？（测试语文教师为了更好地理解文本会做些什么？）

2. 当你再次阅读《江雪》这首诗，设想您要以初中学生为对象进行这首诗歌的教学，可以谈谈您对这首诗歌教学准备方面的一些想法吗？对这首诗的教学，您的第一感觉，首先意识到的是什么？

3. 这首诗歌您会给学生教什么？您想您的学生从中学到什么？您觉得这首诗的教学目标应该是什么？您做出这种决策的依据是什么？

4. 如果您在阅读教学的拓展阅读中使用这首诗，您有什么想法、设计？（探测语文教师使用这首诗的不同方式）

5. 可以告诉我教学这首诗您具体准备怎么做吗？例如会设计什么问题？采取什么教学方式等？

6. 请告诉我学生在这首诗歌的理解中可能会遇到那些困难？学生对

于诗歌的反应会是什么？您是凭借什么得出这种结论的？一般情况下学生诗歌教学中的困难是什么？您是怎么帮助学生克服这些困难的？

7. 以《江雪》这篇课文为例，设想您现在处于这首诗歌的教学情境中，您的一个学生问你如下问题，假如我就是那个学生，你会如何回答我？

A. 这属于古诗中的哪一类诗歌呢？我不好给他分类。

B. "鸟飞绝"是什么意思？我不理解。

C. 雪不能钓吧。为什么说"钓雪呢"？

D. 我们怎么知道对这首诗歌的理解是对的？也许诗人只是描述了一个实际场景什么的，也许什么也不是。

E. 我还是不理解这首诗，诗歌的意思到底是什么？为什么诗人不用平常的语言来表达？

8. 教学后您准备如何评价学生的理解？你用什么方式去得知学生从诗中获得了什么？

9. 开放性问题：您对这首诗歌的教学还有什么想法？

附录2：访谈记录摘录

被试1 访谈记录摘录

访：最近怎么样？备课有没有压力？

被：现在好多了，但是一开始的时候找不到重点难点，听课的老师说深度有了，但是精度没有。我洋洋洒洒讲下一堆。

访：大家解读能力挺强？

被：就是，就把大学时候学习的东西往初中的孩子身上放。

访：咱们在大学学的知识在教学中有用没有？

被：在高中教学中有用，有很多，特别有用。但是在初中，现在教改，选的教材都有点偏，好像，处理一些朱自清、鲁迅等主流的还行，但是其他的一些现代作品涉及得少。

访：是人教版？

被：是人教版，但是教材，比如说一篇课文叫《化石吟》，大学里面接触不到这样的作家。

访：是因为选篇不熟悉，觉得大学的课程没有用吗？

被：也不是说没有用，文学史还很有用，但是具体的篇目就有点欠缺。

访：文本解读方面有用吗？

被：有用，比如说《文学概论》里讲的阅读视野等就有用，将阅读理解概括能力涉及一点，但是不能挖得太深。

访：现在进行备课的时候也得把文章读好吧？

被：对，因为我也是第一次接触到教材，跟那些孩子一样，在他们之前一篇课文必须读上三遍。

访：每一次读的时候感受有什么不一样？

被：第一次就是粗略地读一下，主要的思想感情。第二遍就是线索啊，说明文的顺序啊方法等。再读就是具体的一些语句。然后再看教案。

访：读第几遍的时候看教案？

被：读完第三遍的时候。根据人家教案的提示，我现在还是重难点拿不准。

访：除了自己读通、读懂，看了教参把知识点找出来，同时还思考什么问题？

被：同时还思考什么？就是上课的时候这个环节，比如说线索梳理，我该用什么方式教给孩子们，能够让他们比较明白，就是授课方式。

访：这是第几遍思考的？还是一开始就思考的？

被：应该不是一开始，就是看教案的时候。一般我拿上一篇课文，还是像我一开始读的时候一样，先读再考虑我讲课的过程。

被试2访谈记录摘录

访：我为了获得您拿到一个文本到文本解读的过程，准备了一个文本，您先看一下。就是通过这一个文本，想知道一个整个的过程，您是怎么想的？教学之前您先得把文章读好吧？

被：嗯。

访：您以这篇文章为例，或者其他文章也可以，您真要把这个文本吃透您会从哪些方面着手？从什么角度去考虑？比如说我是一个中文方面的专家，您会和我聊一些什么？不是教学中的，就您自己读。

被：这个，首先要了解这首诗，首先必须了解这首诗的作者的创作背景，了解一下作者的生平，要解读这首诗歌的话必须了解的。另外的话，一些常用的诗歌鉴赏的方法吧。中国的这种诗歌是很讲究意境的嘛，比如说这方面。首先要看看创作的背景，然后具体的分析一些诗歌的方法。主要是这方面。

访：主要是从这方面探讨一下？

被：对。

访：您现在对这首诗有没有具体的认识？

被：具体的认识啊，感觉这首诗表达了作者一种比较孤苦的境地吧。因为这首诗写了一个"孤"，一个"独"，可能作者陷入了一种很孤苦的境地，郁郁不得志吧，这种意味。初步印象，至少。

访：您在教学时候，再读这首诗的时候，这是您一般形态的解读，这是您的第一步，剩下教学的时候您会怎么考虑啊？

被：教学的时候一定要借助教学参考书啊。

访：对，您会怎么考虑，比如说您给初中生进行教学，您在准备的时候会有什么想法？第一意识到您会怎么准备？从哪些方面？

被：从哪些方面？在教学上，还是？

访：就是您要给学生讲这首诗，您准备的时候会做什么事情？备课的时候有什么想法？主要是第一感觉。

被：我的第一印象就是要参阅资料啊。

访：呵呵，具体谈一下好吗？那您想让学生学什么东西？

被：学什么东西？这首诗吗，肯定要体会，嗯，主要是体会作者当时那种心情嘛。这首诗主要表达的意思、表达的思想感情要学生掌握。

访：您让学生学到的就是思想感情吗？

被：对，主要是思想感情，还有这首诗里的写作手法方面，什么夸张手法的运用。

被试3访谈记录摘录

访：这篇课文是几课时？

被：应该是两课时，我想用一课时讲完，所以就是语言赏析那块我就没涉及，包括比喻呀，拟人呀这些就没涉及，如果要是那样儿分析的话，可能时间就长了。一个呢就是我们现在教学也比较紧的，所以呢就是做了个取舍。一般诗歌就是重在读。

访：我看您挺注重学生基础能力的培养，比如您一开始对化石分析的很多。

被：对，就是，平时的了解，这就是学生的一个易错点，所以顺便就提醒了。因为语文嘛，我觉得就是把这些基础的知识都放在平时的这些细节当中，让他们去重视，去积累。

访：备课的时候您是怎么想的？

被：备课的时候我也琢磨来着，我想一课时完成，我就必须取舍。我昨天备的时候也想那些修辞呀什么，后来我就想一课时结束，然后我就想诗歌主要是朗读，让读贯穿整节课。所以就是基本设置三个环节。第一个就是先准确地读，能够读准字音，就是没有落字的、漏字的、添字的，这是第一步。然后就是在理解的基础上再去读，最后就是能够有感情地读出来。基本上就是这么设计的。但是出于有一些应试的要求，比如说开头和结尾有什么作用，最后在结尾的时候帮学生理了一下思路，就这样串进去了，而且它也是课后的一个练习题。

访：这里面有些东西自己都准备到了，但是没讲。

被：对。因为备课的时候先都准备到了，然后再做取舍。

访：您自己有没有从文章读出什么东西来？

被：也一般。

访：现在不是讲究自己要往出读嘛，自己读出一些东西才是自己的东西嘛。

被：呵呵，我觉得挺一般。我讲了，我也看了一些有关这个的生物知识，就是能结合那些知识去理解，有时候确实感觉语言的东西吧，能够通过文字把一些情景呈现出来，而且语言的这种表达，它是，一般情况下为科学的研究提供了一个依据，但是语文的表达不一样。我觉得诗歌就有很多那种，有点可意会但不可言传的感觉。

访：这是您自己读出来的，在课堂上给学生传达了吗？

被：对，是我自己读出来的，但没给学生传达。这节课我主要设计得很简单，就是让学生基本上能够理解，这首诗就是通过写化石的意义和价值来赞美化石。然后能够在读中理解，就设置了这样一个目标。

被试4 访谈记录摘录

访：其实我更关心您怎么讲？

被：有的知识性的东西就直接讲了。还有一些需要操作的东西就要提供例子，通过分析示例把这个知识给引导出来，就是这样的。

访：有没有发生预想不到的情况？

被：学案中老师讲的时候和学生展示的时候，出现问题的时候要给他纠正过来。还有就是那种突发的，那些学案上也没有设计到的，可能是自己课前也没有考虑到的，那这个你就根据自己的水平和处理的方法了，有的可能课上还处理不了，那就要通过课下的学习去进一步地处理了。

访：自己在教学中思考不思考教学和预想的不一致，教学怎么安排，自己控制自己的想法吗？

被：肯定想，不然就没有办法教了。课前会想怎么教这堂课，学生会有什么问题，怎么样，导语怎么写，如何对学生进行引导啊，课后要反思的，我这堂课有没有达到预期的目标，哪些地方做得不好。因为有时候两个班，轮到下一个班就会改正了。反思一般是对照设计来的，先一个班上完有一个反思，另外两个班之后还有一个反思。

访：您课堂上都想一些什么？

被：根据先前的教案，依据教学目标，比如说读，根据预先设计的如何让学生读，让学生熟读达到背诵的目的。把预先的设计通过自己的控制都传达下去。

访：阅读教学还是有很多的影响因素吧？

被：那是当然的，现在主要是以中考和高考为指挥棒，就从学生陶冶情操和提升阅读能力还是围绕着考试来的。因为摆脱考试进行阅读教学的话就比较费力，一旦考试的结果不太好的话，面对的压力，来自学生的、学校的、家长的压力就比较大。

访：能不能具体地给我说说文本解读这方面。

被：文本解读，比如说刚才提到鲁迅了嘛。还是觉得对鲁迅的作品理解得不是很深入。但是你要解读作者，你首先要对作者有一个全方位的了解，才能够，怎么样能把握。不能你有多少资料就给学生多少资料，学生有时候掌握不了那么多，讲得多了反而不好，容易混淆。怎么样去把握作者的东西，这需要你自己去读很多的东西，不管是文学史啊，还是其他各方面的东西，需要读很多的东西，还有那些名家名篇啊。就像我刚才讲的，你自己读，单纯的作为一个作品读，和作为一个教材读，怎么去把握它，必须结合自己浅显的认识解读其他的资料，读到一个什么样的程度最好有利于你的教学。一定要去学很多的东西。

被试5 访谈记录摘录

访：您教学之初，您本身想从哪些方面去理解？

被：最愁的就是讲古诗了。首先从意象方面，诗歌讲究意象么。柳宗元写这首诗的背景。这首诗我以前没讲过。

访：我就是找了一个您没有见过的，这样您就不会按照固有的程序做了。您只要谈谈您的阅读理解或感受就可以，具体的您能解读出什么？

被：感觉是一个画面，这样一个景象给人一种没有人，就是寒冷。我说不好。

访：您借助材料，您会如何全方位的解读？

被：简要翻译。查资料，了解写这首诗的背景，具体这首诗的意思，表达什么主题，教学方面的方法，借景抒情，景中寓情。

访：教学准备的时候，您会做什么事情？

被：反正就是先让学生自己读，先让他们自己理解，理解不了就用查到的资料引导，看他们能不能说出来。具体的一个知识点，可能就是诗歌的意象和诗歌的意境，这方面简单地涉及一点，然后再讲一些诗人写这首诗时期的心情和心态，引导学生理解这首诗表达了什么样的思想感情。那就是我也会背，但是到底说了什么意思也不知道。

访：那对这首诗准备教什么内容？您分析到了都要教吗？

被：上课的时候不能面面俱到，教得多了他们也记不住。如果是一节课，主要是教写法。因为诗歌啊，最主要的要让他们会写，不一定要写成诗歌，学会如何抒情，再写别的一些片段。

访：会不会设计一些具体的教学目标？

被：呵呵！有感情地朗读，达到背诵。然后积累一些字词，孤舟、蓑、笠等；还有就是理解诗人表达的思想感情。还有就是写法方面的。可能一节课也达不到。

访：您会运用什么具体的教学手段和方式？

被：思想感情和作者分不开，首先要介绍作者，我一般是让学生下去查找资料介绍作者，然后通过作者写这首诗的背景，然后根据本身的诗作，先让学生回答诗人诗歌要表达的思想感情，学生回答能靠过来就可以，离得太远就要引导。

访：您推测，学生拿到这首诗会是什么样的心理反应？

被：他们一般的反应就是把它背下来，理解的时候还是查资料，他们自己理解不了。

访：他们能理解到什么程度？

被：只能理解大概意思，其他的自己说不出来，当然一些表达好的、基础好的、能力强的也能说得差不多。

被试6 访谈记录摘录

访：您现在有没有形成一定的上课思路，比如说以阅读教学为例，您有没有考虑您要让学生学到什么？

被：大的目标就是让学生学会阅读，指导怎么读，读完之后你要知道个大概，你要掌握到什么。这是我想的，因为在考试嘛，我们是以中考为主的，考试主要是那些分儿，现在的中考每一道题是有模式的，像公式和定理一样的。我现在是不想让他们先背这些，就让他们读，有自己的感受就行，没有必要把他们的思路固定死了。而且现在的阅读课，我不想以一种固定的模式去讲，第一步干什么，第二步干什么，因为学生一旦知道了你的思路，他就不会再喜欢这个老师了。他就会觉得讲课就是这套路，没有必要听了，学会你的套路就可以了，会读书了，就是这样的。所以，我每节课就是要读得有新意，比如现在都有多媒体，有时候放放图片。

访：您一遍就把所有的知识点都找到了吗？

被：不可能，第一遍其实我也是先过字词，字词都顺了。然后第二遍可能就快了，快了之后就看一下作者啊，看看下面的注解啊，什么意思。先看课后题，想让学生掌握什么，我得自己心里有数。看完之后，第三遍我才把教参拿出来，看看我想的课后题答案和教参的一样不一样，教参想让学生掌握到什么，比如说重点是这一段，重点是让学生掌握人物描写，那么我就重点去看，对这个人物，文章里哪一段描写得好，那么行。必须得三遍、四遍吧，最少要读三四遍。让学生背诵的篇目，我要提前背，然后引导他们，给他们找到一个好的方法去背。

访：这是您备课读，那么您上课的时候，您让学生读，您上课也在读吧？

被：上课也在读，比如说，重点段落你让他们读，读的方式都不一样。比如说，有对话的就分角色朗读，要不然就是单个读，分组读，还有就是全班齐读。这是文言文和诗歌，散文会读，小说一般不读，因为太长了，读完了就没有时间干别的了。

访：课堂上您还读文章吗？

被：会，先给他们示范读一遍。

访：我是说那种解析性的读。上课给他们做课文解析吗？

被：这个，我会让他们先找，如果预想的问题找到了，我就和他们一块儿去分析，如果找不见的话，我就先给一点提示，这句话是什么意思，你是怎么看出来的，然后用生活中的某一些例子去拉。去靠近。

访：也要进行分析？

被：对。

被试7 访谈记录摘录

访：我主要想了解的就是您拿到一篇课文，从开始接触阶段，到讲课实施过程中，或者讲课实施后，您对课文解读形态的变化过程？我想知道几个核心的问题，如果一起说的话就比较笼统，所以我把这个问题分成几个小的问题。您上课和备课之前一定要自己去看课文吧？

被：对。

访：您都一般会从哪些角度去看？

被：我要是拿到一篇课文的话，首先我会先把课文读个两三遍。先搞清楚这篇文章的体裁，根据体裁了解这篇课文的主要内容，然后再看课后的习题，看这些习题我能不能解决。第一遍把不会的字音先画出来，先查工具书，查到把这字音解决掉。第二遍看课后习题，带着习题看这篇课文，看这些习题我能够答出多少，有把握的或者没有把握的心里有个底儿。接下来我就会接着看那个教参书，现在每个语文老师都有那个教参，然后把教参里面的内容都看一遍，就看我理解和他的那个分析有什么不同，再看课后的习题，我的答案和它的答案一样不。然后再看后面可多的参考资料，再把里面有分歧的东西和大家普遍认为的东西看看，心里面对于这篇课文大致就了解了。我现在觉得教参上的知识点介绍不太详细，一般现在自己有网络，再看看人家做好的课件啊，人家的教学过程啊，人家的知识点是怎么把握的。然后自己开始写教案，确定目标，然后，再怎么设计这个过程。这段时间我反思，我就考虑我怎么教这篇课文，让学生掌握什么知识点，但是，我备学生备得很少，学生的理解误区，理解难度啊，我也考虑但是很少。所以现在的状况是我备好一节课，上课按照我的思路，然后就把这个课讲完了。讲完了，上课有个教学环节应该有，但是我以前的课上很少有。学生你对这篇课文有什么理解，这个上课之前先应该问问学生，你对这篇课文感兴趣在什么地方，你的疑问是什么，不问，我从来不问。我现在的教学对学生重视的程度不够。

访：您的教学目标是怎么提出来的？

被：我还是根据单元目标和教参书上的。

访：您分析的很多东西，举例说，文本解读的方方面面都要讲到吗？

被：《阿长与山海经》，情感目标就是关注小人物的命运，单元训练目标就是，带有自己的情感体验去看内容，然后把握内容要点。我读这篇文章先把这篇文章读上几遍，最初是这样，新课本我接触是第二遍。先把我不会的字词，课本里说的读一读、写一写的字词明明白白的解决，它的音形义。然后就是再读课文，散文课文比较长，主要考虑文章写了什么人，哪些事，具体在文章中阿长是个什么人，鲁迅表达了他对阿长的什么情感态度。从课文中找那些抒情和评价的语句，把人物的形象和性格把握住了，然后在课文中去找作者是怎样去把握这个人物的。

被试8访谈记录摘录

访：初一的时候上过什么课？

被：七年级的第一单元，《走一步再走一步》，《童趣》，《忘了》。这些文章都比较简单。基本都能理解。还有《休息》啊，写作方法都比较简单。

访：能读到的都要转化成您的教学内容吗？或者说您解读到的东西对您的教学起到什么作用？

被：我觉得只能是支持我的教学。因为是课的模式决定的，因为课的主导是学生了，有时候老师有拓展和补充的，不像以前那样自由了。

访：不用老师补充什么内容？

被：不是，是因为课程时间不允许。我们现在就是，第一步学生自主学习，第二步学生自主讨论，第三步是小组展示。就是在小组展示过程中，老师用你的机智点拨学生，有时候由于课时的关系，老师没有办法做到补充该补充的东西。主要限制得比较死。

访：那您觉得您在其中的价值是什么？

被：导学案，也就是组织教学。这节课完成什么教学任务。

访：中间有的学生需要做个别点拨的时候，您会怎么做？文章中应该欣赏到的语句没有欣赏到，老师不用做些什么吗？

被：有时候老师去补充，老师该讲的时候也允许少讲一点。不能多讲。

访：您怎么确定您的讲的内容？

被：一般我讲的时候就是小组展示的时候，他点不到的，我们用追问的方式点出来。

访：能不能给我讲个实例？

被：例如这个《童趣》里面，就判断句。我忘了。就这个"则或千回百也"。学生第一次接触这个，而且后面古文学习判断句是重点，所以有必要在这里点出来。再比如说或学生讲不到的时候，其他组会提出来，学生能解答的老师就不用重复了。

访：老师归纳吗？比如有的学生不知道，有的学生知道，你会怎么做？

被：归纳，有的老师会把关键字词提出来，有时候要借助一些课件，老师做一些课件。做一些练习，用练习的形式把回答总结在一起。

访：那么学案一般怎么出来的？

被：老师备，一般学生的学案也是老师的教案。

访：学案是老师自己写，那么您写吗？

被：写呢。

被试9访谈记录摘录

访：真是耽误您的时间了。我做博士论文，想和各位一线的老师请教些问题，主要是想知道一下您在阅读教学实践中都是怎么做的？

被：我一开始是让学生自读文本，看看学生的预习效果，问的时候好的差的学生都要兼顾到。如果检查的效果不太好，那么在正式上课之前要把预习没有完成的补上。然后让学生再读课文，读的时候会出现一些问题，有的孩子不知道字词，有的知道但是不理解意思。读的时候要看看学生能不能读准字音，会不会写字，能不能解释词语，有的时候要借助工具书来解决学生的字词问题。但是我在这里有个困惑，学生自主学习，字形是关键，让自己呈现的话耗费时间，很困难。给他们设置题，判断哪些正确哪些错误可能有利于学生的记忆。大体看，词语理解是不透彻，学生乱用，需要借助工具书。

访：不知道我们的谈话可以不可以录音，因为我需要把咱们的谈话转录成文字的形式。

被：没有这个必要吧。

访：好，您接着说吧，我尽量做笔录，这个都是自愿的，这样已经很感谢您了。

被：接下来就是整体感知了，整体上感知课文。课文的完整内容学生的脑子里要有，感知需要设置一些问题，要结合文本进行设置，比如说课文整体上讲了什么，课文写了哪几方面的内容，这篇文章的线索是什么等，有助于整体理解的问题。这样可以帮助他们，可以从整体上对文本进行理解。例如，说明文可以问这篇文章使用了什么样的说明顺序。

第三步就是文本的精读了，这个部分的问题设置一定要围绕着教学目标的达成，问题的呈现要有层次性，由易到难。孩子答不上来就去再读文本，这样有助于他们更加深入地理解文本。有些方面的理解需要归纳大意，主要意思，说明哪些方面的对象、特点等。最后还要回到整体上来，总结内容，厘清结构，中心思想。

然后就是形式内容的问题，段落结构，写作结构和安排，写作方法的探讨等。内容很复杂，要对词语和句子进行赏析，有利于学生更好更深刻地把握内容，把握作者的思想情感，可以领悟写作手法的精妙。

字义把握达到的效果和作用，很重要。开头，过渡精妙，根据不同的课文进行也不一样。作者和知识，参考资料很多，学生不容易记住，我就简化了，只要记住几个关键点"名、字、号、籍贯、社会地位、社会评价和代表作品"。有的课文需要一些背景资料，特别是一些古诗词和近现代文的写作背景。

被试 10 访谈记录摘录

访：我现在主要是想知道您一拿到课文，自己阅读，到最后上课帮学生解读文章的这一段时间的心理过程。就是您一拿着文章要读，中间也要读，读几遍，每一次读的时候有什么不同？您说的越详细当然是越好了。

被：我觉得一个语文老师一开始拿到这篇文章，肯定是先入为主的，肯定有自己主观上的想法，像我拿到一篇文章，先了解一下文章的情节、内容及作者的观点啊。有些词语，我要通过工具书去查，看有什么意思。我通常在读一篇文章的时候会联想到其他的文章，其他的文章有没有类似的，这样的道理啊，表现的主题啊，人物形象的相同点和相似点。然后我再去看教参和教案，看他们是怎么解读的。我觉得当老师还是，一开始有自己主观的想法，但是最后还是会往教参和教案上靠，生怕自己的观点不对。还是不太敢讲自己的观点，当然老师也会引着他们，到教参和答案的观点，还是放不开。这几年还好一点，鼓励学生发表自己的观点，即使他靠上，也鼓励他读出自己的感受。而且我感觉现在的孩子确实比以前见多识广了，他们提出的观点还是挺好的。我讲过一篇文章《藏羚羊的跪拜》，挺感动人的文章，一开始学生没有什么感受，我就和他们说："如果我们人类的利益和动物的生存产生冲突的时候，怎么办呢？假如说送给你一条藏羚羊的羊绒披肩，你会怎么做？你要不要？"。同学们都想要。我当时想，这个不应该要，不能见利忘义，这个藏羚羊披肩后有血腥的屠杀，后来经过一定的交流和讨论啊，有些孩子的观点还是非常好的。一个孩子说我要，我要把它埋了，用来纪念藏羚羊。还有的孩子也说要，如果我不要的话，如果不把披肩利用好的话就更对不起藏羚羊了。还有孩子说得更好，我把他拍卖了，我要用它来搞慈善。往往孩子们读的时候没有什么感受，说明学生读得不太深入，或者老师太想让孩子说出自己想要的答案了，太急于求成了。实际上小孩子是需要一步一步地引导的。我觉得老师引导的时候要能找着一个点，一个能在课文中能激发他去课文中能深入挖掘的点，他才能展开自己的思路。

　　访：比如说，您说的点，这个点怎么找？

　　被：我讲了一篇《化石吟》，学生对化石好像没有什么特别的感悟，我就从朋友那里借了两块儿化石，我说我虽然不知道这两块儿化石是恐龙哪个部分，你能不能通过触摸或者观察，能不能激发一下自己的想象，恐龙生活的那个年代是什么样的。因为作者的意图就是通过化石去揭示远古的生物进化历史，培养一种科学的态度，更好地了解过去，去展望未来，对化石具体的感知去想象作者的意图，也可以让我们去了解自然，培养他们理解自然的兴趣，学生平时对自然了解也不太多，讨论的时候就讨论得非常好。他们说，恐龙是食草的还是食肉的，属什么种类啊，什么时候灭亡的，现在还有吗……

被试 11 访谈记录摘录

访：我想知道一个老师从一开始拿到课文到最后进行教学，经历什么样的心理过程？

被：我们一般是按照教学参考书上提出的有什么问题？用什么方式来解答，然后用固定答案来教学生。但是后来效果不是很理想，参考书中提出的问题涉及的面倒是比较广泛，但是它只是个特例，不能解决在实际考试中遇到的所有问题，后来做的就是阅读文体的归类，记叙文，说明了，议论了，像散文，散文看可以继续下降和继续向下分，抒情散文、议论散文、说理散文，然后要根据所讲的题型，再去找训练中的题型，然后把这个题型再细化，比如：标点，比如说朗读了停顿了，考人物描写了，一定要把每个知识点的题给学生举个例子，然后根据每个例子，都教些他们解决问题的方式，这样来做的，最后那自己要选择一些精华的题型，比如说很典型的叙事散文，比如说有六道小题，每道题都涉及了文章中的哪些点，这样的话来指导他们做题。

访：这是考试，那么平时呢？平时我们教学当中，比如说拿着一篇文章，就是我们说的课文，老师们常规的教学。

被：平常还是以考点为主，接下来你要有剩余时间，培养一些他的语文素养啊，把素质好的，成绩好的让他提高，达到欣赏文章，根据文章设置题目这样的目的，来解答的程度的时候才做，但是这种的做法占用的时间很少，因为现在说还是以题型为主，学生在考试当中能解决考试的问题，也做这种欣赏类型的，但是很少。最开始那就是培养孩子阅读兴趣，还是老师去筛选，一开始挑选一些记事的，因为初中生吗，只有故事性强的他才感兴趣。如果这时候就让他阅读议论文什么的，他就觉得难以理解把握，然后就太枯燥了，就是以叙事文章为主。让他知道亲情啊，友情啊什么的，还有细节什么的。一开始就是不提阅读要求，就让读，让他内心有触动，可以设计一段时间的指读。（如果）一开始就要定下你读完就完成什么，那么他就会有压力了，兴趣就会减弱了。一段时间之后，他就会觉得，老师你给我找得少，我自己还要去找，我还能找到更感人的，我还要给大家进行朗读。然后这时候才会提一些要求，比如说你敬佩的人物啊，接下来才是去考虑写法啊，他们提出什么相关的问题，如果考试中出现了这方面的文章，会出哪些方面的题。然后我会检查他们的把握情况。

访：如果您这么做的话，前期您需要做什么工作？

被：拿来一篇文章，之后呢，要读很多遍，考虑这篇文章出哪种题型比较好，或者自己在文章中找写法，找问题。

被试 12 访谈记录摘录

访：您觉得语文讲读课应该给学生讲什么，您有没有一个想法？

被：有，阅读课讲什么呢？根据课程标准，和初一、初二、初三根据教材的编排，根据这个进行教学。都一个计划性，但是也不全然。当您亲自一教的时候，完全和计划不一样，因为孩子们的基础有的太差了，有的孩子连拼音都不会，所以计划得改。一部分尖子生还不错，起码能把文章读通，计划好的也得根据孩子进行变化。考试也使得学生没有学习的信心。

访：您现在读课文，课文已经很熟练了吧？

被：您说的是教某一课的时候吧，应该是没啥问题。

访：您能谈谈您自己是如何读这个文章吗？

被：您是说我怎么教学吗？

访：我是说就您自己读这个课文。

被：实际上每一次读都是一种全新的感觉，去年是那样教，今年可能就变了。我总觉得语文老师必须得认真备课才能上课，不能吃老本，面对不同的学生都得重新审视一下教材，还有就是自己如何去讲，原来那样讲行不行，始终是这样想的。

访：您现在是读完课文才这样想的，还是先思考这些，想着学生，还是先就读课文？

被：我和别人的做法不一样，我一般接到班的时候，先了解学生再去读课文，一般初二、初三的时候把学生的情况摸清楚了，按照学生的基础和他们的能力水平咋样，我想办法如何帮助他们。初一新接手的班，前半年基本上是先考虑学生的，我不了解学生，我给他讲太多或者太深入，他理解不了，所以从学生实际出发，必须重新读课文。

访：也就是了解学生之后再读课文？

被：对，读课文，然后根据教学重难点也好，选个突破还是啥的。一课一个单元，一共五篇文章，那么这三篇文章重点讲什么，那两篇自读我怎么处理，这三篇文章侧重点又是啥，都是说明文，这课是强调学生明白写说明文，要注重抓住事物的特征，这课是说明顺序，这课就是说明方法。我不是面面俱到那种，一课抓几个重点就完事儿了。孩子写人出现问题了，那么那篇文章重点强化，比如讲《背影》那篇文章了，动作描写那是典型，那么就拿这篇文章。哪篇文章哪出的闪光点大，就要根据这个文章，和学生的能力水平确定教学目标和教学重点，这样的话效果好一点。如果我原先怎样教，我还按照原来的方法教，那收获就不行。语文教学这一块，不仅在教，重点还在积累，就是这个积累非常重要，积累多了，他的成绩就提高了。

被试 13 访谈记录摘录

访：您理想中阅读教学课，也就是精读课，您理想中的是什么样的？

被：我应该感觉是，学生都能够积极主动地参与到课堂中来，完了就是并不是你老师讲得好，教得好，主要是你的学生发挥了一定的水平，让他们真正学到了。我感觉，面向全体学生嘛，就应该发挥每一个学生的能动性。阅读课我感觉，最应该锻炼他的朗读水平，让学生读出韵味了，其实学生在读的过程中就能领会作者的思想感情，在读中就能深刻体会。并不是老师讲讲讲，学生其实也没有记着啥。还是让学生多读多体会。让学生重在多参与，多实践。每个学生都应该在活动中受益，学到知识。

访：学生在这种形式的阅读课程中会不会有什么困难，您有没有考虑？

被：阅读困难，现在的孩子理解课文还行，老师最后要概括和点拨，我现在还是觉得老师应该少讲，学生应该多练。

访：班里的学生了解吗？

被：见了一面，然后就过来了。如果要是讲公开课的话，我会上网上去找课件，我想用图片展映，我一般会把课件做得很精致。

访：自己去读的话，会从哪些方面着手？

被：先把大概意思读懂，然后再体会作者所要表达的寓意，完了在教学过程中首先让学生自己读，其实现在基本上都是这样，现在这种诗和古文都是老师边释义边讲，我们也是，像这种图文并茂的，有时候讲诗的时候我就在黑板上，有山的我就画出来，能立体直观地展现，就用画啊，或者是带音乐的，读诗的时候可以放一些优美的更能衬托诗的意境的那种音乐，你老师可以去朗诵，学生可以去听，让学生配乐去读，从读中去感悟。接下来就是句义、字词，就是特别重要的，但是一定要点拨讲解一下的。

访：这首诗您理解吗？需不需要借助一些材料？

被：但是不能老师随意讲，应该看看教案。诗差不多，应该是能理解的，这个小学就有吧。

访：如果给初中的学生讲呢，是不是备到小学的水平就可以了？

被：如果是给初中的孩子讲，我觉得要多下功夫。

访：如果让您读，您能读出什么样的感受来？

被：啊呀，怎么说呢，读出一种凄凉的感觉，会考虑难写的字、难以理解的、作者的思想和写作方面的都要讲。

被试14 访谈记录摘录

访：我把您当作学中文的，您可以畅所欲言，您拿到这首诗的想法，您自己解读，而不是去教学，您是如何解读的。

被：还是容易往教学上考虑，比如说考虑手法啊，什么的。

访：您可以随便谈一下自己的想法。

被：我的想法就是，拿到这首诗首先要考虑诗歌的时代背景，和作者的写作背景，是在什么背景下写的，比如李清照的词，在什么样的背景写的，是什么导致了她的词前后期的区别。从背景上，或者说从文学史这一块儿，来了解这首诗，其次就是分析诗的意象和意境啊这些。我就觉得，古代文学史方面涉及这首诗的材料什么的，看，去了解。像《江雪》这首诗，柳宗元写《江雪》有什么心理，写得让人这么，写得让人这么，独钓寒江雪的那种感觉，想去进一步了解作者写作的原因。分析当时的背景。

访：比如您现在给初中生教学这首诗，您看教学准备中有什么想法？

被：如果我要是给学生讲的话，首先要知道这个属于哪一类中的，写了什么样的思想，表现了诗人什么样的思想。完了就是尤其诗歌嘛，就是意象在诗歌教学中是重点，比如说"孤""舟"啊，再就是一些重点字词。不论是什么文体，可能都有一个字一两个字用得特别好，还有就是我们教学中值得推敲，比如说春风又绿江南岸中的"绿"字。所以独钓寒江雪，可能涉及一些重点字词怎么理解，如果换成别的词。再有就是了解柳宗元这个人，还有就是背景，他为什么可以写出这么有感觉的诗歌，当时的背景是什么样子的。可能会让他们感受。

访：您拿到这首诗，直觉上想让学生知道什么？

被：可能是，如果要我教的话，我会把我的感觉告诉学生，或者说把我的这种想法强加在学生的身上，就是让他们通过心理和背景学习这首诗。

访：还有就是我喜欢诗还有词是因为用的字特别少，表达意思非常丰富，对于现代人写诗来说挺困难的，你看这首诗短短的 20 字可以表达出想要写的那个意境。

访：您想让您的学生学习这首诗达到什么样的目的？

被：我觉得还是应该以感受为主，多去感受诗歌的意象和分析意境。

被试 15 访谈记录摘录

访：一般上课之前，您首先得读文章吧？

被：我教了十多年了，一般保留下来的文章都很熟悉的。

访：您一开始拿到这篇文章，到最后教这篇文章，是一个什么样的心理过程？您是不是每次都要读，每一次读是不是都有不同的感受？

被：简单拿《背影》来说吧，我第一次讲《背影》的时候，让学生自己读，让学生自己品味它，让学生自己带着感情自己去朗读去感悟，让学生谈一谈，这是第一课时。第二课时就是讲常规的线索了，技法了，背景了这些，第三课时做了一个作文训练。等第二轮的时候想到的问题就是如何让学生能主动地去感悟，领着学生去做这些事情，做过一些尝试，就是之前搜集一些让他们感动的事情，再就是把常规的做完，最后写一篇文章是非常成功的。但是，我觉得还有一些更简单的方法，就是让孩子收集背影的照片，父亲的和母亲的都可以，在背影的照片后面附一句感受最深的话，课上就交流了这些照片，说了一些话，课下就是一篇作文，整个这个课时省了很多，然后回过头再读这篇课文就太简单。都有一个慢慢地成长的过程，我现在越来越发现有更轻巧的办法。我们过去都说语文老师太累太累。其实还是没有达到那种举重若轻的程度。

访：我们就以《背影》为例，您一般拿到文章怎么处理？

被：一般我们提倡，自己拿到文章自己感悟，自己把考题中可能出现的词语、句子成分啊找出来，然后在讲的过程中就渗透进去，我一般第三课时采取看教参，看看什么东西我漏了，然后再去补充。有个别同学没有听懂的，这样我才去查东西。我在讲课中比较自由，因为我觉得有些东西语文课堂中有也行，没有也可以，所以我就把这个课堂改了一下，我认为很重要的东西就讲了，不是很重要的东西，尤其是和中考关系不大的东西我就删了。

访：您说的重要和不重要的依据是什么？

被：依据就是人们，品格方面的教育，还有就是善于观察生活中的细节，把细节捕捉到记录在日记里，成为文章中的闪光点。我不太重视线索啊、结构这些死的东西。把这两个要点辨别一下，后面的东西能讲多少讲多少。我有一个口头禅就是，如果你会写，你有感觉，那么就顺着你的思路往下写，不要受任何的约束；如果没有感觉，没有想法，那么就参照学校里教的技法。

访：一个课时的《背影》，您也得读好多遍吧？现在还读吗？

被：《背影》，读法不一样了，一开始主要是课文读，第三遍读的时候就是主要看一下相关的资料，课文本身站在讲台上讲一次就很清楚了，每一句话在心里面都很清楚了。等到第二次的时候看一下就全都想起来了，就不用怎么看了。关键就是，文章所牵扯到的考题，像这种重点的文章，中考中会出类似的知识点。

被试 16 访谈记录摘录

被：朗读教学，整体感觉，朗读是建立对一篇文章的感性认识。

访：对。但也有人提出，不知道您听说过没有，就是说，有的也不适合朗读。

被：是，有的不适合朗读，像说明文、议论文，尤其说明文适合默读。这是它的文体特点决定的，不是所有的课文都适合朗读。朗读教学最适合的、排第一的是诗歌。诗歌、记叙文、小说，有人物的对话描写，比如说《茶馆》，我曾经进行过课本剧的表演，学完一节课，专门扮演不同的角色，孩子表演得很好。

访：您现在对这些课文，哪些适宜朗读哪些不适宜朗读心里很有数了？

被：有一定了解。你比如说，说明文，是吧，咱们自己读一遍，下边默读，你先只读，其他同学来听读，听了之后来探讨问题，我的方法都一样。

访：其实这也算一种解读。我们把解读分为四个层次，这是最基础的层次，就是语音层面和语义层面的解读，这个也是很重要的。尤其对文学作品，文学其中的审美因素之一就是它的韵律。

被：这也是培养他表达能力很重要的手段。为什么很多人读文章没有感情，还是因为没有训练。我们有语文老师家的孩子就是全校的主持人，这跟他每天耳濡目染有关系。咱们班朗读讲得少，以前带的教学班，组成一个团队进行诗朗诵的表演，一点点地培养吧。

访：就是。

被：这个课我从九点开始备课，备到十点半，昨天就基本定了教学目标，教学过程就是用了一个半小时写完了一课时，最后写完之后重新修订。研究文本这块，修订的，从这个文体入手，从文体然后到文本，从文本到语言。

访：这个文章您还重新再读吗？

被：读呢。但读得少了。你看我第二次教学的时候就加了很多东西，很多圈点批注，都是一些自己的认识和教参的认识。这个书已经用了第三届了。

访：您上完课之后这些我都复印一下。当时您设计的为什么都是外面的例子？

被：我当时想了，两种手段，一个是课本，我想用外边的例子更适合他自己去研究琢磨。两种手段都可以，我就想用一二节为例子，落实刚才这三个要求。

访：比如说这个重音，外边的例子更贴切？没往出挑课文里的？

被：里边的例子也行，都行，本身一二节我在家已经读了，两种手段，用课本的例子可能更好一些。就研究一二节，研究完一二节后，学生就会单独分析，也是一种方法。反正语文课难上，同样现代诗，在朗读方面还得变化。语文课和数学课比，没那么强的逻辑性，比如同样是小说，教法不一样。

被试 17 访谈记录摘录

访：除了讲课要好、表达要好，还有课堂的管理、课堂的激励也很关键。

被：学生必须都在听课，而且你看就是一个老教师，他的眼神和年轻老师绝对不一样，他的眼睛能控制全班，我在前边，全班同学都在我的眼里。

访：对。然后心里想着如何去引导他们、控制他们。

被：你比如看孩子一眼，最沮丧的课就是孩子上课没啥变化。

访：您就会考虑如何去调动他？

被：很沮丧，下来这课很沮丧。你看小刘上的课，孩子们就会针对一个问题去争鸣了，下课以后还想和老师探讨，这就是一节好课。我认为，如果是学生积极参与，就是一节好课。学生有积极性，有兴趣去听，有积极性去参与教学课程，肯定是一节好课。

访：比如说学生在那儿已经有问题了，您在当时怎么考虑的？

被：一个是问题设置的不合理，第二个就是内容枯燥，就是教学手段单一。

访：您说的手段指什么？是表达手段还是？

被：就是组织教学的手段。比如你让学生回答问题，你可以让他一个人不举手，你可以让所有人都举手。你比如我下节课的教学，问题简单，他的积极性就很高了。因为难度低，好找，"请大家找出你喜欢的句子，并说明原因"。赏析，要求高。

访：像《化石吟》，下次您把它确定在修辞手法上？

被：对，就是拟人修辞。

访：这个确定和上次还不一样。

被：这次就是，一个是寻找修辞，找拟人修辞，第二品味它的好处，第三个就是仿写。完成课后思考题第一题。

访：你为什么确定这个拟人修辞？

被：本身是写作手法，是重点。

访：但它这个课前提示上也没说。

被：对，就是教学参考书里有。还有这首诗语言运用最大的特点就是拟人手法，还有比喻啊，设问啊。第二节和最后一节，它形成一个设问，而且把课后题结合在一块了。昨天我和我爱人还探讨，拟人作为一种写作手法和修辞手法有什么区别。

被试 18 访谈记录摘录

访：您怎么看《江雪》这首诗？

被：这种诗，第一步一般是从节奏方面考虑的，第二步就是找重音。想往出立体了哇。第三方面就是整体理解了，第四步就是具体理解了嘛。读出了最后两句里的孤舟和独钓，柳宗元是不是受排挤的了，孤独，在江上寒冷了。后两节，表达出不顺畅的境遇了。我拿住这个东西就是想着怎么教，就定格在这个思维中了。真要说读出什么还真说不出来。我怎么样说的他能接受了，他能理解在哪里，我在什么地方给他帮一下，我的定格就是这样的。要是和你像中文专家那样还真说不出什么来。这种谈话和您说不出来。

访：您一开始教书的时候就是这样的思维方式吗？

被：啊呀，一开始教书的时候，就是定位于自己把文本读懂了，怎么给学生讲清楚。

访：您自己读懂是不是要借助一些参考书？

被：了解一下这首诗的背景。我们通用的就是教学用书。再加上要想其他资料就是上网找。

访：你一拿上这首诗，就是想着自己读懂呢，还是一边还想着教学生？

被：读的时候就想着学生，我就想这个地方我还拿不准，学生一定也是难点，就是教学中的难点。每次读的时候，就是我们要求的备教材和备学生，自己觉得拿不下的地方就是学生难的地方，那你如何帮助学生把它理解，拿下来，或者用什么办法让他理解了，这就是备学生了。

访：您一开始教书的时候就是这样？

被：一开始教书的时候就是自个看呢，闷头自己看，看懂了就给学生教了，有时候你说的东西学生也没有理解，没有接受，还是和学生脱节了。后来你发现你自己做得不对，您看下面的学生都是闷头的，一头雾水，那就要调节自己了，学生就是那个理解水平，不能强求学生。

访：您就这首诗，读懂了之后您会给学生教什么？

被：我给教的，就是给学生教诗的节奏啊，重音啊什么的，再就是诗的节奏。第二就是帮助学生赏析名句，赏析名句就是拿住诗的主旨了。有时候可以带个小练笔。

访：您设计的目标呢？

被：就是现在要求的三维目标了。

被试 19 访谈记录摘录

访：当时上课的心理还记不记得了？

被：记得，当时上课的时候，你设计得挺好，讲的时候吧，老怕什么都说不到，哪怕是一个标点符号也想让孩子们知道。当时备课吧，什么也想让孩子知道，太细了，为什么这里省略了？连个问号都想问一问。就觉得太细了，什么都想问一问，反正挺不成功的。听了别的老师的大框框，人家一节课特别好，但是我觉得我这种教学呢，学生的基础也扎实了。因为我这些都讲到了，因为我备课的时候教参就提到了，这里的省略很重要。可以说第一节课不太成功，比较乱，和你设计不相符合，没达到那个效果。想面面俱到，我感觉我的语文课不是很成功，啥也想说，说得太多。给学生自主学习的时间比较少。

访：您能具体说一下吗？

被：比如说，给学生阅读啊、合作探究的时间少。老想自己讲，这个知道不，不知道，那么我就说。那个词什么意思，我又想说。他要是不回答，我就说，比如这个词是什么意思，他不知道，我就说。

访：您觉得您现在教学怎么样？

被：我觉得我现在越来越成熟了，讲课。

访：您说的成熟有什么表现吗？

被：大部分能把教学目标完成。

访：现在读文章和以前是不是就不一样了？

被：前面应该和以前是一样的，教师备课必须把文章读懂，只要是讲读的课文都要弄清楚，我才教了 7 年，要说也不是那么滚瓜烂熟，返回头还得认真读。

访：有没有两次感受不一样的？结合具体的例子给我谈一下。

被：尤其讲古文，感受最深。比如说讲《爱莲说》，第一遍只懂得翻译，重点的翻译，学生会背了，觉得让学生学会了。第二次就觉得里面的内容就多了，好像是按照现代文的结构去理解。

访：那么前期的构思是不是也不一样？

被：反正是感觉第二遍比第一遍更懂这个文章了，从写作意图方面去构思了。

访：您第一次也看教参，您也知道要讲什么吧？

被：第一次看教参，也是特别简单，你也没有想到这么多。第二次就比第一次死记硬背强多了。

访：现在感觉好多了？

被：不能说是好多了，一次比一次强吧。

被试 20 访谈记录摘录

访：比如以您最熟悉的一篇课文为例，一般您读第一遍的时候是怎么想的，您要读好几遍吗？

被：我就是教这个《登上地球之巅》，这篇课文写登山队员登上珠穆朗玛峰，带着国家的荣誉去的，我们中国人第一次登上世界屋脊的描述，一开始我在读的时候就想呢，就是看到事情发展的顺序一段一段地开展教学，然后其中的字啊、词啊、标点啊，人物动作描写啊，心理描写啊，然后对人物的精神品质啊，爱国精神的赞颂啊，这些进行设计。后来我一想呢，如果按这个一步一步地进行设计，就好像是牵着学生的鼻子走，他会觉得老师你都安排了，我能答我就答了，我不答坐在那里不思考，也没有什么事。后来我就想，读完让他们找一下有几位登山队员，他找到有四位登山队员，然后我就问"真正登上世界屋脊的有几个人？"他说有三个人，那我说："根据标题和根据课文的叙事内容，那么整篇课文是不是围绕登上山顶的三个人叙述的呢？三个人是详写，另外一个人是略写吗？描写三个人心理活动的语句有哪些？"然后他们通过朗读发现呢，这三个人的语句非常少，只有三、四行，对他们的语言和动作的描写。我说，这么长的一篇课文那么就没有内容了吗？那么描写的是什么？那么学生就有兴趣地去读了。他有这种自己思维拓展的成就感。然后他们通过自己的阅读，发现全文主要是描写那位没有登上世界屋脊的队员。

访：您怎么想起做这个？把这部分教给学生啊？如果您仔细分析文章，是可以分析出很多东西来的，那些东西您都分析了吗？是不是方方面面都得知道？

被：是。首先自己要把所有的方面都要考虑到，作为老师自己要多读课文，关于这种文体主要涉及的题型都有考虑到，考虑到之后呢，因为你每天都在讲课文，而前面的叙事课文也有，有很多的知识点已经讲过了，围绕这篇课文你要设计哪几个问题。也就是说不能一篇课文都面面俱到，这篇课文所有题型都做一遍。那么这一篇课文的标题，《登上地球之巅》，标题高度地概括了这篇课文的全部内容，就是讲四位登山队员登上山顶的过程，首尾有没有呼应啊，然后其中的标点什么的，人物描写啊，还有词语的运用啊。当所有的问题都准备好，之前的几篇课文介绍了几个知识点，这篇课文最突出的能体现哪个知识点，然后你要设计几个问题，并不是一篇课文把所有的知识点都重复一遍，你这一节课设计的教学目标要体现哪几点。

访：像这种叙事性的文章，您都会从哪些方面去考虑？

被：首先就是叙事的要素，时间、地点、人物、事件，叙事的详略，然后就是叙事的线索，如果是事件呢，分析起因、经过、结果。如果有人物描写呢，还要把握主人公是谁，对他的外貌、动作、行为、心理这几方面描写都能够区分。

附录3：访谈反应编码手册

编码手册

分析维度	维度编号	变量名		代码说明
个人信息	1	年龄	1	30 岁以下
			2	30 至 40 岁
			3	41 岁及以上
	2	性别	1	男
			2	女
	3	专业	1	中文
			2	非中文
	4	最高学历	1	中专
			2	专科
			3	本科
			4	硕士研究生
	5	职称	1	无
			2	中教三级
			3	中教二级
			4	中教一级
			5	中教高级
	6	学段	1	初一语文
			2	初二语文
	7	教龄	1	4 年以下
			2	10 年以上

分析维度	维度编号	变量名		代码说明
文本解读知识	8	内容性知识	1	不熟悉文本解读的相关概念，不能深入理解课文
			2	对文本解读的相关概念较为熟悉，基本理解课文
			3	熟知文本解读的相关概念，课文理解深刻
	9	实体性知识	1	不熟悉文本解读的角度、策略和方法
			2	基本熟悉文本解读的角度、策略与方法
			3	熟知文本解读的角度、策略与方法
	10	句法性知识	1	不知道如何对课文意义做出合理性解释
			2	大致知道如何对课文意义做出合理性解释
			3	熟知如何对课文意义做出合理性的解释
文本解读教学知识	11	文本解读知识表征	1	表征文本解读知识的形式单一、僵化
			2	表征文本解读知识的形式较为多样、灵活
			3	表征文本解读知识的形式多样、灵活和有创造性
	12	对学生文本解读基础及思维的理解	1	很少考虑学生文本解读的基础和思维特点
			2	虽然考虑学生的文本解读学习，但是往往不能准确了解
			3	常常联系考虑学生的文本解读学习，非常熟悉学生文本解读学习情况
	13	文本解读课程知识	1	不知道根据课程安排系统组织文本解读材料及学生已学和将学的文本解读知识
			2	大致知道根据课程安排组织的文本解读材料和学生文本解读学习进展
			3	清楚知道根据课程安排组织的文本解读材料和学生文本解读学习进展
文本解读教学推理	14	组织	1	缺乏课程意识，所教课文的文本解读知识结构缺乏系统性和条理性
			2	具有课程意识，所教课文的文本解读知识结构具有基本的条理性和系统性
			3	可以依据课程目标和进展，对所教课文的文本解读知识进行批判性评价、整理和重构
	15	表征	1	对文本解读课程材料的表征方式单一、僵化
			2	设计较为灵活多样的文本解读课程材料表征策略与方式
			3	针对文本解读课程材料设计多样合理的表征策略与方式
	16	选择	1	文本解读教学课程活动形式单一
			2	结合文本解读课程设计比较合适的教学组织形式
			3	根据文本解读课程特点设计相应的教学活动形式
	17	适应	1	没有联系学生文本解读学习的实际情况
			2	考虑学生文本解读学习的实际，但是考虑得不全面
			3	紧密联系学生已有文本解读学习的实际情况，对学生情况把握准确
	18	裁剪	1	忽视学生对文本解读课程材料学习的个体差异
			2	意识到学生文本解读知识学习的个体差异，但对具体情况了解不充分
			3	准确把握班级学生各个层次和个别学生文本解读学习的实际情况

附录4：定性评价结果

文本解读知识评价结果（摘录）

个案	内容性知识		实体性知识		句法性知识	
	描述	代码	描述	代码	描述	代码
1	听课的老师说，深度有了/以前课文中的句子我就去分析了/老师先去看看，下节课再告诉你们/我感觉，大学出来素养还能到/但是具体的篇目就有点欠缺	2	（对文本解读）文学史还很有用/比如说文艺理论里的期待视野等就很有用/第一遍就是粗略地看一下，主要是思想感情。第二遍就是线索啊，说明文的顺序呀，方法。第三遍就是重点语句	2	但是看文中的父亲是怎么做的，孩子做了那样的举动，甚至都有生命的危险，父亲有没有打他，那么看父亲有什么特点	3
2	能理解文章的主旨，作者的写作意图/应该分体裁/写作手法啊，语言特色啊、托物言志啊、借景抒情啊/作者的写作意图，或者人物形象/诗歌是很讲究意境的吗/写作手法、语言特色等/可能作者陷入了一种很孤苦的境地，郁郁不得志吧/老师不借助教参通过阅读经验啦去解读，也不一定能解读得到	2	能理解文章的主旨、作者的写作意图。我感觉就是读懂了/至少文学理论应该对文章的解读是有关系的/一些常用的诗歌鉴赏的方法吧/首先要看看创作的背景，然后具体的分析一些诗歌的方法	2	从这几个字词角度去品析。从诗眼的角度去解析，去品读/了解一下作者的生平，要解读这首诗歌的话必须了解的/这是哪一类诗是吧？这应该是写景的吧。我感觉还是属于借景抒情一类吧/绝就是消灭和没有的意思，鸟飞绝就是看不见飞鸟了	1
3	首先从意象方面，诗歌讲究意象么/感觉是一个画面，这样一个景象给人一种没有人，就是寒冷。我说不好/在钓鱼，雪景的情况写凿开了冰窟窿在钓鱼	1	简要翻译。查资料，了解写这首诗的背景，具体这首诗的意思，表达什么主题，教学方面的方法，借景抒情，景中寓情	1	首先要介绍作者，我一般是让学生下去查找资料介绍作者，然后通过作者写这首诗的背景，然后根据本身的诗作，先让学生回答诗人诗歌要表达的思想感情，学生回答能靠过来就可以，离得太远就要引导	1

续表

个案	内容性知识		实体性知识		句法性知识	
	描述	代码	描述	代码	描述	代码
4	现在，也是一开始看课文，然后有教参、教材什么的，通过教参和教材我们再看/因为小说主要是三要素，我们主要是分析人物，人物的性格，然后就是设计的问题都是围绕着人物展开的/学生怎么想的都可以/比如说讲一篇小说，人物、情节和环境。那么我们就要围绕这三点来讲。人物，找出来，里面有什么人物。然后呢情节，开端、发展、高潮、结尾。然后环境，环境是为什么而写，衬托人物的性格。重点还是以人物的性格为主/他们（有经验的教师）对文本已经相当的熟了/比如说这个老师的知识点我没有想到	2	那我就会说，那么我们只要自圆其说就可以了/让学生找一些人物的对话，或者是他的外貌，或者是衣着，或者是细节描写的句子，从这些句子里你能发现什么，发现这个人物有什么样的性格	2	这句话是表现出林黛玉的谨慎小心，那么课文中还有哪些话表现出林妹妹谨慎小心的性格呢？那么学生就可以在课文当中去找了，比如说林黛玉是贾母的外孙女儿，肯定是很亲的人，第一次进去的时候，林黛玉本来是想给贾母下跪，但是贾母一把就把她给抱住了，先两个人哭了一下，后来呢林黛玉再行跪拜之礼，可以看出林黛玉这个懂礼节、谨慎、小心的性格。还有呢，这是学生找到的，我没想到他们能见，这点我是想给他们点出来的。还有就是在吃饭的时候，（林黛玉）看这个，看那个，看了一圈之后，她自己再吃，这个水是干吗的，这个毛巾是干吗的，这些学生都能找见	3
5	先搞清楚这篇文章的体裁，根据体裁了解这篇课文的主要内容，然后再看课后的习题，看这些习题我能不能解决/然后再看后面多可的参考资料，再把里面有分歧的东西和大家普遍认为的东西看看，心里面对于这篇课文大致就了解了/我现在觉得教参上的知识点介绍不太详细，一般现在自己有网络，再看看人家做好的课件啊	2	因为你对人物的理解并不一定是作者的理解，必须深入文本看看人家是如何理解的，你不能说你读出这个了，你得看人家是怎么表达的，有自己的情感体验，但是也不能脱离人家要表达的意思/再抓住关键的语句啊、词语啊再去分析	3	就说鲁迅对阿长的外貌描写，黄、胖而矮，虽然人家没有用语句写人有什么样的眼睛，什么样的鼻子，但是一看就可以表现出人不讲究（不修边幅），就是个普通人，长得不好看，通过肤色和身材就把人物和其他人物（的区别表现出来），就三个字/那么为什么我在不高兴的时候直呼阿长呢。因为那样的家庭教育是重视礼节的，孩子也直呼其名，大人也不管，学生就可能想到这些了。还有就是吃福橘的事情，学生也就能联系起来了	3

续表

个案	内容性知识		实体性知识		句法性知识	
	描述	代码	描述	代码	描述	代码
6	可能也是在上大学的时候下的功夫不够，学生在课堂上提出的一些问题不能给予即时的回答/但是忽视一些小的细节，有的学生抠得比较细/现在，从了解作者，了解作者写作的时代背景，中心思想，写作方法/老师有教学参考书，一般在上课之前，自己读课文，有一定的理解后再看那个参考书/七年级的第一单元，走一步再走一步，童趣，忘了/写作方法都比较简单	1	参考书上有一些指导性的意见，会提一些问题，这样去做	1		1
7	初步读的时候就是看这个文章讲了什么，作者要通过文字表达什么，那么这就是讲课之前读课文/首先是对作者，首先要了解作者吧，然后就是他写这篇文章的时代背景，看文章的内容是什么/然后结合文体，散文、小说、议论文和散文对待的方式肯定是不一样的/还有就是现代文和古文也是不一样的/另外，写作手法也是一个方面/大体就是这些/作者背景是首先要知道的，然后就是对文章的整体把握，作者的思想感情啊，写作意图等，还有就是里面的修辞啊、写作手法啊/各方面啊，完全去解读文章的话，不借助外在的一些东西和资料的话一般是做不到	2	还是觉得对鲁迅的作品理解的不是很深入。但是你要解读作者，你首先要对作者有一个全方位的了解，才能够，怎么样能把握/怎么样去把握作者的东西，这需要你自己去读很多的东西，不管是文学史啊，还是其他各方面的东西，需要读很多的东西，还有那些名家名篇啊	2	但是给学生讲的深度要考虑一下，学生理解不到，可以通过讲故事，或者是结合学生学过的鲁迅的文章进行学习	2

个案	内容性知识		实体性知识		句法性知识	
	描述	代码	描述	代码	描述	代码
8	回到整体上来，总结内容，厘清结构，中心思想/形式内容的问题，段落结构，写作结构和安排，写作方法的探讨等/如果不交代的话学生的理解会有困难，只有结合写作背景才能更好地领悟作者的思想感情/比如说《背影》这一课，作者的父亲去车站送他，四次掉泪，父子情深，分别的时候非常伤感，在三维目标中必须要有体现，纯粹的父子情感/个人能力有限，有时候借助材料	3	如果不交代的话学生的理解会有困难，只有结合写作背景才能更好地领悟作者的思想感情/回到整体上来，总结内容，厘清结构，中心思想/形式内容的问题，段落结构，写作结构和安排，写作方法的探讨等/有些方面的理解需要归纳大意，主要意思，说明哪些方面的对象，特点等	3	比如说《背影》这一课，作者的父亲去车站送他，四次掉泪，父子情深，分别的时候非常伤感/再熟悉的文章还得看，文章的理解没有深浅/如果不交代的话学生的理解会有困难，只有结合写作背景才能更好地领悟作者的思想感情	3
9	我通常在读一篇文章的时候会联想到其他的文章，其他的文章有没有类似的，这样的道理啊，表现的主题啊，人物形象的相同点和相似点/赏析语言，同时从这个写作手法上去借鉴	3	说这首诗讲得非常妙，妙在什么地方呢，必须用品的形式去品味/那你想想一万年的生物进化史用诗的形式来表现非常不容易，其实就是把一万年的生物进化史来体会，必须从诗的语言入手，就是赏析语言，同时从这个写作手法上去借鉴	3	为什么这是首抒情诗，其实就体现在这两句上。后面还有一句，你神奇的大自然。前面还有，化石否定了造物主的存在。那么印证了大自然为我们留下了生命繁衍的证据，而并不是什么上帝造人，女娲造人，宗教是宗教，从科学的角度讲，那就是大自然的进化，化石是其中的部分	3

续表

个案	内容性知识		实体性知识		句法性知识	
	描述	代码	描述	代码	描述	代码
10	后来做的就是阅读文体的归类，记叙文，说明文，议论文，像散文，散文看可以继续下降和继续向下分，抒情散文、议论散文、说理散文/比如说朗读了停顿了，考人物描写了，一定要把每个知识点的题给学生举个例子/首先就是叙事的要素，时间、地点、人物、事件，叙事的详略，然后就是叙事的线索，如果是事件呢，分析起因、经过、结果。如果有人物描写呢，还要把握主人公是谁，对他的外貌、动作、行为、心理这几方面描写都能够区分	3	首先就是叙事的要素，时间、地点、人物、事件，叙事的详略，然后就是叙事的线索，如果是事件呢，分析起因、经过、结果。如果有人物描写呢，还要把握主人公是谁，对他的外貌、动作、行为、心理这几方面描写都能够区分。那么外貌描写哪些是描写人物的词语。动作描写能够体现动作的词语，他用的好处，好在哪里，那么人物性格的哪一方面，所有的写人记事的记叙文的几个方面	3	那么外貌描写哪些是描写人物的词语。动作描写能够体现动作的词语，他用的好处，好在哪里，那么人物性格的哪一方面，所有的写人记事的记叙文的几个方面	3
11	您说的是教某一课的时候吧，应该是没啥问题/都是说明文，这课是强调学生明白写说明文，要注重抓住事物的特征，这课是说明顺序，这课就是说明方法	3	都是说明文，这课是强调学生明白写说明文，要注重抓住事物的特征，这课是说明顺序，这课就是说明方法/你看看圈点勾画出来你能够发现作者是如何巧妙地用这些词的，而且这些词正是按照空间顺序来写作的，这种方式是不是比直接那样讲的方式更要巧妙一些，让学生很快能理解这些方位词的运用，而他那样说是很模糊的	3	今天听了一节课，听的是《故宫博物院》，他就是完全按照课件讲的，我就和我以前的进行对比。这是一篇说明文，是按照空间顺序来写的，但是他讲的是按照课文的平面图进行讲解的，就是文中的顺序讲的，依次按照课件，说按照故宫在北京城的位置。但是另外还有角度，看文中都有哪些方位词，让学生在文中都勾画出来，你看看圈点勾画出来你能够发现作者是如何巧妙地用这些词的，而且这些词正是按照空间顺序来写作的，这种方式是不是比直接那样讲的方式更要巧妙一些，让学生很快能理解这些方位词的运用，而他那样说是很模糊的。方式非常关键和重要，要注意方式方法，而且恰当的方式方法会让孩子受益终身的，有的文章都是心灵的震撼	3

附录 5：访谈研究设计及过程

一　访谈研究设计

（一）访谈目的及变量

访谈的主要目的是为了获得一线语文教师文本解读教学化的真实想法，作为语文教师文本解读教学化理论研究的验证，为新教师和有经验教师文本解读教学化的比较收集可信度高的资料。基于本研究的思路，本研究将被试确定为初中语文教师，这些教师最好是出于相同的学段，这样可以尽量排除相关变量的影响。因为要做新手教师和有经验教师的对比研究，所以本研究有针对性地进行了访谈个案的选择，一部分教龄在 4 年以下，一部分教龄在 10 年以上，然后综合职称和学历等因素确定有经验教师和新手教师作为被试。本研究将访谈的主要变量内容以表格的形式列出（见表）。

访谈研究变量内容

分析维度	维度编号	变量名
个人信息	1	年龄
	2	性别
	3	专业
	4	最高学历
	5	职称
	6	学段
	7	教龄
文本解读知识	8	内容性知识
	9	实体性知识
	10	句法性知识
文本解读教学知识	11	文本解读知识表征
	12	对学生文本解读基础及思维的理解
	13	文本解读课程知识
文本解读教学推理	14	组织
	15	表征
	16	选择
	17	适应
	18	裁剪

由于，语文教师文本解读教学化的加工模式和心理监控的信息收集需要深入教学情境进行案例追踪而且周期较长，在本研究现有的研究条件下没有搜集这两个方面的资料的时间和被试方面的保证，所以本研究没有将这两方面列入实证研究的范围。文本解读教学化推理中的"理解"可以通过文本解读知识部分进行考察，所以本书实证研究部分也没有将其作为独立的变量列出。

本研究在调查的过程中，主要围绕以上几个变量，收集被试在以上变量方面的特征，为进一步的研究提供材料依据。

（二）访谈问题和形式的设计

本研究采用开放式的访谈形式，利用这种形式可以有利于访谈对象充分表达自身的认识，获取对于本研究具有价值的真实材料。本研究首先依据文本解读教学化原型理论和实证研究目的编制了访谈提纲。本研究访谈提纲的问题以格罗斯曼对英语教师学科教学知识研究的问题为蓝本，然后通过与一位从事语文教师研究的博士生一起讨论后确定访谈初稿。为确保研究所得信息的现实针对性，本研究访谈提纲还征求了其他三位一线语文教师的建议。在实施访谈过程中，本研究根据访谈需要对访谈提纲做了适当的修正。

研究访谈提纲的内容包括访谈时提问的问题及形式，尽量采用"漏斗形"原则对问题的顺序进行了设计。访谈提纲具体内容见附录1。

（三）访谈问题反应方式设计

因为本研究采用了开放式的访谈形式，所以根据访谈要求和研究目的，本研究建立了一个代码系统对被访谈者的信息进行反应和记录。被访者的个人信息本研究采用填空式反应，对于具体的考察变量，本研究采用量表式反应方式，采用间隔数据类型。具体内容见附录3。

（四）试谈与访谈设计的修订

本研究只选择了两名语文教师作为试谈对象。试谈对象是一位有经验的男老师，这位老师是一位具有10年以上教龄的县级中学有经验语文教师。另外一位是一所普通中学的具有1年教龄的女老师。通过和这两位老师试谈，本研究对原有的访谈提纲做了一些修正。

本来本研究想通过《江雪》这首诗歌来考察语文教师的文本解读知识、文本解读教学知识和整个具体的文本解读教学推理。但是通过试谈本研究发现，如果单纯选择初中教材外的一首诗，并不容易考察到"文本解读课程知识"等关键变量的信息，所以本研究后面就采用了课内外文章相结合的形式进行访谈。本研究在试谈后对一些问题的表述也进行了具体的调整，以适合于语文教师的本身的"本土概念"体系。本研究针对原先访谈灵活性不强的问题，对访谈的形式和问题的顺序进行了局部的修改。针对访谈时间方面的考虑，本研究对问题还做了一些精简。

至此，本研究的访谈提纲基本确定下来。本研究在具体的访谈中根据实际情况对访谈提纲不断地进行着调整，但是核心的内容是围绕访谈提纲进行的。

（五）访谈人员

访谈人员为本研究的研究者。

二　访谈过程

（一）访谈前的准备

由于访谈内容都是由访谈者本人设计，所以在访谈之初访谈人员对于访谈内容是非常熟悉的，对于访谈的结构和达到的目标都很明确，这样可以保证访谈者的注意力都可以集中到访谈者身上，确保访谈中与被访者的合作程度。

为了尽可能地熟悉被访谈对象，访谈人员对被访者的背景信息进行了了解。本研究选择的被访人员都是参加"国家骨干教师培训计划"的语文教师，访谈人员事先和班主任及辅导教师对这些老师进行了了解，预先有针对性地制订了访谈的计划。参加访谈的被访者共有26位，其中男老师5位，女老师21位。

访谈的地点选择在访谈人员的办公室，因为被访者在访谈人员所在工作单位的学生宿舍住宿，这样从交通上比较方便。另外，办公室环境有利于访谈的进行。访谈时间尽量安排在被访者的业余时间，这样可以保证被访者参与的积极性和主动性，提高访谈信息的效度。

在访谈前，访谈者准备了访谈所需的录音笔、记录本、圆珠笔等。另外，访谈者随身携带自己的学生证、工作证和身份证。另外，访谈者为每一位参与访谈的老师赠送了一个高档笔记本作为礼品。

（二）接近访谈对象

因为被访者都是语文教师，这些教师都是本着学习的目的来培训的，所以这些教师对于语文教育研究都有积极的心向。访谈人员以博士生的身份与他们进行接近，这些老师表现出很高的参与积极性。访谈人员介绍研究目的后，被访谈的教师表现出较强的表达愿望。从整体上看，被访者表现出来积极的合作态度。

（三）访谈与提问

访问的过程以访谈提纲为依据，针对不同老师的情况作了适当的问题提问方式的变化。在具体的问答中，如果遇到模棱两可的回答和不完整的回答，访谈者进行了有针对性的追问，追问的形式包括详尽式追问、系统追问和假设追问几种方式，尽量能够获取访谈所需要的信息。

访谈过程中，访谈者尽量鼓励被访老师对所提的问题进行回答，消除因为对所问问题能不能做出合适回答而形成的心理压力。面对同一个变量，访谈者访谈的时候尽量能够从几个角度适当设计一些信度检验的问题，以对被访者的回答反应做出准确的判断。

（四）访谈的记录

为了消除被访者的顾虑，访谈的时候只有一名访谈人员在场，所以访谈的过程访谈者大部分进行了全程的录音。录音前都征求被访者的同意，做好了被访者的思想工作，并讲明了研究结果的保密性和研究伦理方面的利害关系。其中有一名被访者不同意进行录音，所以改用笔录的形式，其他被访问者都愿意对访谈内容进行全程录音。这样，研究者就可以专注于提问和倾听，保证访谈的有效进行。访谈事后，访谈者将访谈录音全部转为文字，作为定性研究的原始材料。为弥补录音文字在记录被访者非言语信息上的不足，本研究还建立了访谈笔记，记录访谈过程中的非言语信息，丰富了定性研究的材料。

（五）访谈的结束

本研究依据访谈内容的进程和访谈时间来决定访谈的结束。一般情况下，访谈在 40 分钟左右内容基本完成，被访者访谈的积极性较高，所以本研究将访谈内容尽量在 40 分钟左右结束。访谈结束访谈者对被访问的老师表示了感谢，并且互相交换了联系方式。有的语文教师就他们感兴趣的语文教育教学中的问题与访谈者进行了交流，并且愿意以后建立长期的合作关系。最后，访谈者以一个高档的笔记本作为感谢的礼品。

（六）访谈信、效度检验

本研究 26 位被访者为来自于内蒙古各地区的初中语文教师，来源范围广，带有随机取样的性质，具有典型代表性。具体内容见下表。

　　整个访谈研究过程中，被访谈的老师都显示出主动参与的态度，访谈前都准时到达访谈现场，访谈进行中乐于回答访谈者提出的问题，并会就一些问题和访谈者形成交流。访谈结束后，很多语文教师都十分诚恳地和访谈者交流关于语文教育教学的问题，从材料的来源方面看本研究获取的访谈结果具有较高的可信度。

　　从访谈中获取的信息看，绝大多数被访谈者都针对访谈提纲中的问题作了回答，根据访谈者自身访谈中的感受认为，被访谈者所表达的想法应该真实地反映了被访问者对于所问问题的想法，从这方面说也保证了获取信息的有效性。

　　为了提高访问结果材料的有效性，本研究在访谈结束后对材料进行了严格的审核，对于不符合本研究要求的被访问者的材料进行了剔除。

被试基本资料

变量	类别	新手教师	有经验教师	总数
年龄	30 岁以下	9		9
	31—40 岁	1	8	9
	40 岁以上		2	2
性别	男	1	3	4
	女	9	7	16
专业	中文	10	10	20
学历	专科	2	1	3
	本科	6	8	14
	研究生	2	1	3
职称	无	5		5
	中教三级	1		1
	中教二级	4		4
	中教一级		8	8
	中教高级		2	2
教龄	4 年以下（包括 4 年）	10		10
	10 年以上		10	10
所教学段	初一	8	9	17
	初二	2	1	3

（七）访谈结果的整理

　　在访谈后，本研究对访谈结果进行了整理。首先通过阅读原始材料，对其中被访者的材料进行了鉴别，对不适合本研究的被访者材料进行了剔除。其中，有一位被访者已经脱离一线语文教学 5 年，但是被访者在前期考察中没有了解到这一点，所以在访谈资料整理中就把这位老师的访谈记录排除在材料之外了。还有一位老师虽然有很长的教龄，但是以前是数学教师，本研究在做定性分析的时候将这位老师的访谈材料纳入，但是在新老师和有经验教师对比研究中没有采用这位老师的访谈材料。

本研究访谈人员依据事先编制的编码系统对保留下来的访谈结果进行了整理。整理的时候，对于考察的变量采用量表式的反应，由访谈者本人对被访者的访谈内容进行定性，并把定性的依据性描述附在反应代码的旁边作为参照性依据。具体的编码摘录见附录5。

（八）访谈总结与反思

总体来说，由于访谈前期准备得比较充分，访谈进展得比较顺利，从绝大多数被访者那里得到了文本解读教学化的真实信息。利用深度访谈确实可以深入地理解语文教师内心的想法，获得非常广泛和丰富的资料，而且研究人员可以根据具体的情境获得一些始料未及的信息，这些信息丰富了研究内容，开拓了本研究的视野，对于验证理论和提出新的观点具有重要的价值。另外，通过灵活变换访谈的方式可以提高获取信息的针对性和灵活性，并通过一些非言语信息来对访谈资料进行定性分析，提高了研究的有效性和信度。

另外，在访谈的过程中，本研究意识到，语文教师文本解读教学化水平研究很难进行量化，其水平具有整体融合性的特点，把整体素养分成一个个点去考察，有的时候很难对其水平程度做出判断，这给后续的材料分析带来了难度。

访谈也有一些需要改进的地方。在访谈的初期，由于访谈者经验不足，在提问的灵活性和追问的技巧方面有所欠缺，有两个被访者的信息不是很精确，需要结合整个访谈的情况对于反应进行定性的处理。另外，访谈初期由于在准备工作方面的疏漏，有两位被访者的录音没有保存下来，本研究虽然在后期通过回忆的形式对访谈的内容进行了记录，但是考虑到研究的严谨性，还是放弃了这两个被访者的资料，造成了研究资源的浪费。

参 考 文 献

一　著作和教材

曹明海、宫梅娟：《理解与建构——语文阅读活动论》，青岛海洋大学出版社 1998 年版。

曹明海：《文学解读学导论》，人民文学出版社 1997 年版。

陈毛美、郑蓉芳：《中国语文教材教法》，东北师范大学出版社 1990 年版。

陈日亮：《如是我读：语文教学文本解读个案》，华东师范大学出版社 2011 年版.

邓彤：《邓彤讲语文》，语文出版社 2008 年版。

董蓓菲：《语文教育心理学》，上海教育出版社 2004 年版。

董奇：《心理与教育研究方法》，北京师范大学出版社 2004 年版。

范良火：《教师教学知识发展研究》，华东师范大学出版社 2003 年版。

傅丽霞、张西久：《多维视角中的语文解读学》，山东教育出版社 2007 年版。

韩军：《韩军与新语文教育》，北京师范大学出版社 2006 年版。

韩雪屏：《中国当代阅读理论与阅读教学》，四川教育出版社 1998 年版。

韩雪屏：《语文教育的心理学原理》，上海教育出版社 2001 年版。

洪汉鼎：《理解与解释——诠释学经典文选》，东方出版社 2001 年版。

蒋成瑀：《读解学引论》，上海文艺出版社 1998 年版。

贾腊生：《教师专业发展论》，东北师范大学出版社 2008 年版。

蒋济永：《文本解读与意义生成》，华中科技大学出版社 2007 年版。

李海林：《李海林讲语文》，语文出版社 2008 年版。

李海林：《言语教学论》，上海教育出版社 2000 年版。

李琼：《教师专业发展的知识基础——教学专长研究》，北京师范大学出版社 2009 年版。

李颖、张彬福：《小学语文教育学课程学习指导书》，高等教育出版社 2000 年版。

李镇西：《李镇西与语文民主教育》，北京师范大学出版社 2006 年版。

刘淼：《当代语文教育学》，高等教育出版社 2005 年版。

刘淼：《作文心理学》，高等教育出版社 2001 年版。

刘永康：《西方方法论与现代中国语文教育改革》，人民出版社 2007 年版。

李瑛、王志强、张钧：《中学语文教材解析》，陕西师范大学出版社 2010 年版。

李瑛、王志强、张钧：《语文教学论》，陕西师范大学出版社 2010 年版。

罗树华、李洪珍：《教师能力学》，山东教育出版社 2000 年版。

莫雷：《阅读与学习心理的认知研究》，北京师范大学出版社 2005 年版。

彭聃龄、张必隐：《认知心理学》，浙江教育出版社 2004 年版。

钱理群、孙绍振、王富仁：《解读语文》，福建人民出版社 2010 年版。

钱梦龙：《导读的艺术》，人民教育出版社 1995 年版。

申继亮：《中学语文教学心理学》，北京教育出版社 2001 年版。

施良方、崔允漷：《教学理论：课堂教学的原理、策略与研究》，华东师范大学出版社 1999 年版。

施良方：《课程理论——课程的基础、原理与问题》，教育科学出版社 1996 年版。

孙绍振：《文本细读——微观分析个案研究》，上海教育出版社 2009 年版。

王策三：《教学论稿》，人民教育出版社 2005 年版。

王荣生：《语文科课程论基础》，上海教育出版社 2003 年版。

王崧舟：《王崧舟讲语文》，语文出版社 2008 年版。

余文森：《个体知识与公共知识——课程变革的知识基础研究》，教育科学出版社 2010 年版

于漪：《于漪与语文教育教学求索》，北京师范大学出版社 2006 年版。

张必隐：《阅读心理学》，北京师范大学出版社 2004 年版。

张鸿苓、夏秀蓉、张锐：《语文教育学》，北京师范大学出版社 1993 年版。

张学民：《教师职业发展与培训——教师教学专长发展的研究》，知识产权出版社 2007 年版。

周庆元、王松泉：《语文教师职业技能训练教程》，高等教育出版社 1996 年版。

朱绍禹：《中学语文课程与教学论》，高等教育出版社 2005 年版。

朱晓民：《语文教师教学知识发展研究》，教育科学出版社 2010 年版。

朱旭东、胡艳：《中国教育改革 30 年：教师教育卷》，北京师范大学出版社 2009 年版。

二　译著

［波］英加登：《对文学的艺术作品的认识》，陈燕谷译，中国文联出版社 1988 年版。

保罗·利科尔：《解释学与人文社会科学》，陶远华等译，河北人民出版社 1987 年版。

杜威：《民主·经验·教育》，彭正梅译，上海人民出版社 2009 年版。

Linda Darling–Hammond：《有力的教师教育》，鞠玉翠等译，华东师范大学出版社 2009 年版。

皮亚杰：《发生认识论原理》，王宪钿等译，商务印书馆 2009 年版。

泰勒：《课程与教学的基本原理》，罗康、张阅译，中国轻工业出版社 2008 年版。

维果斯基：《思维与语言》，李维译，浙江教育出版社 1997 年版。

威廉·F. 派纳、威廉·M. 雷诺兹、帕德里克·斯莱特里、彼得·M. 陶波曼：《理解课程——历史与当代课程话语研究导论》，张华等译，

教育科学出版社 2003 年版。

　　伊瑟尔：《阅读活动——审美反应理论》，金元浦等译，中国社会科学出版社 1991 年版。

　　尤·克·巴班斯基：《教学过程最优化》，张定璋等译，人民教育出版社 2007 年版。

　　［日］佐藤学：《课程与教师》，钟启泉译，教育科学出版社 2003 年版。

　　三　期刊

　　鲍道宏：《文本多元解读：可能及其限度》，《课程·教材·教法》 2007 年第 1 期。

　　蔡辰梅：《 "我" 和 "我所教的课" ——教师与课程的具体关系研究》，《教育理论与实践》2007 年第 2 期。

　　曹明海：《当代文本解读观的变革》，《文学评论》2003 年第 6 期。

　　程翔：《试论语文教师的课堂教学能力》，《课程·教材·教法》2005 年第 5 期。

　　董汀丰：《对话状态下的语感培养》，《课程·教材·教法》2004 年第 7 期。

　　巩子坤、李森：《论情境认知理论视野下的课堂情境》，《课程·教材·教法》2005 年第 8 期。

　　郭建强：《〈孔乙己〉文本解读》，《文学教育》2010 年第 12 期。

　　郭元祥：《课程理解的转向：从 "作为事实" 到 "作为实践" ——兼论课程研究中的思维方式》，《课程·教材·教法》2008 年第 1 期。

　　顾振彪：《 回望六十年中学语文教材改革的轨迹》，《语文建设》2009 年第 Z1 期。

　　黄玉峰：《 既雕既琢，复归于朴——〈世间最美的坟墓〉教学札记》，《语文学习》2005 年第 1 期。

　　冷群：《文本解读——语文教学之根》，《中国教师》2009 年第 11 期。

　　李海林：《语文教学内容研究的进展、问题及策略》，《中学语文教学》2010 年第 10 期。

　　李丽华：《语文教师学科教学知识结构及建构》，《宁夏大学学报》2010 年第 4 期。

刘儒德：《建构主义：知识观、教学观、学习观》，《人民教育》2005年第17期。

李维鼎：《阅读理论的分歧、阅读理解的弹性与阅读教学策略》，《语文学习》2004年第2期。

李伟胜：《学科教学知识的核心因素及其对教师教育的启示》，《教师教育研究》2009年第3期。

李玉山：《文本解读的三个维度》，《天津教育》2010年第11期。

李镇西：《"礼教"何以杀人：〈祝福〉教学实录及整理附言》，《新语文学习（教师版·中学专辑）》2006年第2期。

林崇德、申继亮、辛涛：《教师素质的构成及其培养途径》，《中国教育学刊》1996年第6期。

林崇德、申继亮、辛涛：《论教师教学监控能力提高的方法和途径》，《北京师范大学学报》（人文社会科学版）1998年第1期。

刘淼：《当代语文学学科体系的建构》，《语文建设》2005年第3期。

刘淼、张钧：《中学语文教师对专业知识重要性评价的研究》，《内蒙古师范大学学报》（教育科学版）2011年第12期。

龙协涛：《中西读解理论的历史嬗变与特点》，《文学评论》1993年第2期。

彭金红、黄伟：《语文教师与他的课程——试论教师对教科书选文的解读与阅读教学的关系》，《教育科学研究》2008年第4期。

钱梦龙：《"会读"才能"善教"》，《中学语文》1995年第6期。

孙绍振：《平等对话和教师心理图式的深化》，《课程·教材·教法》2008年第6期。

唐泽静、陈旭远：《学科教学知识视域中的教师专业发展》，《东北师大学报》（哲学社会科学版）2010年第5期。

王本陆：《教学认识论三题》，《教育研究》2001年第11期。

王荣生：《建设确定性较高的语文教材》，《语文建设》2007年第4期。

王荣生：《教学艺术的落脚点是教学内容》，《课程·教材·教法》2007年第5期

王世堪、章熊：《试谈中学语文教师的业务素养》，《北京师范大学学报》（哲学社会科学版）1982年第1期。

徐章韬、龚建荣：《学科知识与学科教学知识在课堂教学中的有机融合》，《教育学报》2007 年第 6 期。

姚梅林、汪泽荣、吕红梅：《从学习理论的变革看有效教学的发展趋势》，《北京师范大学学报》（社会科学版）2003 年第 5 期。

赵洪琴：《教师文本解读存在的问题和思考》，《教学与管理》2009 年第 12 期。

郑碧筠：《语文教师专业发展的关键》，《课程·教材·教法》2007 年第 8 期。

周钧：《美国教师专业发展范式的变迁》，《比较教育研究》2010 年第 2 期。

张燕玲：《从百年语文教育变革看语文教育的本质》，《当代教育与文化》2009 年第 11 期。

Sternberg，R. J. & Hovath，J. A.：《专家型教师教学的原型观》，《华东师范大学学报》（教育科学版）1997 年第 1 期。

四　学位论文

鲍道宏：《教师课程理解初探——以语文新课程实验为例》，博士学位论文，华东师范大学，2008 年。

陈勇：《论语文课程的实践品格》，博士学位论文，西南大学，2010 年。

陈振华：《论教师成为教育知识的建构者》，博士学位论文，华东师范大学，2010 年。

王建峰：《语文文本解读的自我教育性格》，博士学位论文，湖南师范大学，2010 年。

五　外文文献

Bruner，J. S.（1966）. *Toward a theory of instruction*. Cambridge，MA：Harvard University Press.

Brown，J. S.，Collins，A.，andDuguid，P.（1989）. *Situated Cognition and the culture of learning*. Educational Research，18（1）：32–41.

Clark，C. M.，and Peterson，P. L.，（1986）. *Teacher' thought processes*. In M. Wittrrock（ED.）. Handbook of research on teaching. Macmillan. 96–255.

Clark，C. M.，&Yinger，R.（1979）. Teachers　thinking. In

P. L. Peterson & H. J. Walberd （eds. ） Research on teaching. Berkeley, CA: McCutchan. 231 – 263.

Cochran, K. F. , etc. （1993）. *Pedagogical Content Knowing: An Integrative Model for Teacher Preparation.* Journal of Teacher Education, （4）: 238 – 272.

McEwan, H. & Bull, B. （1991）. *The pedagogical nature of subject matter knowledge.* American Educational Research Journal, 28, 316 – 334.

Gage, N. （1984）. *The scientific basis of the art of teaching.* New York: Teacher College Press.

Grossman, P. L. （1990）. The making of a teacher: *Teacher knowledge and teacher education.* New York: Teachers College Press, 3 – 9.

Grossman, P. L. , Wilson, S. M. , & Shulman, L. （1989）. *Teacher of substance: subject matter knowledge for teaching.* In M. C. Reynolds （Ed）, *Knowledge base for the beginning teacher.* Oxford, England: Pergamon Press, 9 – 12.

Ma, L. （1999）. Knowing and Teaching Elementary Mathematics: Teachers' Understanding of Fundamental Mathematics in China and the United States. Mahwah, NJ: Lawrence Erlbaum Associates. 881 – 888.

Norman, D. A. （1993）. Cognition in the head and in the world: An introduction to the special issue on situated action. Cognition Science, 17 （1）: 79 – 105.

Shavelson, R. J. , & Stern, P. （1981）. *Research on teachers' pedagogical thoughts, judgments, decisions, and behavior.* Review of Educational Research, 51, 455 – 498.

Schon, D. （1986）. *The reflective practitioner, How professionals think in action*, N. Y. : Basic Book, pp. 35 – 49.

Schwab, J. （1969）. The practical: A Language for curriculum. *School Review*, 78 （1）: pp. 1 – 24.

Schwab, J. J. （1973）. The practical: Translation into curriculum. *School Review*, 81, pp. 501 – 522.

Schwab, J. J. （1978）. Education and the structure of the disciplines. In I. Westbury & N. Wilkof （Eds. ）, *Science, curriculum, and liberal* education. Chicago: University of Chicago Press, pp. 229 – 272.

Shulman, L. S. (1986). Those who understand: Knowledge growth in teaching. *Educational Researcher*, 15 (2), pp. 4 – 14.

Shulman, L. S. (1987). Knowledge and teaching: Foundations of the new reform. *Harvard Educational Review*, 57 (1), pp. 1 – 22.

Wenger, E. (1998). *Communities of practice: learning meaning and identity*, Cambridge University Press, 342.

Wong. N. Y. (2002). Conceptions of Doing and Learning Mathematics among Chinese. *Journal of Intercultural Studies*, 23 (2), pp. 211 – 229.

后　记

　　博士论文即将出版，自己忍不住回想北师大三年的学习生活与论文写作的过程，心中有许多的感慨，有很多人要感谢。

　　在攻读博士学位期间的学习，我最大的收获是研究视野的扩展，这要归功于导师刘淼教授对我的悉心培养。我读博前的研究主要集中在如何结合汉语言文学特点进行母语教育。入学后，导师刘淼教授对我说："语文教育研究一定要依据语文学科属性，但同时也一定要从教育的高度去理解语文"。导师让我从哲学、社会学、心理学、教育学等知识的学习开始，以俯视的心态培养语文教育研究的问题意识；让我建立学术研究的信心和勇气，敢于对语文课程与教学的本质属性进行探寻；教育我一定要做有价值的研究，写有价值的文章。

　　我的博士论文从选题到初稿完成导师都给予了极大的帮助。文本解读教学一直是语文课程与教学研究的热点，我本人对文本解读教学也感兴趣，所以一开始将自己的博士论文选题范围确定在"语文教师文本解读能力向文本解读教学能力转化"方面。导师说这个选题可以做，但只是个方向，可以进行再次聚焦以形成问题。导师强调说，文章一定要树立一个问题，要体现语文学科特色，一定要有理论创见。根据语文学科属性进行语文课程的构建是语文课程与教学研究不可回避的问题。在这个问题上，语文教育研究领域做了很多的工作，也取得了很多的成绩，表现在语文课程与教学理论成果、语文课程理念的变化与语文教材建设方面。但是，无论从语文教育的具体现象看，还是从语文教育研究者的研究成果对语文教育实践的贡献看，现有的研究陷入了困境。在与导师一起做课题的过程中，我接触到了教师认知方面的中外文文献，了解到当今世界课程研究范式经历着从开发到理解，从课程到教师的转型。基于这些文献的获取和相关问题的思考，在与刘淼老师多次交流后我逐步将博士论文研究问题聚焦在"语文教师文本解读教学化"上，着力解决课堂情境文本解读课程建构的有效性问题。几经艰辛，论文通过了预答辩、专家盲审和最终答辩。论文写作过程获得了很多老师的帮助，最后在博士学位论文答辩中得到好评。

现在，我的导师刘淼教授已经不在，这里唯有感恩。正是导师带我做语文教师教育的课题，才让我开始从事语文教师认知能力角度研究语文课程与教学的核心问题；正是导师面对生活和病魔时表现出的无比坚强，才使我没有在各种困境中放弃博士论文的写作；正是导师对语文教育研究严谨的治学态度，才使我不敢怠慢，反复对论文进行修改。导师对我学习和论文的指导总是点到为止，但是每每可以激发我的思考，让我获益。也不知道自己的博士论文是否达到了她预期的水平，希望没有让导师失望。

同时要感谢内蒙古师范大学文学院领导和同事对我的理解与帮助。有志于学术研究的高校青年行政人员常常在准备攻读和攻读学位时需要平衡很多事情，这个过程非常艰难。能在北京师范大学三级学科博士点攻读博士学位是异常幸运的，学院能保留一些时间给青年人平复心境，外出求学深造的机会，其实也是一种潜在的学科建设，对于一个专业发展来说意义深远。内蒙古师范大学文学院给了我宽容、机会和信任，我想此时博士论文的完成，是给单位最好的回报和致谢。

感谢我家人的默默奉献，他们付出了很多。

本书的学术水平有限，仍然存在这样那样缺陷，真诚欢迎各位专家批评指正，有鞭策才能有进步，我对所有善意的批评都表示热忱的感谢并虚心接受。